IMAGINE HEAVEN

NEAR-DEATH EXPERIENCES, GOD'S PROMISES,
AND THE EXHILARATING FUTURE THAT AWAITS YOU

彼岸的真相

超過100人可信的天堂與地獄親身經歷，
使你永遠改變對於來生的想像，預知天堂是什麼樣子

約翰・柏克 著
John Burke
楊詠翔 譯

給媽和爸，我愛你們，也想念你們，感謝你們在我成長過程中讓我接觸到天堂，現在你們知道天堂是什麼樣了，我也很期待未來全家人永遠團聚之時。

目錄

推薦序 天家是我家／黃明鎮……005
推薦序 現在，開始想像天堂吧……009
前言……013
第一章 要是你知道什麼在等著你！……017
第二章 多疑的醫生如何看待來生……031
第三章 瀕死經驗的共同之處……046
第四章 更好的身體……056
第五章 你終能成為自己……072
第六章 在天堂與朋友和愛人歡聚……089
第七章 你從未認識的家庭……099
第八章 你能想像最美麗的所在……113
第九章 活在新的維度……135
第十章 你永遠不想離開的愛……155
第十一章 神想要與人建立關係……175

目錄

第十二章 世上的光……193
第十三章 天堂裡的榮光……207
第十四章 不再有悲哀、哭號、痛苦……221
第十五章 關於天使……235
第十六章 去過地獄嗎……248
第十七章 人生跑馬燈……272
第十八章 賞賜和審判……288
第十九章 天堂很刺激，並不無聊……305
第二十章 找到天堂……322
第二十一章 上帝之城（允許寵物進入）……341
附錄A 相信的理由……362
附錄B 瀕死經驗的替代解釋……372
註解……375

推薦序

天家是我家

黃明鎮／基督教更生團契總幹事

人類歷史上，在初代的教會裡，有一位使徒保羅，很想離開世界與基督同在，因為聖經記載他曾去過「三重天」，覺得那裡「好得無比」（very much better）。所以，他很希望能早日登上「彼岸」，到那個「以馬內利（按，希伯來文，意思是神同在）」之境！

沒看過「彼岸」之美的人，大概無法想慕天家。因為彼岸不只「好得無比」，更是「美得無比」！

王雪紅女士在媽媽的追思禮拜上，追述媽媽在彌留時，向她親口描繪天家的榮華美景：

喔！你看，你看，真正有夠婧，有影，有影，足婧吔哦……！街仔路攏是黃金，門，攏是珍珠……

女兒聽得入神，回媽媽一句：「各講！各講！……」媽媽又說了：「婧到無法度講啦……！」

那一天追思禮拜的主題，就是四個大字：「美得無比」！

◉

三十歲的時候，我在美國念書、做事，曾聽一位名人說過他阿嬤的故事。有一天，阿嬤所屬的教會的牧師在臨終前，緊急呼召教會的長老們到他面前來。

牧師說：「剛剛我去了天堂，但是被主耶穌叫回來向你們道歉。因為有一次我們開會討論，你們為了某事與我爭吵。事情本來是我對的，但我的態度不對，所以，耶穌叫我回來向大家道歉！」

阿嬤一聽，趕緊趁機問了牧師一句：「那，主耶穌還有說我們怎樣嗎？」

牧師答：「有沒有說你們怎樣，我不知道。但我知道，如果對別人有虧欠，要去彌補，才能回天家！」

牧師那句勸言，應該繼續留在人間，成為世人的提醒。人生在世，既苦又短，**我們應該成為別人的祝福，不要變成別人的包袱！**

我喜歡物理大師牛頓的哲學觀，他是個好基督徒，下半生都在研究神學。他說人的一生應該努力追求三件事，我稱之為三大屬靈定律：

1. 充實自己
2. 幫助別人
3. 榮耀上帝

人在地上活著，就應該好好努力充實自己，但也要盡一己之力，多去幫助別人。更重要的是，**如果有什麼成就，都要歸功於上帝，榮耀上帝**，因為一切都有祂美好的安排！

有一天，當我們息了地上的勞苦，因著遵行那三大屬靈定律，就能帶著勞苦的果效，去到彼岸，換取榮耀的冠冕！

推薦序

現在，開始想像天堂吧……

想想看，天堂是什麼樣子……想想看，如果我們能理解天堂！我發現世界各地的人都願意聆聽以天堂為主題的演講或閱讀相關的書籍；無論是否願意承認，每個人都想知道「來生」真的存在嗎？畢竟，死亡率可是百分之百！

自從我自述遭到一輛十八輪大卡車輾過、宣告死亡九十分鐘、還拜訪了天堂的著作《90分鐘上天堂：一個關於生命與勇氣的真實故事》（90 Minutes in Heaven: A True Story of Death and Life）出版以來，許多人常問我為什麼不多寫點和天堂有關的事。但我已經分享過一切我所知的天堂經驗了，再也沒別的了，若再將我的個人經驗加以補充，那就是虛偽和空想。我的經歷與《聖經》中描述的天堂符合，另有許多虔誠基督徒也經歷且分享了類似的來生一窺，還得到各式各樣的反應：從自以為優越的「法利賽人」式的尖苛批評，到盲目的全盤接受都有。而某些權威人士對於瀕死經驗的反應，更是顯得高人一等、自以為是，甚至不懷好意。

所以天堂的真相究竟是什麼？又該由誰來述說呢？《聖經》中記載了不少死而復生的事蹟。現代的醫療科技能夠讓更多奇蹟出現，這點我們一點都不必驚訝。隨著近年越來越多人出面談論自己的天堂經驗，就更有必要由一位熱衷《聖經》經文的人來進行檢視，而這次接受挑戰的便是本書作者約翰．柏克。比起根據個人的偏見而做出結論，他反倒是去檢視這些死而復生者的第一手記載是否合理且準確。

現在終於出現了一本書，清楚檢視天堂和地獄——或說我們死後究竟會發生什麼事。在五花八門、各式各樣的案例當中，柏克以高度的技巧剖析了每一個瀕死經驗案例，最後他的結論是：這些人並非輕易揭露這麼私密的生死細節，事實上，有些人還費了一番功夫才說出自己的經歷。許多人都是不情願的見證者，卻仍是親自見證，而且所有人都受他們看見的、聞到的、感覺到的、聽到的事物震撼及影響。

讓我們為約翰．柏克及他勇敢無懼正面處理這個二十一世紀爭議問題的決心歡呼。他帶著一種同情、理解、盡量觸及所有追尋真相者的態度，完成了這個任務。

幾年前我有幸接受電視暨電台主持人尚恩．漢尼提（Sean Hannity）專訪，他想了解天堂的事，我於是分享了在嚴重車禍後造訪天國之門的喜悅經驗。漢尼提非常有興趣的樣子，接著他問我：「天堂無聊嗎？」當天節目的另一位來賓是馬鞍峰教會（Saddleback Church）牧師暨暢銷作家華理克（Rick Warren），他聽到這個問題後大笑：「你在開玩笑吧，天堂是個充滿榮光的所在，絕對不會無聊！」他接著講述了在神的家裡那些獨特而非凡的事情。

天堂是真實存在的，我們越是了解，就越期待。就像我常說的，天堂是為準備好的人準備的地方。作者介紹了各種研究成果之後，拋出了終極問題：你準備好前往來生了嗎？在現世呼吸最後一口氣，下一口氣就是在別的地方了！柏克認為，如果你準備好了，那麼接下來發生的事會很棒。他認為，人因為「無法想像天堂，所以無法為天堂而活」。這話多中肯啊！體驗天堂是我經歷過最真實的事物，我根本不想回到人世，如果你曾去過天堂，你就不想回來。但等我真的回來後，便盡全力協助人們了解神藉著基督給我們的免費天堂禮贈。

我熱烈期盼許多人能閱讀這本針對《聖經》中天堂記載，以及少數有幸短暫離開塵世、體驗天堂者的故事，進行公正、重要、深刻剖析的著作。我也期盼有許多人能接受這個絕對急迫的需求，為自己做好準備，以進入永恆的國度。

現在，開始想像天堂吧……

唐・派普（Don Piper），二〇一五年六月

前言

醫生告訴我們，媽媽只剩幾天了。她臥病在床的期間，我便向她和我姐大聲朗讀這本書的原稿。我不知道昏迷中的媽媽有沒有聽見，但最後我姐說：「我想和她一起去。」我也這麼覺得——是用小時候聖誕節清晨那般的興奮心情，期待快樂的來生。希望這本書也為你帶來同樣的效果。雖然人都不免一死，但並不是每個人都期盼來生，這是因為大家無法想像來生，而這本書肯定能在這點上協助你。

天堂和瀕死經驗（Near-death experience，NDE）——某人在臨床上宣告死亡，卻死而復生，並聲稱自己窺見了來生——是近年相當熱門的議題。但我自己從不輕信天堂故事，因此這本書可說是孕育許久。過去三十五年間，我閱讀到、聽聞了將近一千則瀕死故事（世上更有數百萬則這樣的故事在流傳），我開始發現這些故事驚人的相似性——來自醫生、教授、機師、孩童、世界各地的人各種耐人尋味的描述，每個故事都為一幅開始看起來很相似的圖景，提供了些微不同的角度。

在這同樣的三十五年間，我也從工程領域轉換跑道，成為全職牧師。而我越是研究聖經，包括自行研究或在神學院中，我閱讀瀕死經驗的故事時就越發感到耐人尋味和困惑。耐人尋味之處在於，許多人都提到聖經中描述的來生景象；困惑之處則在於，每個人對自身經驗的詮釋可能大相逕庭，甚至和聖經相斥。

讀過數百則瀕死經驗見證後，我漸漸看出來當事人「自己描述的經驗」和他們「對於這個經驗的詮釋」之間的差異。即便每個人詮釋各異，我仍發現，他們共通的「核心經驗」和聖經中所描述的是相同的。事實上，我越是深入研究，就越覺得聖經中對來生景象的描述，正是瀕死經驗者的共同經歷。

有些基督徒認為應該拒斥瀕死經驗，因為這些有關來生的故事否定了聖經的「充分性」，等於是在神的啟示上做出了添加。我並不認同這種說法，書中我也加入許多聖經的經文作為參注，以顯示瀕死經驗者的共同經驗和經文的敘述是高度的一致。至於這些經驗是否為我們想像的來生增添了更多色彩和細節？那當然！

不如換個方式想：聖經告訴我們，所有受造之物都彰顯出神的榮耀（參見《詩篇》十九篇一節），但如果你見識過金碧輝煌、五彩斑斕的日落，見過湛藍的夏威夷海浪拍打著雄偉山下的金色沙灘，那你現在就是以一種色彩繽紛、更能榮耀上帝的方式，體驗到了聖經白紙黑字的記載。瀕死經驗並不會否定或牴觸聖經的話語，乃是將經文中描述的圖像加以增色。不過當然，就和所有來自神的禮物一樣，人們可能會錯過神想要他們了解的東西，或是誤解這個體驗，甚至開始崇拜禮物本身，而非那位提供禮物的神。

本書中記載了超過一百則在臨床上死亡、接近死亡之後卻死而復生，並帶回很多驚奇細節的故事。其中某些人我親自訪問過，但大多數都是閱讀得知。有鑑於此，我無法為所有個案的真實性和可信度擔保。另外，我引用某些瀕死經驗者說法的原因是，他們的經驗和聖經及其他經驗相似，可是我自己卻不一定同意他們的詮釋和結論。有些瀕死經驗的故事後來證實是騙局（比如有個為了博取注意而編造瀕死故事的男孩），我也不會感到困擾，因為我所挑選的故事，都可以用更多其他描述類似事物的故事替代。同時，我也不建議只透過少數人的詮釋，就建立針對來生的世界觀。我想要做的是和你分享一件我認為上帝也和我分享的驚奇事物。

我是從一個虔誠基督徒的角度撰寫本書，可是我自己並非一直都這麼虔誠。我曾研究世上各種宗教，曾經是一個懷疑論者，但我現在的熱情便在於協助那些懷疑的人思考讓我願意繼續相信的各種理由。如果你仍對上帝、來生，甚至宗教領袖存疑，那麼這本書就非常適合你，你將透徹理解聖經中描繪的天堂。別擔心，這本書並不是什麼神學教科書，讀起來反而更像是小說。不管怎麼樣，本書將告訴你大量天堂真正存在的見證，這些見證曾說服了多疑的醫生、神學院教授，說服了你即將看到的書中故事的主角們。

人是否有可能為求賣書而編造故事、虛構細節？當然有可能。正因如此，我盡量挑選那些不會因為說故事而獲利者的案例，包括骨科醫師、機師、教授、神經外科醫師的故事——也就是那些不需要錢，但可能因為編造這些狂言妄語而失去自己信用的人。

此外，我也囊括了孩童、伊斯蘭教徒、印度教徒、來自佛教國家者、沒有出書的人的故事。驚奇的是，這些故事全都為一個相似又瑰麗的來生圖像增添了色彩。而這也是我撰寫本書的主要動機：幫助你想像天堂，使你理解「為了天堂而活」是多麼明智，並依此規劃今生，使你準備好未來有一天安抵天堂。

在醫院為我媽和我姐讀完這本書的兩天後，媽媽嚥下了最後一口氣。我和姐姐在病房中抱著她、祝福她、和她一起歡慶，因為我們知道在那一刻，她又獲得了新生命，從此過著她以往從來沒有過的生活，以你無從想像的方式活著。

所以和我一起加入這趟旅程吧，讓我們開始……想像天堂。

第一章

要是你知道什麼在等著你！

我突然驚醒坐起。現在幾點了？我望向床邊桌，他們把鬧鐘拿走了。我其他的東西都跑哪去了？火車行程表呢？我的手錶呢？我環顧四週，發現自己身在一個從未見過的小房間中。[1]

時間是一九四三年，美國德州巴克利軍營（Camp Barkley），喬治．李齊（George Ritchie）入伍準備對抗納粹。新兵訓練到一半，他收到通知，軍方會派他去讀醫學院。美夢成真！但天氣和訓練都讓李齊付出代價，他原本要搭船到里奇蒙市讀書的那周，感染了兩次肺炎，而在預定要去搭火車的那天早上，李齊大半夜醒來，渾身濕透、心臟跳得跟電鑽一樣快，燒到四十一度，在照X光時昏了過去。

「我在哪裡？」李齊心想。

而我又是怎麼到這的？

我試著回想：X光機，沒錯！他們把我帶到X光室，然後……然後我一定是昏倒了還怎樣。

火車！我會趕不上火車！我跳下床找衣物……我轉過身，然後瞬間凍結。

有個人躺在那張床上。

我往前靠近一步，那是個年輕男子，棕髮頗短，靜靜躺著，但這根本不可能呀！我本人才剛從那張床上下來！我和這個謎團（怎麼會有個男人躺在我床上）搏鬥了一段時間，想起來真的很詭異，而且我已經沒時間了。

守衛！也許我的衣物在他房間！我跑出小房間四處查看……

有個士官從走廊走來，手上拿著用衣物蓋著的用具盤，他應該不知道情況，但我很高興找到有人醒著，所以我朝他靠近。

「不好意思，士官，你有看到這邊的守衛嗎？有嗎？」我說。

他沒回答，甚至連看我一眼都沒有，就只是繼續走，直接往我走來，一點也沒有放慢速度。

「小心點！」我大叫。

那名士官直接穿過李齊，沒有撞倒他，也沒有弄翻自己的盤子。這是怎麼回事？李齊不在乎，他只在乎不要錯過往里奇蒙的火車，醫學院是不等人的。他下定決心，就算錯過火車，也要想辦法抵達里奇蒙。於是他沿著走廊往前走，出了門。

我差點沒發現自己已經到了外頭，還快速往前跑，而且越來越快——我這輩子從來沒跑這麼快過。氣溫不像稍早時那麼冷，不冷也不熱。

往下一看，我驚訝極了，我看到的不是地面，而是我腳下竟然是灌木叢的頂部。我加速穿過黑暗冰冷的沙漠，顯然已把巴克利軍營遠遠拋在身後。理性不斷告訴我這是不可能的，但是……這卻是真實發生的事。

一座小鎮飛快掠過我腳下，我看見十字路口有交通燈在閃爍。這太荒唐了！沒有飛機人類不可能用飛的，而且我所在的位置對飛機來說也太低了……

我下方出現了一條非常寬闊的大河，有一座又長又高的橋樑，遙遠的河岸邊是一座大城市，真希望我能到那裡，然後找個人為我指引方向……我又看見若隱若現的藍色閃光，是一座紅屋頂單層建物門上的霓虹招牌，前窗上有藍帶啤酒的廣告，門上閃爍的文字寫著「咖啡」，燈光從窗戶傾瀉到人行道上……

下方通往二十四小時咖啡店的人行道上，有名男子輕快地走來。

我想，至少我能問他這裡是哪裡，我又在往何處前進。就在這個想法出現時，彷彿想法和動作已融為一體，我發現自己已經來到人行道上……「不好意思，可以請問這裡是哪座城市嗎？」我說。那名男子繼續往前走。

「拜託你先生！我人生地不熟，我會很感謝你，如果你可以……」我提高音量。我們抵達咖啡店，他轉過身摸索門把，這人是聾了嗎？我伸出左手碰他肩膀。完全沒碰到任何東西。

李齊的手直接穿過男子，於是他想倚著一根電線杆思考……不料他的身體也直接穿過去了。就是在這時，他第一次發現自己很可能已經死了。那個沒有撞倒他的士官……他床上的男人身體……

李齊決心要回到自己的身體裡。於是他朝著來時路返回，速度甚至比先前更快。他回到基地，發狂般在軍醫院的病房中，一間一間尋找自己的身體。先前他被帶到那間房間時，他已失去意識，而他在陌生的城市中感受到的孤獨，現在竄升成為恐慌，他瘋狂地尋找自己的身體，又沒辦法找人幫他。

在這個空間、速度、質量法則都失效的世界，時間感也很奇怪。他失去了所有感覺，無法判斷這次經驗是只過了幾秒，還是持續了好幾個小時。最後，李齊終於找到一個躺在床上、左手戴著戒指的男子，戒指的橢圓形黑瑪瑙上有一隻小小的金色貓頭鷹。

這是他的戒指！而一塊布竟然直接蓋在他頭上！

李齊先前感覺自己非常有活力、非常像自己，他並沒有真正覺得自己已經死了。但現在他發現了。在絕望中，他縮到床上。

這時房內的光線開始變得越來越亮。

我驚訝地看著光線不知從何而來，漸漸照亮，彷彿在同時間照亮了所有地方……是一種不可思議的亮度，就像一百萬盞焊燈同時發光。我一面驚嘆，一面憑空出現了一個無聊的想法，很可能是以前大學時的生物課吧。我想：「幸好現在我沒有肉眼，因為這種光線一定會在十分之一秒內摧毀我的視網膜。」

不，我更正自己，不是光線。是神。神的榮光太強烈，人無法直視。這時我發現那不是光，而是一個「人」走進了房間，或說，是一個光做成的「人」。

我想到神的那瞬間，腦中就出現了一道命令：「站起來！」這些字句雖然來自我體內，卻有一種權威，是我渺小的思想從未擁有的。我趕緊站起來，巨大的真理同時浮現：你正站在上帝之子面前。

李齊想到的是神子耶穌。他以前在主日學校學到過，耶穌溫和、親切、有點軟弱，但眼前這個人是「權柄」本人，還帶著無條件的愛，充滿了李齊全身。

這真是驚人的愛，遠遠超過我能想像的。這份愛可以了解我所有不討喜的缺點，包括我和繼母的爭吵、暴躁的脾氣、我永遠無法控制的性幻想、從我出生那天起所有卑鄙自私的想法及行為，這份愛都接受，並愛我如初。

當我說神了解我全部時，絕對是可以觀察到的事實，因為隨著祂以光線的形式進入房間，我一生曾發生過的所有景象也同時出現，雖然我講述時必須一件件形容，但我經歷過的所有事就在那裡，一件不漏，就在眼前，所有事情都在那瞬間上演。

我不知道這一切怎麼有可能……

我大受震撼，看著三年級的拼字課時站在黑板前的自己、在童軍伙伴面前獲得老鷹臂章……還有其他場景，數百個、數千個，全都由那股灼熱的光線照亮，全都存在，彷彿時間靜止了。現實世界一定已經過了好幾周……

我一生二十年來的所有細節都在這裡等著檢視……

「你這一生做了什麼值得告訴我的事？」……

這個問題，就像所有來自神的事物一樣，都是和愛有關。你一生愛過多少？你是否去愛他人，就如我這般愛你？毫無保留？毫無條件的愛你？

為什麼，我從來不知道像這樣的愛是可能的，應該有人告訴我才對，我氣憤地想著！

現在正是找到生命意義的最好時機……

「我確實曾告訴你。」

你是怎麼告訴我的？我還想為自己辯護。祂怎麼可能告訴我了，我卻沒聽到？

「我用我活過的一生告訴你，也用我的死告訴你，你只要繼續看著我，就能看見更多。」[2]

死後的世界

喬治．李齊還宣稱自己看見了其他東西，我們稍後會繼續討論，包括人間未曾見到的美景，以及一批人生活在和我們不同的世界中，但擁有令人興奮的愛、生活目的、歸屬感。相比之下，此生此世只不過是來生的一縷蒼白陰影。李齊結束了另一個次元的旅程之後，那道慈愛的光將他送他回此生。他說：「在我一生最孤獨的時刻中，我進入了我所知道最完美的歸屬，耶穌的光進入我，充滿了我的生命。想到要和祂分離，這種想法令我無法承受。」[3]

臨床上死亡九分鐘後，李齊發現自己回到了肉身，頭上蓋著一塊布，他的死亡證明已由醫生簽署。之後每當他談到這段獨特經驗，都會拿出來秀一下這份死亡證明[4]。李齊在著作《死亡九分鐘》（Return from Tomorrow）中提到：「我對來生完全沒概念。這樣說好了，我看到的所有事物，都只是站在門口的一瞥而已，但從那刻開始，已足以完全說服我相信兩件事。第一，我們的意識在肉身死亡後不會消失，反而會變得更銳利、更敏銳；第二，我們在世的生活，以及我們建立的關係，比我們所知的影響更大，也更為重要。」5

在這次改變一生的經歷後，他終於如願進入醫學院，行醫十三年，後來建立了和平工作團（Peace Corps）的前身，並在四十歲時取得精神病學博士學位。多年之後，雷蒙．穆迪（Raymond Moody）博士在維吉尼亞大學聽聞李齊博士分享經驗。穆迪從來沒有聽過這樣的事，不過他在攻讀哲學博士的學位期間，曾研究過柏拉圖有關靈魂不朽的著作。

穆迪博士於是開始讓哲學系學生閱讀死而復生的相關理論，並驚訝地發現，三十名學生中就有一個表示找到和李齊博士故事的相似處，於是他開始「蒐集」這些紀錄，並在一九七五年創造了「瀕死經驗」一詞，同時將他的發現彙整出版為國際暢銷書《死後的世界》（Life after Life）。穆迪表示：「我希望這本書能夠讓大家開始注意一個非常普遍、同時卻又相當隱密的現象。」6

四年後，我在父母的床邊桌上發現《死後的世界》這本書，於是開始閱讀，那時我父親罹患癌症。雖然我對神、對來生、對下一場派對之外的事都沒興趣，死神卻已到我家敲門。我當晚一口氣把書讀完，滿心懷疑，但也震驚不已，竟然有這麼多人經歷過瀕死經驗。穆迪訪談了數百名擁有相關經驗的人，沒有一個故事是重複的，不過許多都享有共通的核心特徵。穆迪是這樣描述這類共通核心特徵的：

有個男人就快死了，他的肉體承受極大的痛苦，聽見醫生宣告他已死亡……接著忽然發現自己已經脫離肉身，卻仍待在相同的空間，並在一段距離外看著自己的身體，彷彿是個旁觀者。他從這個不尋常的角度觀看急救過程，心情十分複雜。過了一陣子，他終於整理好心情，開始習慣自己奇異的處境。他察覺到，自己仍然有個「身體」，卻非常不一樣：和他拋下的肉身相比，擁有相當不同的能力。接下來許多事情接續發生，有些人前來探視他及幫助他，他看見了已逝親友與故舊的靈魂，接著還有一個他從未見過、慈愛而溫暖的「靈」，是一道光，出現在他面前。這個靈問了他一個問題（這問題卻不是透過語言發出的），要他重新審視自己的一生，並透過他一生重大事件的即時回顧來協助他審視自己的一生。後來他發現自己正接近某種障礙或一個邊界，顯然是塵世和來生的界線。他知道自己死期未到，必須返回人世，可是這時他又開始抗拒……不想回到人世。他全身充滿了強烈的喜悅、愛和平靜。但即便如此，他仍然回到了肉身，重抵人間。7

讀完《死後的世界》後，我坐在床上，無比震驚，我記得我心想：「要是書上說的有那麼一丁點可能，那我最好去找出來，沒有什麼比這更重要了。」

好笑的是，人通常要在面臨死亡或悲劇時，才會想到來生，我也是這樣一頭栽進這個領域，接下來幾年研讀工程學的期間，我也把我的分析精神使用在神學相關著作上，並且發現，對那些願意尋找的人來說，確實有許多很棒、很紮實的理由去相信。

從那時到現在，我已從工程領域轉換跑道，為像我這樣的懷疑者建立了一座教會。我相信，神對我們的愛，遠遠超過任何人對我們的愛，而且多數人都和以前的我一樣，不知道相信神之後，生活會有多棒——不但是這輩子很棒，而且來生還會更棒。

無聊的天堂？

大多數人，不管是不是基督徒，對天堂的想像都很糟糕。天堂頂多就只是個雲霧繚繞、遙遠飄渺、脫離現實的非實質經驗。對啦，可能有愛和快樂，而且沒有痛苦沒錯，但老實說，這樣並不會使我們特別嚮往，我們沒辦法想像如何真正喜歡天堂。最差的想像是，天堂是一場無聊的冗長禮拜，還要唱著那些沒什麼趣味的詩歌——直到永遠之久！我也覺得這很糟糕，而我還是個牧師呢！

你對天堂的想法會影響人生的方方面面——你把「愛」放在哪個位置、你是否願意為了長遠目標而犧牲、你對苦難的看法、你怕什麼、你不怕什麼。我相信我們對於天堂的雄偉、華麗、樂趣、我們在此生該珍愛什麼、來生有哪些更好的事物在等待我們等等，都還沒好好想過。雖然聖經說：「神為愛他的人所預備的，是眼睛未曾見過，耳朵未曾聽過，人心也未曾想到的。」（《哥林多前書》二章九節），但這並不代表我們不必啟動自己的想像力。我們反而該開始想像，直到人類理解的極限。

過去三十年間，我仔細鑽研了聖經、世界主要宗教、哲學、各式瀕死經驗等等，我認為瀕死經驗的共通核心元素是一份來自神的禮物，將耶穌和先知們所傳講的圖景，增添了繽紛的色彩。我相信許多人，無論是不是基督徒，正是因為對於來生的想像太貧瘠了，因此才在這個世界上過著物質享樂、自我中心的人生。他們無法想像天堂，所以也不會為天堂而活。而所有信心的偉人「所嚮往的，是一個更美的、在天上的家鄉。所以，神不以他們稱他為神而覺得羞恥；因為他已經為他們預備了一座城。」（《希伯來書》十一章十六節）在神的眼中，人必須要想像天堂，並為天堂而活，這也是神希望我們內心保有的信念。

我們現今想像天堂的能力遠超以往，不只能夠使用神從聖經賦予我們的想像力，也能使用我們的俗世經驗（因為這個地球也是神創造的，所以神在天上的居所至少也應像地球般繽紛美麗）。而且目前現代醫學也把越來越多人從鬼門關救回，他們提供了很多刺激的細節，能夠為我們的天堂圖景增色，並鼓勵我們心懷來生生活，這便是我撰寫本書的原因。

熱愛生活

我希望你可以開始運用這個神所賜予、稱為想像力的禮物，去理解天堂並不是虛構的，而是比我們所知的世界更真實。你可能並不是基督徒，也懷疑神和來生是否存在（我是以虔誠基督徒的身分撰寫本書，但我也不是一開始就這麼虔誠），但我會盡量讓你了解聖經中有關天堂的描述，以及這個描述是如何跟大多數的瀕死經驗故事相符——不總是和瀕死經驗者的「詮釋」相符，而是和他們見證的「核心經驗」相符。我並不是要補充聖經的內容，而是要協助你想像，所以我在整本書中都納入了聖經相關的典故，就像看一部3D高畫質還有環繞音效的電影，而不是黑白片。你會以更豐富的感官體驗，獲得同樣的內容。

我們也會納入其他宗教信仰的故事。無論你的背景為何，希望你都能以開闊的心胸遨遊在書頁之間，因為我深信你的創造者比你所知的更愛你，而你將和祂一起熱愛生活！

來自新加坡的海澤琳（Hazeliene，音譯）曾撞到頭昏迷，很明顯已經「死亡」之後，親身體驗了造物者如何愛她。

我突然身在非常暗的隧道中往上、往上、往上……經過那條非常暗的隧道後，就是非常亮的光線，我以為是太陽，但不是，不知道光線是哪來的。有人在對我說話，聲音是來自光中。我看到那道亮光時，我覺得有人非常愛我，但不知道是誰。我渾身沐浴在明亮的光線中，感覺到愛，這種愛我從沒感受過。那道光很愛我，溫暖地歡迎我，我甦醒前對光說的話是：「我想待在這裡，但我愛我的兩個孩子。」說完之後，我突然醒來……那道光真的是神嗎？我覺得只有那道光曾經愛過我，沒有其他人愛過我，大家只知道打我、傷害我、批評我、冒犯我等等，從來沒有人用那樣的愛愛我。我希望我和兩個孩子可以到那裡去，永遠感受這種愛。8

希望你現在已經相信，你的創造者對你有深厚的愛，但祂不會強迫你，祂給了你自由意志，讓我們選擇是否要去了解祂，然後回報愛給祂。希望你至少能花點時間了解現代醫學和那些從瀕死經驗中生還的人，所揭露的事。

如果你是基督徒，那我希望這本書能夠為你提供從未想像過的天堂圖景。耶穌要我們不要為短暫的人世財富和物質垃圾而活，而是要心懷來生過著每一天。知名小說家暨神學家魯益師（C. S. Lewis）便曾提到：「如果你閱讀史書，就會發現今世認真生活的基督徒，正是那些心懷來生者……將目標放在天堂，塵世便會『自動降臨』，將目標放在俗世，你就會兩頭空。」9

西方世界的人生活是為了退休，大家都有個願景，在想像中都有一幅心理圖像，顯示退休的景象：美麗高爾夫球場中的一棟房子，可能是在山中或海灘上，有時間打高爾夫球、搞園藝、划船、從事嗜好、有時間和我們所愛之人共度。正因為我們能夠想像，所以我們就能為這個目標努力、為它存錢、為它犧牲。退休沒有錯，但頂多也只能持續幾十年。

如果我們擁有終極來生的願景呢？萬一這輩子只是我們舌尖淺嚐的一小口生命盛宴而已呢？要是天堂比你最狂野的夢想還更棒呢？如果你的生活方式真的會影響來生，那會怎麼樣呢？這將改變我們生活、工作、愛、犧牲的方式，不是嗎？這就是當你越來越了解天堂後，我希望發生在你身上的事。但首先我們來看看，到底有什麼證據可以證明，瀕死經驗不只是幻覺或死亡大腦最後的火花？是什麼說服了這麼多多疑的醫生呢？

第二章

多疑的醫生如何看待來生

「我這輩子從沒看見任何東西，沒有光，沒有陰影，任何東西都沒有。」維琪告訴和康乃狄克大學的教授肯尼斯・里格（Kenneth Ring），他當時正在進行盲人的瀕死經驗研究。維琪雙眼的視神經受損嚴重，因而在她二十二年的人生中，從沒親眼見過任何東西。她繼續解釋：「很多人問我是不是看到黑暗，不，我沒看到黑暗，我什麼都看不見，我的夢裡也沒有任何視覺印象，只有味覺、觸覺、聽覺、嗅覺，沒有任何視覺。」1

這個情況持續到她二十二歲時一個改變命運的夜晚。

維琪有時會在西雅圖的夜店駐唱，那天她在打烊後攔不到計程車，只好搭乘兩名喝醉顧客的便車。結果不出所料，他們撞車了，維琪從廂型車內彈出，頭骨破裂，脊椎和脖子也斷了。

接下來她發現自己飄浮在車禍現場上方，「看著」下方那台撞毀的廂型車。身為盲人，從未真正「看見」任何東西的維琪回憶道：「這很難調適，而且……一開始很恐怖，接著我很喜歡，然後就適應了。我只是沒辦法把我看到的、觀察到的，和我摸到、了解的連結起來。」

維琪不記得救護車開到港景醫學中心，她記得的下一件事，是她又離開自己的身體，飄在天花板附近，看著一名男醫生和一名女子處理一個女人的身體，維琪回憶：「我當時又高又瘦，我一開始只認出那是一具軀體，甚至不知道那就是我的身體。接著我發現我在天花板上，然後心想：『嗯，還真是有點怪，我在上面幹嘛？嗯，下面的一定是我了，我死了嗎？』」她可以聽到醫生的對話，他們擔心維琪的耳膜可能受損，日後將變得又聾又瞎，維琪本人則焦急地嘗試和他們溝通，說她沒問題，事實上，她從沒感覺這麼好過，不過她當然沒得到任何回應。

「接著我終於認出我的婚戒和髮型。」維琪長髮及腰，婚戒上有橘色的花朵裝飾，婚戒和髮型她都認出來了。

> 接著我想：「下面的是我的身體嗎？我是死了還怎樣？」他們一直說：「我們救不了她，我們救不了她！」他們慌亂地想救回我，而我卻覺得「那又怎樣？」我想：「這些人為什麼那麼沮喪？我在這上面，他們聽不見我說話。」
>
> 我一這麼想的時候，就穿過天花板，彷彿沒有東西阻擋一樣。在外面自由自在感覺非常棒，不用擔心會撞上任何東西，我也知道我要去哪，我還聽見風聲，而這是我所能描述

最美妙的聲音。

維琪發現自己穿越了醫院的天花板，直抵屋頂，這期間她看見了周遭所有事物：她看見屋頂、街道、醫院周圍的建築物。在這段上升過程中她非常興奮，非常享受這次體驗。

維琪注意到自己終於變得完整了，擁有一個她說是「用光做成的」獨特、非實質形體。接著她發現自己正穿過一個黑色的區域，「就像一根管子」，以頭上腳下的姿態進入這根管子或隧道。但她並不害怕，因為她正朝著一個光線越來越明亮的所在前進。當她抵達光所在的管子開口時，聽見了非常美麗和諧的音樂，跟先前聽見的一樣，音樂接著轉為聖歌。

維琪好像是從管子的開口「滾出來」，接著發現自己躺在草地上，周圍是樹木、花朵、一大群人圍繞著她，這裡非常明亮，而那種光線「是你可以感覺到，同時也能看見的東西」。就連她看到的人都在發光，「每個人都是用光做成的，我也是，光傳達的是愛，到處都是愛，就像愛來自草、來自鳥、來自樹一樣。」[2]

「非常不可思議，很美麗，這種經驗漫溢在我全身。那個光究竟是什麼模樣，我無法真正想像。每次我講到這件事，仍然……都會非常激動。」[3]維琪接著說，有些她認識的人，在那個世界歡迎她到來。康乃狄克大學的教授肯尼斯．里格是這樣記載的：

總共有五個人。黛比和黛安是維琪的盲人同學，多年前就已過世，分別為十一歲和六歲。真實世界中，她們不僅失明，發展也都很遲緩，但她們在此處的形象是明亮、美麗、健康、充滿活力。她們也不再是小孩，而是如維琪所說「進入青春期」。此外，維琪也提到看見兩名小時候照顧她的人濟爾克夫婦，兩人也早已去世。最後一人是維琪的祖母，她拉拔維琪長大，在這場事件發生前兩年過世。**4**

「我覺得自己無所不知……此地就是我找到所有問題的答案之處，包括生命、這顆星球、神、萬事萬物。」維琪描述。

里格寫道：「隨著這些事情一一顯現，維琪注意到現在站在她身旁的人所散發的光輝，比她先前遇到的所有人都還明亮。她立刻了解這一定是耶穌。」

「我和祂靠得非常近。」維琪解釋道。

祂還擁抱我，我和祂靠得非常近，能感覺到祂的鬍鬚和頭髮，祂『籠罩』了我，這是我唯一能想到的形容方法，祂用無比的溫暖和愛籠罩我……而祂的眼神相當銳利，就像穿透我全身一樣，但……不是以不好的方式。情況很像，你不能說謊，因為祂會探進你心底，看見所有事，而我也想和祂坦承所有事。

耶穌直接和維琪的心靈對話：「很棒吧？這裡的一切都非常美麗而和諧，妳日後就會發現這點。但妳現在不能待在這，妳的時間還沒到，妳必須回去。」

維琪非常失望，激烈反對：「不，我想待在祢身邊。」那個靈向她保證，她日後會回來，但是此刻她「必須回去，去學習及教導更多愛和寬恕……但是首先，看看這個」，祂這麼說。維琪接著看見「從我出生至今的一切」，鉅細靡遺，她在觀看時，那個靈溫柔地表示要讓她理解自身行為的重要性和影響。人生跑馬燈結束後，維琪記得的最後一件事就是「妳必須離開了」這幾個字，她接著體驗到「令人作嘔的衝擊」，就像雲霄飛車倒著開，然後發現自己回到身體中，感覺沉重又痛苦。5

眼見為憑

從前身為懷疑論者的我，讀到這裡腦中已出現很多反駁，這一切都好到不像真的。但和維琪類似的各式見證，已說服了無數心存懷疑的醫生、教授、研究者，相信來生的存在。

荷蘭心臟病學家暨研究者皮姆．范．洛梅爾（Pim van Lommel）醫師解釋：「維琪和其他盲人的瀕死經驗故事，迫使科學家開始思考意識和大腦之間的全新關聯。從可信度的角度來看，維琪的經驗不可能是感官認知或（視覺）大腦皮質運作的產物，也不會是來自想像力所虛構。」6

不是基督徒的肯尼斯．里格也提到，「我們問了維琪不少追根究底的問題，想知道耶穌的長相，還有她怎麼能確定祂的身分。」她描述了一名蓄鬍男子，長髮及肩、目光銳利，穿著袍子和腰帶，並打赤腳，她還表示男子渾身散放光芒。

里格寫道：「一方面，虔誠的維琪在小時候一定已對耶穌的形象相當熟悉，但另一方面，維琪堅稱自己先天失明，她描述的情景不可能在她心中形成任何有關耶穌的清晰圖像。如果我們認為她的說詞不但真誠，還很可信，那麼維琪對耶穌的描述和傳統如此相符，就是一塊非常值得思索的拼圖。」7

里格也指出了維琪做出的幾項驚人的視覺描述。首先，在人生跑馬燈時，維琪「看見」了她和兩名朋友黛比和黛安在世上生活的重播，因此她重回世間之後能夠向研究人員描述她童年朋友的長相，甚至她們走路的方式（其中一人不良於行）。這些有關她童年朋友的觀察，維琪當年不可能獲悉，但她說她在人生跑馬燈中「看見」了。研究人員稍後也向養大她們三人的女舍監確認了這段陳述為真。

里格還指出：「維琪描述天堂花朵的顏色時，只有：『不同的亮度……不同的陰影……我不知道，因為我無法辨別顏色』」。他認為「維琪無法在天國辨別顏色，在現實世界也無法的這個事實，只是讓她的說法更為可信」。8

在這種全新的「靈性的存在」當中，盲人恢復了視力、聾人恢復了聽力。而在通過隧道之前，許多人也都說到他們看見和聽見現實世界的動靜，他們的說法提供了可供驗證的證據，事後都能經過檢查和驗證。

肯尼斯．里格在他二〇〇八年發表的研究中，訪談了二十一名擁有瀕死經驗的盲人，其中十四人先天失明。這份研究由同儕審查，而「審查者傾向同意研究者的主要結論。一，視力健全者和盲人或視力受損者擁有的瀕死經驗是相同的；二，盲人和視力受損者針對經驗的描述，皆出現視覺或『視覺性』的認知；三，其中某些描述已由外部證人證明；四，所以已有證據顯示這些視覺資訊為真。」9

現代醫學和來生

隨著現代醫學和急救技術的進步，病人在臨床上死亡後又撿回一命的情形也大量增加。根據《紐約時報》一九八二年引述蓋洛普（Gallup）公司的民調指出，共有八百萬人擁有瀕死經驗。10穆迪創造「瀕死經驗」一詞後的四十年來，美國和德國的研究則顯示約有四．二％的人口曾擁有瀕死經驗，也就是二十五個人中就有一個，約等同一千三百萬名美國人！11

《死後的世界》一書出版後，多疑的醫生成了最初一批瀕死經驗研究者。心臟病學家麥克．撒邦（Michael Sabom）醫師有次聽完該書的相關演講後，認為根本是無稽之談，他救回的病人沒有一個提過這種事。但演講者請他不如去問問病人，他也照做了。不出所料，多數人根本什麼都沒說。除了珍之外，撒邦醫師回憶：

當我問珍在這生死交關的時刻，她有沒有什麼不尋常的經驗時，她的聲音變得虔誠起來，她出現強烈的情緒，我立刻了解到她正在託付給我一個非常私密的故事。故事就和穆迪書上寫的類似，我相當吃驚……我開始相信穆迪書中的故事或許有點東西，但他只是蒐集了這些故事而已，沒有任何科學成分。我決定將瀕死經驗研究帶往必要的一步，我想看看這能否通過科學的檢驗。事實證明確實如此，經過五年研究後，我將我的發現出版為《死亡回憶錄》（Recollections of Death）一書。**12**

從震驚到相信

撒邦醫師開始真誠詢問病人後，發現了數百個和珍一樣的故事。而說服他和其他多疑醫生「來生確實存在」的原因，就在於病人宣稱他們離開了自己的肉身，觀察自己的急救過程，這些敘述中就有可供驗證的證據，也就是能夠證明這些故事究竟是不是垂死大腦幻覺。撒邦醫師記錄了許多和皮特・莫頓類似的故事。

（皮特）告訴我他在第一次心臟停止時離開身體，觀看整個急救過程。我請他告訴我究竟看到什麼，而他描述急救過程的細節和準確度，我簡直可以錄下來之後拿去教醫學生。皮特記得看見醫生初次嘗試恢復他的心跳，「他打我，我是說真的用力打我，他把拳頭舉到頭部後方，然後用力打我胸口中央」。皮特也記得他們在一個他認為看起來像「阿茲特克人挖出處女心臟儀式」的程序中，將針插進他胸口。他甚至還記得當時心想他們電擊他時電壓太高了，「老兄，我的身體大概從桌上彈了六十公分起來吧。」

撒邦說：「在和皮特等人談話前，我並不相信有所謂的瀕死經驗存在……這些人，就像皮特．莫頓，看見了他們以其他方式絕不可能看見的急救過程細節，其中一個病人還注意到醫生在開心手術期間，忘了把白色的皮鞋套上鞋套。在許多案例中，我都可以將病人的說法與當時的醫療紀錄及醫院人員比對。」13

撒邦懷疑，有一個可能的解釋是病人「對程序相當熟悉」，於是他繼續研究，將瀕死經驗者的急救描述，和控制組經驗豐富的心臟病患進行比較。這類研究現在已進行過多次，皆得出類似結論。英國的潘妮．薩托里（Penny Sartori）博士在五年期的瀕死經驗前瞻性研究中，測試了所謂的「猜測假說」，她請經驗豐富、不曾宣稱自己靈魂出竅的心臟病患，猜測急救過程中發生了什麼事，她的結論是：

其中二十八名病患甚至猜不出來到底進行過什麼程序，三人根據電視上熱門醫療戲劇呈現的情況作答，兩人則是瞎猜。所有人針對使用的設備都出現錯誤和誤解，並描述了錯誤的程序。許多人以為的電擊器使用時機，其實是錯誤的……這個現象和宣稱靈魂出竅、觀察整個急救過程的病患，所做出的異常準確敘述，呈現非常大的反差。14

數千次科學研究

放射線醫師傑佛瑞．朗（Jeffrey Long）在聲譽卓著的《美國醫學協會期刊》（Journal of the American Medical Association，JAMA）讀到撒邦醫師發表的瀕死經驗研究。他從沒聽過這種事，但身為一個每天都必須和癌症病患一同面對死亡的人，他還是讀了穆迪的書。「我非常佩服穆迪和其他許多早期瀕死經驗研究者的著作，也很驚訝，為何還沒出現更廣泛的研究。畢竟，人類最常問的問題不就是『肉身死亡之後，我還存在嗎？』我於是思考要不要投入研究這些看來是發生在另一個世界的迷人旅程。接著發生了一件事，幫助我做出抉擇。」15

朗和妻子與另一對夫妻出去吃晚餐，席間他們的朋友希拉提到自己曾多次過敏，某次還嚴重到在手術中引發過敏反應，導致她心跳停止，醫生宣判死亡。

朗醫師決定繼續深入發問：「『妳死在手術台上時有發生什麼事嗎？』我問。希拉當下強烈的反應則是『蛤？當然啊！』就是在那，在那間昏暗的餐廳中……我第一次親自聽聞了瀕死經驗。」16

希拉欣喜的團聚

「就在我的心臟停止後，」希拉那晚平靜地解釋：

我發現自己飄在天花板附近，我能看見身上接的心電儀，心電圖是一條直線。醫生和護士發狂般想要救我回來，已接近恐慌了。而和下方的混亂相比，我反而感覺到一股巨大的平靜，我完全不痛了。我的意識飄出手術室，前往護理站，我馬上發覺這就是我在手術之前到的那層護理站，從我在天花板附近的制高點，我看見護士忙碌地履行日常職責。

看了護士一會兒後，有條隧道打開了，我穿過隧道，前往隧道盡頭的亮光。我很平靜，通過隧道後，發現自己身處一個由美麗又神秘的光線構成的區域。我面前是幾個先前過世的深愛親人，這是一次充滿欣喜的團聚，我們互相擁抱，我察覺自己身旁有一個充滿愛與憐憫的神祕存在體。

祂問我：「妳想回去嗎？」我回答：「我不知道。」我們進一步討論後，我知道要不要回到肉身的決定權在我。這真是非常困難的抉擇，我身處一個充滿愛的所在，在這個地方我知道我真的回家了。最後，我選擇回到肉身，在昏迷超過一天後於加護病房中醒來，全身插滿管線。我真的沒辦法告訴其他人這段深刻的經驗。

後來我回到手術前所在的那層樓，我在瀕死經驗中拜訪的護理站就在這裡，我終於鼓起勇氣，和其中一名護士分享我在瀕死經驗中看見的事物，護士的反應是震驚又害怕。那是一間天主教醫院，於是有一位修女前來和我談話，這並不意外。我耐心解釋了我的遭遇，修女仔細傾聽，接著宣布我的經驗是「魔鬼的作為」。所以你就能理解，在這件事之後，我是多麼不願和其他人談論那次瀕死經驗。

朗醫師清楚回憶道：「希拉說完她的故事後，席間沉默了一段時間，我不記得我有再繼續吃東西，雖然很可能有啦……我記得我在想，這些經驗可能改變我對生命、死亡、神、我們居住世界的觀點。」[17]

自此之後，朗醫師從世界各地蒐集並以科學方式研究了數千則案例，其中某些我們稍後會討論到。「研究了數千則瀕死經驗者詳細的見證，我發現導向這個驚人結論的證據，那就是瀕死經驗提供的科學證據極其強大，我們因而可以合理接受來生的存在。」[18]

要是鞋子吻合

許多類似的案例描述某人躺在病床上失去意識，卻說出自己看見了不可能從病床上看見的事物。因此許多醫生和教授開始正視這類故事。西雅圖著名的瀕死經驗研究者金柏莉·克拉克·夏普（Kimberly Clark Sharp）曾發表一份個案研究，一位名叫瑪麗亞的女子因嚴重心臟病送醫，成功撿回一命後，瑪麗亞告訴了夏普她的瀕死經驗，包括詳盡的描述自己靈魂出竅後，觀察到的急救過程。瑪麗亞還說，她飄到醫院外面，發現醫院三樓窗台有一隻網球鞋。瑪麗亞詳細敘述了那隻鞋子的資訊，那是一隻深藍色的左腳男鞋，小指處有穿過的痕跡，鞋帶塞在鞋跟下。於是夏普到醫院三樓，察看了每一扇窗戶外面的窗台，最後終於找到那隻鞋子，和瑪麗亞描述的一模一樣。朗醫師認為：「即便某些懷疑者還不相信，這則案例仍相當可靠。」[19]

《刺胳針》（The Lancet）期刊是最聲譽卓著的醫學期刊之一，也刊登了另一則病患心臟病發，停止呼吸的案例，朗醫師便曾提及：

在病患氣管中放置管子協助呼吸時，發現他上排牙齒戴著假牙，因為病患陷入深度昏迷，所以將假牙拿下，並放在護理工作車的抽屜中。超過一周後，病患表示自己曾經歷靈魂出竅，同時精確描述了急救的房間以及參與的人員。令人印象深刻的還有，他表示弄丟的假牙可以在護理工作車的抽屜裡找到。請注意病患表示在急救期間看見護士和其他參與人員，但他根本不可能知道。20

心理學教授J·M·霍頓（J. M. Holden）也研究了九十三名宣稱靈魂出竅時，做出可供驗證觀察的瀕死經驗病患。「所有靈魂出竅的觀察中，有九二%完全準確，六%含有某些錯誤，只有一%完全錯誤。」21

必然的結論

至今已經有許多相關研究問世，說服了許多先前的懷疑者：這些人真的超越死亡，進入某種全新的存在狀態。J·史提夫·米勒（J. Steve Miller）便記錄了自從穆迪出版《死後的世界》一書後，已有許多經過同儕評論審查的學術文獻：「在二〇一一年以前，共有超過九百篇瀕死經驗相關文章發表於學術文獻上，讓《精神病學》（Psychiatry）、《刺胳針》、《重症醫學期刊》（Critical Care Quarterly）、《瀕死研究期刊》（The Journal for Near-Death Studies）、《美國精神醫學期刊》（American Journal of Psychiatry）、《英國心理學期刊》（British Journal of Psychology）、《急救》（Resuscitation）、《神經醫學》（Neurology）等各式期刊的書頁熠熠生輝。」22《瀕死經驗手冊》（The Handbook of Near-Death Experiences）則是記錄了五十五組研究者及團隊，他們發表了至少六十五篇相關研究，共有超過三千五百則個案，[23]許多人的結論都是來生確實存在。這些年間也出現各種替代解釋，但沒有一種提出合理的證據，能勝過這個簡單的結論：來生確實存在！本書的附錄B介紹了各種替代解釋，以及研究者認為這些解釋的不足之處。

但來生究竟是怎麼樣的呢？雖然每次經驗都是獨特的，也該接受懷疑論的檢驗，但是若世界各地有數以千計的男女老幼都不斷經歷相同的核心元素，我們仍必須思考其中的意義為何。

第三章 瀕死經驗的共同之處

七歲的凱蒂遭人發現面朝下漂在泳池中。小兒科醫師在急診室替她急救，但她還是昏迷，腦部嚴重水腫，失去吞嚥反射，只能以人工肺部協助呼吸。醫師認為她只有一〇%的存活率。驚奇的是，凱蒂只花了三天就完全復元。

凱蒂回診時，認出了摩斯醫生，她告訴媽媽「就是那個有鬍子的人，一開始是一個高高沒鬍子的醫生，然後他來了。我一開始是在一個大房間裡，然後他們把我移到小一點的房間照X光。」凱蒂也解釋了醫生在她鼻子中插入管子的程序，完全正確無誤，但這一切都是在她眼睛閉上、腦部深度昏迷時「看見」的。摩斯問她對於自己差點溺斃記得什麼，因為擔心如果是癲癇發作，那之後很可能會再度發生。凱蒂回答：「你是說我拜訪天父的時候嗎？」

「跟我聊聊妳遇見天父的經過吧。」摩斯雖然懷疑，卻也很好奇。

但凱蒂只回答：「我遇見耶穌和天父。」或許是摩斯醫生震驚的反應，也可能是凱蒂生性害羞的緣故，無論理由為何，那次回診她就只說了這些。下一周凱蒂比較願意聊，她記不得溺水時的事，但提到最初的黑暗，還有她的守護天使伊莉莎白穿越隧道而來，凱蒂將她描述為「又高又和善」，頭髮是亮金色的。伊莉莎白帶著凱蒂穿過隧道，期間她遇見了幾個人，包括已逝的祖父、兩個名叫馬克和安迪的小男孩，還有其他人。

凱蒂表示在昏迷期間她的靈魂跟著家人返家，並宣稱看見兄弟在吉普車裡玩大兵遊戲，還有媽媽在烤雞跟煮飯，她甚至知道事發當晚所有家人的穿著，她的父母對這些精確的細節非常震驚。最後，伊莉莎白帶著凱蒂與天父及耶穌見面，天父問她想不想回家，凱蒂想留下來，耶穌則問她想不想見媽媽，她回答「好」，接著便清醒了。凱蒂的故事讓摩斯醫師大開眼界。[1]

摩斯醫師在西雅圖兒童醫院展開史上第一次針對兒童瀕死經驗的系統性研究，他訪談了一百二十一名擁有類似經驗的兒童，並發現和凱蒂類似的故事。他也訪談了控制組「三十七名曾接受各種可能影響心智的藥物治療過的兒童」，卻發現沒有半個人「擁有任何類似瀕死經驗的經歷」。[2]

當針對數百名兒童進行的瀕死經驗研究都發現同樣的核心元素時，我們就必須停下來自問，為什麼這麼多完全沒聽過瀕死經驗故事的孩子，講述的故事會和來自世界各地的成人，享有共通的元素呢？

瀕死經驗的核心元素

雖然沒有任何瀕死經驗是完全相同的，而且某些細節需要詳加審視，但是無論年齡、文化、語言，都驚奇地出現類似的核心元素，而研究者針對這些經驗的詮釋並沒有完全達成共識。比如說，光明的存在體究竟是誰？但大家都同意，光明的存在體是共同的核心經驗。朗醫師便在他針對世界各地一千三百名瀕死經驗個案的研究中，整理出了各項核心元素所佔的比例。

一、靈魂出竅經驗：意識從肉身分離（75.4%）
二、感官增強（74.4%表示「比平常更清醒和警覺」）
三、強烈且通常為正面的情緒或感受（76.2%「極度平靜」）
四、跨越或穿越隧道（33.8%）
五、遇見神秘的亮光（64.6%）
六、遇見其他人，包括未知的存在體或已逝的親朋好友（57.3%）
七、時間或空間感變異（60.5%）
八、人生跑馬燈（22.2%）
九、進入超脫塵世的（天堂）領域（52.2%）
十、了解或學會特殊知識（56%）

十一、遇見邊界或障礙（31%）

十二、回到肉身（58.5%有意識地選擇回歸）3

朗身為專業人員，進行了三十年的研究，以懷疑的心態檢視所有替代解釋之後，他的結論是「心電圖呈直線的狀態下（腦部停止活動）……大腦下半部的放電活動根本不可能產生瀕死經驗者所描述，這麼清醒又有條有理的經驗。清醒的神智和可預測的（核心）元素出現順序，證明瀕死經驗並不是夢境或幻覺，也不是因其他受損的腦部功能產生。」4

一開始，我也對大人講述的這些故事非常懷疑，特別是他們有可能透過賣書牟利時，因此朗醫生在他的網站上蒐集的超過三千件個案非常重要。這有兩個原因：首先，沒人收錢，他們不會因為賣書獲利，而且填完朗醫生詳盡的問卷要花上大概三十分鐘，根本不會有太多好處，還要花很多時間；第二，這些故事來自世界各地，可說證明了核心經驗的相似性。

全球現象

一九六九年時，荷蘭的心臟病學家皮姆・范・洛梅爾救回了一個反應讓他震驚的病人。他回憶：「病人成功救回，但出乎所有人意料的是，他非常失望，他提到隧道、顏色、一道光、美麗的風景、音樂，他情緒非常激動。當時瀕死經驗一詞尚未出現，而且我也從來沒聽過有人記得心臟病發的過程……我接受的教育使我認為凡事都有可以化約和唯物的解釋，到那天之前，我都認為這是無可動搖的。」5

一九八六年，洛梅爾讀到了李齊博士的著作，於是開始詢問成功救回的病人他們的經驗。他發現除非有人詢問，否則他們不太願意主動說，因為他們不想被當成「瘋子」。洛梅爾醫生的一個荷蘭病人便回想起童年的一次瀕死經驗：

> 我五歲時感染腦膜炎陷入昏迷，我死了……但我不怕，也沒有任何痛苦，我在這裡得到歸屬感……我看見一個大約十歲的小女孩，發現她認得我，我們彼此擁抱之後她跟我說：「我是你姐姐……我是以你祖母命名，我們的父母是用小名莉潔叫我。」她吻了我，我感受到她的溫暖和愛，「你現在必須離開了。」她說……突然之間我就回到我的身體，我睜開眼睛，看見父母臉上高興又鬆了一口氣的表情。我告訴他們我的經驗……（然後）畫了我的姐姐的圖，並複述了她告訴我的所有事。我的父母非常震驚，而且很害怕，站起身來走出去了，一會兒之後才回來跟我說，確實有個叫做莉潔的女兒早已過世，死於中毒……他們本來決定在我們大到能夠了解生死的意義之前，都不要告訴我和我弟。6

洛梅爾醫生在研究兒童案例後認為：「如果瀕死經驗僅只是建立在願望上，那孩童應該是會遇見還在世的家人，比如父母才對，但兒童確實比成人更常遇見死去的心愛寵物。在非常小的年紀時，兒童很難看見人生跑馬燈，這個現象在六歲之便比較常出現。最後，和成人一樣，兒童也覺得很難去述說這樣的經驗。」7

不都是好的

但並非所有瀕死經驗都是正向的。一九七七年，莫里斯・羅林斯（Maurice Rawlings）醫生某個晚上經歷了可怕的事件，當時他不相信神或來生。一名四十歲的男子在進行心臟壓力測試時心臟病發，倒在羅林斯的辦公室中，三名護士衝進來開始CPR，羅林斯則是開始外部心臟按壓，但心臟就是不跳，他回憶道：

我必須把心律調節器的電線插進最粗的血管中，病人開始「甦醒」，但只要我一離開去拿設備，就得停止壓胸過程，進而導致病人再次失去意識……停止呼吸、死了。每一次他恢復心跳和呼吸時，都會尖叫著：「我在地獄！」他非常害怕，懇求我幫助他，我也快嚇死了。事實上，這次事件真他媽的嚇死我了，反覆甦醒幾次後，病人開始哀求我：「你不懂嗎？我在地獄，每次你停下動作我就回到地獄！不要讓我回到地獄！」我叫他不要抱怨，把他的「地獄」留給自己就好，好讓我專心把心律調節器弄好。但這人是認真的。

「我要怎麼離開地獄？幫我禱告！」他乞求道。

幫他禱告？搞什麼鬼？我告訴他我是醫生，不是牧師。

「幫我禱告！」他不斷重複。

這是來自將死之人的懇求，所以羅林斯醫生回想了一點他在主日學校記得的東西，雖然他本身並不相信，他仍要求病人跟著他複誦：「主耶穌啊，請祢救我離開地獄，赦免我的罪，我把性命託付給祢。如果我死了，我想上天堂，如果我活著，我會永遠不離開你。」病人的狀況終於穩定。幾天後，羅林斯醫生請病人解釋他在地獄看到什麼，病人卻記不得任何恐怖的細節，只記得他在禱告後又失去意識時的快樂回憶！羅林斯回想：

這些經驗很明顯非常恐怖……因而馬上壓抑在他的潛意識深處，他確實記得站在房間後方，觀看我們急救他，也記得在其中一次失去意識期間遇見他已逝的母親和繼母。那次經驗非常愉快，發生在一處樹木茂密的峽谷中，而且有非常明亮的光。他第一次看見自己的生母，她在二十一歲、他才十五個月大時過世。8

這次事件改變了羅林斯醫生的觀念，在完成自己的研究後，他撰寫了《死，怎麼回事？》（Beyond Death's Door）一書，「並非所有瀕死經驗都是好的……我研究中不愉快的經驗，出現機率至少和愉快的經驗一樣頻繁。」[9]我們會在稍後的章節討論這究竟是什麼意思，以及羅林斯有關壓抑記憶的理論。

詮釋經驗

研究聖經並閱讀大量瀕死經驗相關文獻期間，我開始相信人們述說的核心經驗，是為猶太先知和耶穌描繪的圖像增添色彩。但許多基督徒都對瀕死經驗相當反感，認為這要不是新世紀的神話，就是魔鬼的謊言。我認為這是因為某些自身缺乏相關經驗、只會研究的早期研究者，倡導神秘儀式，比如和死者接觸以及超自然的靈魂出竅實驗。但我想講的是，他們那樣的詮釋，並不符合當事者見證的核心經驗還有聖經中的詮釋。所以我們不應因為錯誤的詮釋而拋棄可能來自神的禮物。

如同神學家R．C．史普羅（R. C. Sproul）所說：「人們經歷臨床上死亡、急救撿回一命後，擁有特殊回憶，基督徒不應為此驚訝。我保持開放的心胸，希望這個有趣的現象能夠有助於進一步的研究、分析、評估。我們談論這些經驗時，太多時候都只是想要把它斥為想像或騙局而已。」[10]本書將會探討這些經驗的意義，發掘這些故事如何符合聖經中的描述，並看看神為祂創造的所有人，帶來怎樣令人興奮的未來。

不過在此還是需要加註警語，這些故事都是某個經驗的「詮釋」，雖然其中的核心元素驚人地和聖經相符，但對於次要的細節，我們仍應詳加檢視，保持懷疑。研究過將近一千則瀕死經驗案例後，我發現最常出現的一件事，就是當事人很難用語言把他們的經驗說出來：

> 沒有人類的語言可以形容。——克莉絲托 11
>
> 沒有語言能夠形容神的神聖存在。——蓋瑞 12
>
> 我看見的事物美到無法訴諸言語。——某個荷蘭人 13
>
> 我在那裡體會到的愛，無法以言語形容。——蘇芮許 14

某位個案的總結非常棒：「我經歷這個過程時不斷想著：『嗯，我在學習幾何時，他們總告訴我只有三個次元，而我總是這麼接受，但是他們錯了，還有更多次元。』……而這就是為什麼實在很難跟你分享這個經驗，我必須用三次元的語言跟你描述，我已經盡力了，但還是不夠合適。」15

所以每一次的瀕死經驗其實都是該經驗的「詮釋」，這種經驗超越我們有限的俗世語言，不過這並不代表這種經驗是完全陌異的。事實上，你會又驚又喜地發現，天堂其實比你想像的更「接近塵世」、「有形」、「接地氣」，但同時又如此超脫塵世。但若我們想要依據某些超出聖經框架或多數瀕死經驗核心元素的個別故事和細節，來建立理論或是對神及來生的觀點的話，那就務必要非常謹慎。

所以天堂到底是什麼樣子？

就像凱蒂在她的小兒科醫生不斷投以懷疑的眼神時所說：「別擔心，摩斯醫生，天堂很好玩的！」16當我們把重點放在想像天堂時，你就會有同樣的感覺。我相信神為你準備了一個未來，比你在地球這顆大石頭上所經歷的，充滿了更多快樂、刺激、屏息之美、愛、和親朋好友的緊密關係。那些曾一窺天堂的人最常見的反應都是：他們不想回來了！

所以讓我們開始這趟想像之旅吧，也許是五十年後，也許是明天，當你將肉身拋在身後，你會得到一個更好的身體！不會再有理想體態的照片和痛苦的疾病了，聾子的耳終於開通，瞎子的眼終於打開（這是《以賽亞書》的經文，我稍作修改）。開始想像這樣的身體吧。

第四章
更好的身體

瑪麗．尼爾（Mary Neal）是一位脊椎外科醫生，摔下瀑布時，正在智利的激流中進行獨木舟之旅。獨木舟的前端卡在兩顆巨石之間，導致她困在激流之下。瑪麗回想：「我一開始意識到我卡在瀑布下時，並沒有恐慌，也沒有掙扎，但我焦急地想使用一些標準技巧離開船隻……不過我很快發現自己無法掌控未來。」瑪麗接著回憶，當她理解自己的處境後發生了什麼事：

神之前曾救過我很多次，所以我再次尋求神的幫助，請求祂神聖的干預。我不是要祂救我，我知道祂愛我，而且對我有計畫，我只是希望祂的旨意能夠實現。在我求神幫助的那一刻，我全身充滿絕對的平靜感，非常真實的感受到某個人抱著我……我百分之百確定是耶穌在抱著我、安慰我。一開始確實是很驚訝沒錯，因為我只是個凡人……但當時我完全理解耶穌是如何出現在那裡，抱住我、安慰我，同時也能以同樣的方式出現在世界各地任何尋求祂幫助的人身邊。耶穌抱著我時，也帶我簡短回顧了我的一生。

她發現自己從腰部往前折，身體和手臂癱在船首，激流將她往下壓，這個景象很恐怖……但她身為脊椎外科醫生，感覺到膝蓋骨碎了，韌帶也撕裂。她想要分析自己的知覺，思考身體哪些構造損壞……

這時她終於感覺到身體離開船身……身體脫離、開始移動的那一刻，感覺到「啪」的一聲，就像她終於抖下沉重的外殼，釋放靈魂，往上升離開了河流。她的靈魂穿透水面時，遇見一群靈體，約有十五到二十個，是神派來的人類靈魂。他們以她未曾體驗過、未曾想像過的最巨大喜悅歡迎她，那是一種發自內心的純粹喜悅。他們就像某種大型的歡迎委員會或是《希伯來書》十二章一節提到的如雲彩般的見證人：「所以，我們既然有這麼多的見證人，像雲彩圍繞著我們，就應該脫下各樣的拖累，和容易纏住我們的罪，以堅忍的心奔跑那擺在我們面前的賽程。」

我受到熱烈歡迎，這些靈體和我相互擁抱、跳舞、歡迎時，純粹的愛非常明顯，大大超越我能以語言形容的限度，比我在世上體驗過的所有東西都還強大……我的人生非常幸福，也體驗過各種喜悅和愛，我愛我的丈夫，也非常愛我所有的孩子，但神的世界就是更加多采多姿、更強烈。

我和我的夥伴開始沿著一條路往前滑行，我知道我要回家了，我永恆的家……當我沉浸在夥伴的美麗和歡快中時，回頭看了河岸的景象（我淹沒在水底十四分鐘，身體現已撈起），我的軀體看起來就像一個熟悉老友的軀殼，而我則對於曾經使用過這個軀體，感到深深的感激與疼惜。我看著一起來泛舟的朋友湯姆和他兒子們，他們好像非常非常難過和脆弱，我聽見他們呼喚著我，要我呼吸。我愛他們，不希望他們難過，所以我請天堂的夥伴稍等，讓我回到身體、躺下、吸氣。**1**

靈的身體

想像一下，你人生中最害怕的時刻，肉身的消亡，突然間以一種你從未期待的方式解放了你。你重獲新生！事實上，你從來沒這麼好、這麼生氣蓬勃過。你還需要花點時間理解自己已經不在肉身中了，你仍然擁有身體，手臂、雙腳、手指、腳趾，但你發現有些東西不一樣了，既是相同，又完全不一樣，是種升級！

想像一下，不再有疼痛和痛苦，那些疾病和損傷消失了，而你這個升級過的全新屬靈身體，不再受限於以往俗世肉身的動作。你的感官仍完好無缺，事實上，你所有的感官似乎都放大和增強了。你以一種比以往感覺更「真實」、更「活生生」的方式去感知和體驗，所有的焦慮都會褪為驚奇的平靜感。許多怕死的人都是因為害怕死亡的痛苦，但許多瀕死經驗的描述根本就不記得痛苦，而是提到了保羅所謂「神所賜，超過人能了解的平安」（《腓立比書》四章七節）。

使徒保羅顯然經歷過瀕死經驗，「但有些猶太人……挑唆群眾，用石頭打保羅，以為他死了，就拖到城外去。門徒正圍著他的時候，他竟然站起來。」（《使徒行傳》十四章十九至二十節）我認為他說到以下這些話的時候，講的就是這段經驗：「我認識一個在基督裡的人，他十四年前被提到第三層天上去。是帶著身體被提的呢？我不知道，是離開了身體呢？我也不知道——只有神知道。我認識這個人……他被提到樂園裡去，聽見了難以言喻的話，那是人不可以說的。」（《哥林多後書》十二章二至四節）

有些事情是凡人無法表達，或是不允許談論的。但有些事情是神要讓我們知道的，祂希望天堂激發我們的想像力，而我相信這就是為什麼，祂提供我們越來越多和來生有關的證據和見解，這樣我們才會為來生而活。大多數人不理解這點，但是這副全新的屬靈身體正是神透過聖經傳達的承諾，保羅解釋以下段落時，很可能就是在講述自身的瀕死經驗：

我們知道，如果我們在地上的帳棚拆毀了，我們必得著從神而來的居所。那不是人手所造的，而是天上永存的房屋。我們現今在這帳棚裡面歎息，渴望遷到那天上的住處，好像換上新的衣服……我們這些在帳棚裡面的人，勞苦歎息，是由於不願意脫去這個，卻願意穿上那個，使這必死的被生命吞滅……現在還是坦然無懼，寧願與身體分開，與主同住。因此，我們立定志向，無論住在身內或是與身體分開，都要討主的喜悅。(《哥林多後書》五章一至四節、八至九節)

保羅不斷提到，「在這副升級過的全新屬靈身體中，一定會更好，我寧願穿上這新的身體，但無論如何，我都要為討主的喜悅而活」。瑪麗感覺自己在新的身體裡，但同時也能看到舊的身體，不過舊身體的恐懼和痛苦，在她轉化到保羅所謂的屬靈身體時都消失了。所以根據聖經，這副全新的屬靈身體會是什麼樣子呢？驚奇的是，就跟世界各地的男女老幼與死亡擦身而過時描述的相同。

永遠年輕

我們不僅能從肉身的痛苦和擔憂中解脫，還會再次感覺年輕！還記得小時候擁有的無窮活力嗎？記得青年時期的力量和精神嗎？想像一副比這還更棒的身體！保羅在寫信給羅馬的教會時也提及這點：「被造的萬物都熱切渴望神的眾子顯現出來。」(《羅馬書》八章十九節)耶穌也提過：「讓小孩子到我這裡來，不要禁止他們，因為神的國是屬於這樣的人的。」(《馬可福音》十章十四節)如果我們能夠再次變得和孩子一樣，擁有生命的所有活力和興奮呢？

退休銀行總裁馬文．貝斯曼（Marv Besteman）到密西根大學醫學中心切除罕見胰臟腫瘤。當時已過了訪客拜訪時間，他的家人都回家了，馬文回憶：

我孤身一人、痛苦不堪、脾氣暴躁，在床上翻來覆去，我只是想入睡，暫時逃離痛苦和不適，我完全沒料到我即將展開一趟我作夢也想不到的逃離……

突然間，我不認識的兩個男人走進病房，不要問我怎麼知道的，但我馬上就感覺到這兩人是天使，而且我一點也不焦慮。天使把我身上雜亂的管線拉掉後，將我抱在懷中，然後我們開始上升。速度很快，感覺輕盈又順暢，一路穿越最藍的藍天，接著降落在平地上，就在一道雄偉的門前，但我不記得那道門是不是（像聖經說的，是用）「珍珠」製成的。

我站在一小列隊伍中，開始觀察其他約三十五名天國訪客，訪客來自各個國家，有些人穿著他們的傳統服飾，有個男人抱著孩子，我看見滿天迸發的色彩，比我到阿拉斯加旅遊時看見的極光還壯麗，宏偉瑰麗……我先前聽過的任何東西，都無法媲美我當時聽見的音樂……我又老又扭曲的身體感覺年輕、強壯、美妙，一切疼痛、痛苦、年齡帶來的限制都消失了。我感覺又是個青少年，而且還更棒。**2**

這聽起來像科幻小說，這也就是為什麼我大都選擇來自教授、醫生、富有的專業人士、孩童的見證，因為他們講述這些驚人的故事時，根本無利可圖，還可能害他們失去公信力。但是如你所見，數千名來自各行各業的人士，講述的都是類似的故事，而這會讓你開始思索：真的有可能嗎？

或許，我們一直對今生無法感到完全滿足，是因為我們就是為來生所造的。如同保羅所說：「我看現在的苦難，與將要向我們顯出的榮耀，是無法相比的……我們知道被造的萬物直到現在都一同在痛苦呻吟。」（《羅馬書》八章十八節、二十二節）要是此生只是通往來生的管道呢？想像一下，重生，而且永遠年輕，但同時也能保有智慧！

完整又健康

我有幸非常健康，然而，在撰寫本書時我因為和大學生踢足球造成腓骨骨折，腿上正打著石膏。這提醒我，我已不再年輕了！當我思考一個全新升級身體的概念時，我覺得「全新升級的身體」真的非常合理，不只是對我而言已，特別是對那些失去健康的人來說，更是如此。

我想到我的好友理查和雅登夫婦，他們的長女奈歐蜜天生就無法行走和說話，他們花了二十年去愛、去關照她，他們了解神的承諾，就像盲女維琪和她的朋友一樣，總有一天瞎子的眼必打開，聾子的耳必暢通，而奈歐蜜也能奔跑、大笑、說話，這一切都會值得。就像德蕾莎修女所說：「在天堂面前，地上最糟糕的苦難，充滿最殘酷折磨的一生，都只不過是在簡陋的旅館中過了一夜而已。」

蓋瑞·伍德（Gary Wood）出了車禍，當場死亡，他提到：「我轉身看看發生了什麼事，出現爆炸，接著一陣尖銳的痛楚馬上竄過我的臉上，一陣亮光吞沒了我，然後我記得所有痛苦都消失了。我滑出身體……在車子上方……我往上升，穿越這條光的隧道，感覺到平靜和寧靜溢滿全身……四周都能聽見天使歌唱。」

蓋瑞發現自己身處一座美妙城市的外面（稍後還會詳細討論這座城市），進入城市後，迎接他的是一場預料之外的重聚。

一名天使點頭，准許我進入城市。我進去後第一個見到的人是我的朋友約翰，他在高中時因一場意外身首異處，他的死狀一直縈繞在我的記憶中。看見他我相當高興，他和我記憶中一模一樣，只是更加完整。他跑來擁抱我，這是一次愉快的團聚，當他把手臂環繞在我身上時，直接穿透到我深處，我們彼此合而為一，這個擁抱比人世間的擁抱更為深刻。

蓋瑞在宣告「死亡」二十分鐘後撿回一命，且因為傷勢失去聲帶，但他認為這是未來之事的徵兆，神做了某件醫生認為不可能的事。蓋瑞說：「我照了X光，顯示我沒有聲帶，但我仍能講話和唱歌。」[3]神對那些愛祂之人的承諾便是：「不再有死亡，也不再有悲哀、哭號、痛苦，因為先前的事都過去了。」（《啟示錄》二十一章四節）

我們在天堂的形體：真正的身體，或光的身體？

「但有人會說：『死人怎樣復活呢？要帶著怎麼樣的身體來呢？』」保羅提出了上述問題，接著回答：「有天上的形體，也有地上的形體；天上形體的榮光是一樣，地上形體的榮光又是一樣。」（《哥林多前書》十五章三十五節、四十節）他在該章稍後也解釋道，有天我們在地上的身體會復活，就和耶穌的身體一樣，但這不會在我們死後馬上發生。

簡而言之，在我們死後，1.0版本的暫時肉身，將會升級成2.0版本的屬靈身體，並擁有更多「榮光」。不過這仍不是最終版本。等到末世來臨，神終結了人類歷史後，聖經提到原先所有地上的身體都會復活，正如當年耶穌的身體復活一樣。而耶穌可說是一個「原型」，預示著「我們升級過的屬靈身體」將與「復活後的地上身體」結合成為3.0的版本。聖經記載，當年耶穌復活後的身體可以碰觸、可以吃魚、可以在通往以馬忤斯的路上一面走一面和門徒說話。可是祂同時還展現了屬靈身體非凡的智慧，還能夠穿牆與思考。

多數人不理解的是，神計畫打造全新的世界，包括人世和我們的身體，並將天地結合。「我又看見一個新天新地，因為先前的天地都過去了。」（《啟示錄》二十一章一節）牧師蘭迪．愛爾康（Randy Alcorn）在他針對天堂的詳盡研究中指出：「現在處在過渡期的天堂（按，聖經中叫做「樂園」），位在天國的領域，距離人世非常遙遠（雖然……很可能比我們假設的擁有更多實體特質）。相較之下，未來的天堂則是會位在人世的領域，在地上（按，聖經中叫做「新天新地」）。」4

但本書主要關注的仍是現在的天堂，或說過渡期的天堂（樂園）。這個天堂會是怎麼樣的呢？請記得，每位瀕死經驗者所描述的，都是很難以言語述說的事物。

身體部位

有位女士告訴穆迪醫生，她靈魂出竅時「即便沒有重量，我仍感覺到整個身體、雙腳、雙手、所有事」。5另一名在天花板觀看自己急救過程的女士則表示：「我還在身體裡，我伸長四肢往下看，動了動雙腳，然後注意到其中一隻腳感覺比較熱。」所以屬靈身體和我們的肉體感覺很像，不過許多人仍是注意到屬靈身體是半透明的，有些案例則是由光組成。6

朗醫師也記錄了十七歲的瓦樂麗回憶她在手術中「死掉」的過程：「我記得我看著

我的雙手，發現是半透明的。接著一名天使出現，她好明亮，非常美麗，她安慰我說沒事的。我記得我告訴她，我還沒準備好要死，她說她知道。接著她往下指，我看見醫生在對一個女孩做CPR，我不知道那就是我，所以觀看了整個手術過程，包含CPR和一切。」7

瑪麗．尼爾和理查．伊比（Richard Eby）等醫師則是注意到了更多身體細節。理查．伊比正和妻子幫忙親戚清理芝加哥的公寓，他靠在二樓欄杆上往下丟箱子，但他不知道白蟻已經蛀掉了欄杆，欄杆斷裂，理查就從二樓摔下水泥人行道，頭部著地。他回憶到：「我的頭蓋骨完全摔碎，腦中的大血管也破裂，兩眼爆出……死於撞擊力道。」後來他在停屍間奇蹟般醒來，並在「死時」觀察到：

我的身高相同、體型相同，跟我在鏡中看見多年的自己一樣。我穿著半透明的平滑純白袍子，但我的視線卻能完全看透。我好驚奇，我能看透自己的身體，並注意到身後和身下美麗的白花。整個情況看似非常平凡，卻又相當驚異……我也能清楚看到自己的腳，不需要戴眼鏡，我馬上發現自己的視野相當寬廣，不管是二十五公分還是十六公里，焦點都很銳利又清楚……沒有骨頭、血管、器官，也沒有血，也沒有性器官……腹部和胸部沒有器官，我一眼便能看透，不過在視野邊緣是呈半透明的。我在天堂中以光速運作的大腦，再次回答了我沒說出口的疑問：並不需要器官，在這裡耶穌就是生命，祂就是所需的能量。8

所以我們現在有了這幅圖像：在新生命裡，我們仍擁有實體和感官的身體，但不能和人世間的任何東西接觸。我們有個半透明的身體，能夠「做」所有我們先前做的事，包括碰觸和感受，甚至擁抱，同時擁有增強的感官。如果這就是真實的身體，那我們也會穿上真實的「衣著」嗎？

我們在天堂穿什麼衣服？

耶穌在《啟示錄》說過：「他們要身穿白衣與我同行；因為他們是配得上的。得勝的，也必這樣身穿白衣，我決不從生命冊上塗抹他的名，我還要在我父和他的眾天使面前，承認他的名。聖靈向眾教會所說的話，有耳的就應當聽。」（《啟示錄》三章四至六節）使徒約翰也提到他在天堂的經驗：「這些事以後，我觀看，見有一大群人，沒有人能數得過來，是從各邦國、各支派、各民族、各方言來的。他們都站在寶座和羊羔（耶穌）面前，身穿白袍，手裡拿著棕樹枝。」（《啟示錄》七章九節）根據瀕死經驗者的說法，除了伊比醫生穿的半透明白袍外，在天堂也有其他衣物。

銀行總裁馬文．貝斯曼提到，他往下看，發現他不再穿著醫院的病人袍，而是穿著他帶妻子出門時慣常的裝扮，淡棕色的POLO衫、棕色的長褲和鞋子。他後來還注意到他在天堂遇到的其他人，似乎都穿著他們在人間覺得最舒適的服裝，「排在隊伍中的微笑人群來自世界各地，穿著各式各樣的服裝，我看見許多不同的文化，包括斯堪地那維亞、亞洲、非洲、中東……（還有）非洲原始部落，他們穿著寬鬆平滑的部落袍，作羅馬式裝扮，腳上穿著涼鞋。」9

讀過這麼多見證後，我有個理論，這只是個理論：我覺得我們在天堂可以按照自己覺得自然的方式裝扮，所以來自不同時空和文化的人們，都會穿著當時覺得最舒適的衣物。然而，許多瀕死經驗故事都提到人們穿著白袍。讀到這點時我在想，「我才不想永遠穿長袍呢！」接著我開始思索這所謂的「白袍」可能代表什麼意義，為什麼它如此特別。

耶穌在地上時，帶著彼得、約翰、雅各一同旅行，他們看見耶穌身處「榮光」中。聖經便提及：「正禱告的時候，他的面貌就改變了，衣服潔白發光。忽然有兩個人和他談話，就是摩西和以利亞。他們在榮光裡顯現。」（《路加福音》九章二十九至三十一節）當耶穌讓這三名門徒看見自身的「榮光」時，他和這兩名舊約中的先知，正散發出亮光，光線極其明亮，彷彿匯聚在一起。

瑪麗．尼爾醫生也提到她所謂歡迎委員會的人身上的榮光：「他們以靈體的形式出現，但不是以人世肉身那樣擁有絕對明顯輪廓的形體，他們的輪廓線條是模糊的，每個靈體都散發耀眼光芒。他們的出現淹沒了我所有感官，就好像我能同時看到、聽到、感覺到、聞到、嘗到他們一樣，他們的光亮令人目盲又生氣蓬勃。」10

保羅告訴我們：「既然是（神的）兒女，就是後嗣；是神的後嗣，也和基督一同作後嗣。我們既然和他一同受苦，就必和他一同得榮耀。」（《羅馬書》八章十七節）所以我的理論是：或許人們想要穿著許多人曾描述過的半透明白「袍」，是因為這樣能彰顯他們和神共享了「榮耀」，就像我們在人世的穿著則是為了炫耀物質的榮耀，或是我們想要讓人注意的物質特色。如果在天堂，我們想要讓人注意的是神在我們身上散發多少榮耀和榮光呢？瀕死經驗者注意到，這個半透明的身體，似乎能夠散發或發射某種來自體內的亮光，而且每個人的亮度都不同。或許「白」袍其實並不是白的，甚至也不是我們理解的「袍」，而是代表穿著神的榮光。

迪恩・布瑞斯頓（Dean Braxton）在腎臟手術期間，他的心臟停止了一小時又四十五分鐘，甦醒後他說自己看見耶穌：「耶穌是純潔的光！祂的光在我身體的前面、四周、內部、是我整個人的一部分。祂比正午的太陽還明亮，但在天堂我們仍能直視祂……我就在耶穌裡面，耶穌則從我裡面發光閃耀，我能看見亮光，亮光在我四周，我也是亮光的一部分，亮光從我身上閃耀，全部都是生命。」[11]

西元前五五〇年左右，一名天使告訴在巴比倫附近寫作的猶太先知但以理：「那時你的同胞中名字記錄在冊上的，都必得拯救。必有許多睡在塵土中的人醒過來，有的要得永生，有的要受羞辱，永遠被憎惡。那些有智慧的必發光，好像穹蒼的光體；那些使許多人歸義的必發光，如同星星，直到永永遠遠。」（《但以理書》十二章一至三節）

你能反映上帝的榮光嗎？

耶穌也反覆提到，我們在天堂將反映上帝的榮光：「那時，義人在他們父的國中，要像太陽一樣的照耀。有耳的，就應當聽。」（《馬太福音》十三章四十三節）神問約伯：「死亡的門曾向你顯露嗎？死蔭的門你曾見過嗎？……哪條是到光明居所的道路？」（《約伯記》三十八章十七節、十九節）並告訴約伯：「惡人必得不到亮光。」（《約伯記》三十八章十五節）

全球各地有數千名擁有瀕死經驗的人，都表示看見了不知為何呈半透明的靈體，但又能透過體內的光發亮，這件事真的非常奇妙。不同的人亮度似乎也不一樣。肯尼斯．里格就曾問盲女維琪：「有亮光伴隨耶穌嗎？」維琪答道：「比那裡所有人都還亮，祂是所有人最亮的……光線非常美麗又溫暖，非常強烈，我知道如果是平常的自己，一定根本無法承受。」[12]請注意，盲女維琪在此分辨出了不同的「亮度」，而其中耶穌是「最亮的」，也就是散發最多榮光的。

大明星穿著華服走在紅地毯上，與媒體上一直播放的健美身體，總是令我們驚嘆。但是請想想，我們分享神的榮光會是什麼景象吧！也許你現在越是「開放」、越「暢通」，越是讓聖靈充滿你、藉著你來動工（即便可能因此而承受苦難），日後到了天堂，神就會藉著你散發出更多榮光！顯然，到那時我們可以自行決定要穿什麼，只要舒適的都可以，但若是穿上上帝的榮光，又是何等的榮耀！

這肯定就是保羅之所以鼓勵我們「在這彎曲乖謬的世代中，作神沒有瑕疵的兒女；你們要在這世代中發光，好像天上的光體一樣……（他將）改變我們這卑賤的身體，和他榮耀的身體相似。」（《腓立比書》二章十五節、三章二十至二十一節）

但對我們某些人來說，這仍是有點可怕。半透明？發光？我還會是我自己嗎？這點很重要，務必了解：到現在，你還沒完全成為你自己呢！如同有位瀕死經驗者所說，你將會震驚地發現「你在天堂遇見的第一個人，就是你自己！」

第五章 你終能成為自己

克莉絲托和神的關係很不好，也掙扎著自己的身分認同，而且一直覺得自己很丟臉……而這都有個好理由。性騷擾，從她三歲時照顧她的保母家開始，五歲時再次出現，這次是在另一個保母家。克莉絲托回憶：「那個保母的丈夫年紀比較老，我記得他叫我坐在他腿上……我沒有告訴我媽這些騷擾，因為我想保護她，別讓媽媽聽見更多壞消息。」

克莉絲托知道媽媽離了婚，嫁給漢克後情況更糟了。漢克情緒不穩，時常醉醺醺的，還會對克莉絲托的媽媽施暴。某天晚上漢克恐嚇克莉絲托的媽媽要殺死克莉絲托，拿槍對著睡眠中的克莉絲托扣下扳機，差點就打中了。

克莉絲托六歲時，已承受了可怕的性騷擾，並目睹了媽媽兩度婚姻崩解。她媽媽每周都去朋友家的樓上開派對，把克莉絲托和兄弟獨自丟在樓下。「每周我們去那裡，我都會被屋裡的人性騷擾……很常發生，而且連續五年。我沒跟半個人說……（但）我感覺到的一切羞恥、骯髒、崩壞，都成了我身分的一部分，這就是我。」根植於羞恥的身分認同就像又濕又臭的衣服，緊緊黏在克莉絲托身上，多年來她都按照這樣錯誤的身分認同生活。

直到三十三歲，她死掉的那年。克莉絲托胰臟炎住院，因為併發症心跳停止。

待在醫院期間，我靈魂出竅了九分鐘，並前往天堂站在神面前……我的人生從此永遠的改變了，改變非常重大，我整個人的存在核心都變了。不過這段遭遇我都不想和別人分享……因為我是老師，受到家長信任去教導和照顧他們的孩子，我擔心要是家長聽到我的故事，會躲著我、取笑我，搞不好我還會被辭退。我擔心大家會覺得我是個瘋子——即便神對我的旨意非常清楚：「告訴他們妳記得的事。」我無法理解為什麼挑上我，還有祂到底要我做什麼。

我相當掙扎，因為我是最不可能跟別人傳道的人，簡單說，聖徒名單上面一定不會有我。我年輕時是個罪人，我很確定，每一條「十誡」我都觸犯了。沒錯，不是只有觸犯幾條，而是全部十條……我不信神，我生長在美國中部「聖經帶」的核心地區，我還受洗不只一次，而是四次。我定期上教會，聽過上百萬次佈道，然而在我內心深處，我並不信神。我一次又一次挑戰神，要祂證明自己的存在，而祂每次都成功，我就會再設下新的路障，一個要祂克服的新挑戰。我覺得，我人生中的一切磨難都是證據，證明了神沒興趣保護我，神不想讓我免受傷害。我質疑祂，我詛咒祂，有時我還會發誓要讓神滾出我的人生。1

那天在醫院裡，克莉絲托的嘴唇逐漸變成藍色，她媽媽趕緊叫來護士，護士又召人來急救。並不是每一個人在瀕死經驗中都會穿過一條隧道，有些人反而是直接在新世界醒來。

我告訴媽媽我愛她，就閉上眼睛離開了，之後就完全不記得發生的事。我記得的下一件事，就是在天堂醒來，神在我身旁。我知道我的肉身不再有了，我已拋下肉身，現在是以靈魂的形式存在。我不必察看我的身體，我就是知道，就像我們看都不用看就知道自己有十根腳趾……而就算沒有肉身，我還是知道我仍然是「我」，那個存在於人世的我，那個死前剛跟媽媽說我愛她的我。同時我又驚訝地發現，我是那個永恆存在的「我」*，那個早在我降臨人世之前就存在的我。

我再也不像在人世時，受到懷疑和恐懼的折磨。在天堂我對自己是誰非常確信，意味著我的靈魂、我的心、我的存在更為完整。這在人世間根本不可能，這是更深刻的自覺，超越我一生經歷的希望、恐懼、夢想、傷痕。我全身充滿自覺，而那些在人間填滿我身分的垃圾瞬間消失，真正的我第一次顯現，神在《耶利米書》一章五節說：「我使你在母腹中成形以先，就認識你。」現在我也認識我自己了，想像看看，我們在天堂遇到的第一個人，就是我們自己。2

獨特的你

「誰來定義『你是誰』？」這是一個非常重要的問題，但很少人真的停下來思索過：誰有權力定義你是誰？你有什麼價值？你的意義是什麼？你是成功還是失敗？你如何定義自己的身分才是最重要的。你對自己的信念，形塑了你的一切決策和行為。

關於我們自己的身分，大多數人最後相信的竟然是和神無關的事物，而不是神創造我們的樣子，也不是神造我們要做的事。我們選擇相信的，是這個世界的惡魔加諸在我們身分上的謊言。我們總是擔心別人的意見或認同，當我們沒有成功，或是成就不受認可，就感到極度焦慮。股票大跌或未獲升職，我們就覺得不舒服。為了證明自己的價

*只有神是永恆的，但在神創造我們之前，我們便已存在於祂的永恆之中（《羅馬書》二章十節、《耶利米書》一章五節），或許這就是某些瀕死經驗者認為的永恆情景。

值，為了讓其他人愛我們，我們一直降低自己的標準（而沒有維持標準）。我們覺得必須控制配偶或子女，因為不知為何，我們的身分竟然是綁定在其他人的想法及行為上。

當我們把自己的價值或身分建立在「我做了什麼、其他人對我做了什麼」之上，就會害怕失敗，想要證明自己，或是操控那些在成功之路上阻礙我們的人。我們就會開始虛耗。為什麼會這樣呢？因為上帝造我們，從不是希望我們的身份來自於「我做了什麼、其他人做了什麼」，而是要來自於「對神來說，我們是誰」，這樣才對。

洛梅爾指出，許多他訪談過的瀕死經驗倖存者都提到，「從此獲得了更多價值和人生意義，不再看重物質生活像是名車、豪宅、擁有地位或權力的工作」[3]許多人努力追求成就，追求表現，都是為了求名。但我們將在天堂中看到，人生並非只有這些事物。

獨特的被神所愛

喬治．李齊博士看見人生跑馬燈時，看見了清晰異常的事：

二十年人生的所有細節都在那裡供我檢視，好的、壞的、高潮、平淡，而在這麼全面的觀點中，浮現了一個問題，在每個場景中都可見到，也和場景本身一樣，都是來自我身旁活生生的、發光的靈。

「你這一生做了什麼？」

祂很顯然不是要問資訊，因為我做過的所有事都在眼前回播過了……我是否曾經超越眼前的短視近利，做過什麼有價值的事呢？最後我終於找到了，我人生中最光榮的一刻：「我晉升鷹級童軍！」

又一次，字句似乎直接從我身旁的靈散發出來：「你很榮幸……」

我看見十一歲的自己在教會禮拜時往前走，請求耶穌成為我生命的主，但我也看見起初的興奮快速變為每周日上禮拜的無聊日常……

我接著提到我的預科課程，我想成為醫生幫助他人。但在教室之外，出現了一輛凱迪拉克跑車和一架私人飛機。在全知的靈之前，我的想法和行為無所遁形。

接著突然間，我內心對「你這一生做了什麼？」這個問題感到很憤怒。這不公平！我這一生當然還沒成就任何事！我根本沒時間，你怎麼能評斷一個根本還沒開始的人呢？但來自靈的回應並不帶有論斷，語氣反而還充滿愛：「死亡，可能在任何時刻到來。」

李齊想到他剛和軍中簽訂的保險單，可以讓他在七十歲時領到一筆錢。他還來不及收回這個想法，不過這個想法已經無所遁形。如果他曾懷疑主是否有幽默感，現在他知道了。

光線好像在震動和閃爍，似乎是神聖的笑容——不是笑我的蠢，也不是嘲諷，而是一種幽默，似乎在說，即便存在各種悲劇和錯誤，快樂仍更持久。在笑容帶來的強烈喜悅中，我發現其實是我在尖刻地評斷世上的事，是我將這些事件視為瑣碎、自我中心、不重要。我身邊的榮光沒有將我定罪，祂沒有責備，也沒有批評，就只是愛我，祂充滿整個世界，卻選擇親自來見我……

「你這一生做了什麼值得告訴我的事？」

現在我了解，在我一開始狂亂地想找出一個厲害的答案時，我就完全搞錯了。祂不是在問成就和獎賞。那個問題，就像來自祂的所有事物一樣，是關乎愛。「你一生愛過多少？愛人如我愛你這般嗎？毫無保留？毫無條件？」4

神從不希望你將自己的身分建立在成就或表現上。除了你的創造者外，沒有其他人能了解創造你的目的和意義。請看看神對你真正的身分說過什麼吧：「要把我的眾子從遠方帶回來，把我的女兒從地極領回來，就是所有按著我的名被召的人，是我為自己的榮耀創造的，是我所塑造，所作成的。」（《以賽亞書》四十三章六至七節）神是為了祂自己而造你，不是要證明你的榮耀，而是為祂自己的榮耀，為祂的光榮和喜樂。祂親愛的兒女啊，祂想要你做的是學習在祂的愛中、在祂造你的樣子中感到安定；而在這個安定的所在，你就可以「去做」祂造你要去做的事。而這首先就是要去愛那些只有你能愛的人。

使徒保羅解釋道：「我們現在是對著鏡子觀看，模糊不清，到那時就要面對面了。我現在所知道的只是一部分，到那時就完全知道了，好像主完全知道我一樣。現在常存的有信、望、愛這三樣，其中最大的是愛。」（《哥林多前書》十三章十二至十三節）天堂將會是那個你了解自己的被愛是多麼獨特的所在，祂不希望你等到上天堂才知道這點。

祂知道我的名字

頭朝下摔到兩層樓下水泥人行道的理查・伊比醫生，便記得在他「死去」後的經驗是多麼私密：

我當場死亡。砰的一聲，瞬間我就抵達一個充滿愛的地方，我知道這就是天堂……我查看自己究竟落在什麼東西上，我雙腳的大小和形狀都和以前一樣，我的肉身也和以前在世的時候一樣……突然間我的心智思考速度，快到在人間無法估算的地步。我第一次聽到主的聲音時，他說：「迪克，你已經死了。」雖然我是從心中聽見這個聲音……祂以我的小名呼喚我，顯示了祂和我極為親近。我問：「你為什麼叫我迪克？」（這個名字只有好朋友和家人會叫）祂回答：「我為了你死在十字架上，就是最親近的事。」5

當了十個小時毫無生氣的屍體後，理查奇蹟般甦醒，而他從未忘記神和他多麼親近，又是多麼愛他。

想想看，我們全都想要出名。但為什麼？我們想要自己的人生算數、有意義、有價值，但是除了神以外，沒有人會記得你的名字。試試看就知道了，來，快點想：你的曾祖母和曾祖父叫什麼名字？曾曾祖母和曾曾祖父呢？多數人都不知道，而這才往上三或四代而已，這些人還是我們的祖先呢，但我們已經忘了他們。就算你真的記得他們，多數的名字在不到百年內也會被遺忘，而所有名字最終都會遭到遺忘。但我們所有人卻是想要被他人記住。

睿智的所羅門王認為這是因為神「又把永恆的意識放在人的心裡」（《傳道書》三章十一節），我們希望我們的一生算數，我們想被記住，我們想要一個能夠流傳的名字，因為神造我們是為了祂自己的永恆。耶穌教導我們，要活得安心，因為我們知道我們對祂來說非常重要：「兩隻麻雀不是賣一個大錢嗎？但你們的父若不許可，一隻也不會掉在地上。甚至你們的頭髮都一一數過了。所以不要怕，你們比許多麻雀貴重得多呢。」（《馬太福音》十章二十九節至三十一節）

神比你更了解自己，你一定不知道自己有幾根頭髮，或以前曾經有幾根！只有祂知道你有多寶貴。迪恩在經歷瀕死經驗後回憶：「和祂有關的所有事就是愛，沒錯，對你的愛，而且就像單獨只愛你。但你內心深處知道，祂愛所有人，可是對你的愛又如此私密，就像是你獨享，你知道祂永遠關心你，而且也會（繼續）永遠關心你。」6

除了你的創造者外，沒有其他人有權力或能力去定義你的價值。只有祂知道你的名字，耶穌在《啟示錄》中提到：「得勝的，我必定把那隱藏的嗎哪賜給他，並且賜他一塊白石，石上寫著新的名字，這名字除了那領受的人以外，是沒有人能知道的。」（《啟示錄》二章十七節）天堂的承諾就是有一天，你會真正了解你來到這世上的意義。對神來說，你已經自成一格，沒有人能擁有你和神之間的獨特關係，而這關係是神創造的。想像一下，你抵達天堂時，你終於了解自己對神來說，有多麼特別！而且，神還是全宇宙最重要的存在體呢！

因車禍經歷瀕死經驗的蓋瑞・伍德也表示：「祂身上散發出耀眼美麗的光線，祂看著我時，眼光穿透了我，直到我內心深處，只有純粹的愛……祂的話聲音大如尼加拉瓜大瀑布的水聲……『告訴世人，他們是特別又獨特的，每一個人都是，神創造所有子民時都有特別的目的，唯有他們能在地上達成。』」7

獨特的目的

我們都不覺得其他人（甚至我們自己）會完全認識、理解、重視我們。這就是為什麼我們勞動是為了證明自己，讓其他人注意我們，想要揚名立萬，嘗試成為別人。但想像一下，在天堂中這些都不重要了，取而代之的是一種清晰無比的確信：神創造你，是要你成為誰——完全成為你自己，完全獨特，與你的創造者擁有完全獨特的關係。

我們不會失去在世時自己的身分，反倒終於能夠完全了解「我是誰」。而我們也不會失去自身的幽默、獨特的人格特質、外表、情感、記憶，且終將成為完整的自己。現在遮蔽我們真正身分的一切困惑、傷痕、謊言，到時候都會消失。

只有神知道造你的目的，也只有祂知道專屬於你的成功人生是什麼樣子——你的成功不是要和別人比較，而是要和祂創造萬物之前就有的想法來比較！我覺得，許多瀕死經驗者會說「我覺得我曾來過這裡」或「我覺得我一直存在」，原因就是你確實永遠存在於神的心思之中！在天堂中，我們會確定神在我們出生之前想要我們成為什麼樣的人。

若你能了解神怎麼看你的，你就能夠放手去成就神造你所要成就的事，放手去使用你獨特的天賦、時間、資源，去做出永恆的影響。這不是要證明你的價值，而是因為你對神來說比一切事情更貴重。「你們得救是靠著恩典，藉著信心。這不是出於自己，而是神所賜的……我們原是神所作成的，是在基督耶穌裡創造的，為的是要我們行各樣的善事，就是神預先所安排的。」（《以弗所書》二章八節、十節）

你是神所創造的一件獨一無二的作品。但我們全是受損的作品，需要修復，祂想要所有人獲得祂的禮物、救贖，和神一起「稱義」。當你知道自己已和神稱義——不是因你做的事或沒做的事，而是神對你所行的事——那你就不需證明自己的身分了。你反而可以放手去達成神在你出生之前就為你所設的計畫。瀕死經驗者獲得了非常清楚的訊息：神還有任務要給你。

朗醫師的研究中有個人提到：「我不想回去，但光中的人告訴我，我必須回去，祂告訴我我還沒完成我該做的事，一陣踉蹌後我就回到身體裡了。」[8]

一名在手術期間經歷瀕死經驗的十三歲女孩回憶：「我聽見一道溫柔但有權柄的聲音告訴我：『我的孩子，回去吧，妳還有很多事要做！』接著我立刻就回到身體中。真的是立刻！」[9]

手術復元期間，馬克衰弱的心臟停止了跳動。醫生發狂般想把他救回來時，他正前往「我所看過最美麗的道路」上展開了一段旅程。這條路領他來到山上的天堂，馬克開始聽見一個聲音，「不知來自何處，卻又來自四面八方……『馬克，你必須回去！』『回去？不！不！我不能回去！』那個聲音再度說道：『你必須回去，我給你一項任務，你還沒完成。』『不，不，求求上帝，不！讓我留下。』那終極存在的聲音不知從何而來，同時卻又像來自四面八方。」[10]

我獨特的任務是什麼？

但我獨特的任務又是什麼？我要怎麼知道神要我完成的專屬任務是什麼？我認為我們常常把這件事想得太複雜，因為我們想要讓這個「任務」為我們帶來「身分」，但神的邏輯卻是完全相反。摩西說過，耶穌也反覆提到，愛主是最重要的第一條誡命，也就是我們的任務，愛鄰如己則是第二條。在這裡，「鄰」指的是上帝安排在我們身邊出現的人。耶穌認為，只要遵守這兩條誡命，就能遵守其他全部律法和先知書（參見《馬太福音》二十二章三十四至四十節）。即便是那些不懂聖經的人，也從另一個世界帶回一模一樣的訊息：神造我們是有獨特的目的，而「愛」在這個目的當中非常重要，不管我們在世上還成就了其他什麼事。

曾經歷瀕死經驗的藝術教授霍華德．史東（Howard Storm）表示：「神讓我妻子和我在一起，是為了讓我們學習愛，我在人生跑馬燈中看見這點。神賜予我們彼此，以學習如何去愛，這就是我們的工作。」[11]這很可能不是我們唯一的工作，但很顯然是第一項工作。

史提夫．索格倫（Steve Sjogren）是辛辛那提一間大教會的牧師，用各種方式幫助社區，這無疑是神造他的目的之一。但史提夫和死亡擦身而過的經驗提醒他，神對我們的優先次序。史提夫謙卑地回憶：

> 看來神逮著我了。我在手術台上方盤旋，離天花板很近，沒有離開手術室……我打從心底知道呼喚我的就是神，那聲音就像一百個朋友以完美的和諧同時開口，聲音熟悉、撫慰、將我拉近……在我尋找神的這些年間，我從未聽見祂直接說話，在這一次之後也

沒有……我們不僅是以語言溝通，也以回憶和影像溝通。神讓我知道祂有多重視我。我無法形容當時圍繞在我四周的完美接納感，但是在這個非常私密的相遇之中，我卻知道在我生命中並非所有事都符合神的計畫。

底下的醫生在進行急救，而神平靜地問我：「你知道你孩子朋友的名字嗎？」這可不是在做白日夢，神想知道答案，但我卻說不出任何一個！我當場被逮個正著。有如晴天霹靂般，我突然理解，我並沒有花時間去認識我孩子的好朋友和好兄弟……他們常常來我們家，我總是很歡迎他們，但我並不好客，他們來的時候，我常常有事要忙，也有很多次我根本就不在，畢竟我的工作很重要啊！12

我們要怎麼知道自己獨特的任務是什麼？第一步，永遠是從愛主和尋求主開始，接著跟隨祂的帶領，去愛最接近我們的人，並運用祂賜予我們的天賦和熱情服事人群。你不需要擔心沒有完成這個任務，只要你追尋上帝和祂的旨意，你就能活出你的目的。但我們絕對不能忘記，一切都是關乎愛。

回家吧！

曾受洗過，但因受虐從未感受到愛的克莉絲托，在提到她的天堂經驗時表示：

對我來說，最難的是找到能夠完整描述我在天堂經歷的語言，因為人世的語言都差得遠了。我用了「美麗」、「美妙」、「驚奇」等詞彙，但還是不夠，我在天堂中經歷的事極其真實，極其清楚與強烈，使我在人世的經驗相形失色，模糊不清——彷彿天堂才是現實，而我們在世的生活只是場夢……那是一種絕對純粹和完美的感受，一種毫無瑕疵的完美，而沉浸在其中，讓我獲得我在人世從未得到的平靜和信心。我整個人就像沐浴在愛之中。那道光，我不但能看見，更能感受到。而且那道光感覺很熟悉，就像某種我記得，甚至認得的事物。最好的說法就是：我回到家了。**13**

耶穌在以色列鄉間旅行，講道、餵飽人群、治療病人，還給他們尊嚴，祂展現的便是神那無條件的愛。即便是罪孽最深重的罪人，在主眼中他仍是獨特、珍貴、迷途的兒女。因此，世界上像克莉絲托這樣的人，都樂意擁擠在耶穌身旁。《路加福音》便提到：「眾稅吏和罪人，都接近耶穌，要聽他講道。法利賽人和經學家，紛紛議論說：『這個人接待罪人，又和他們一起吃飯。』耶穌就對他們講了這個比喻，說：」（《路加福音》十五章一至三節）

耶穌跟這些自以為是的宗教領袖說了一個浪子回頭的故事：父親有一個浪子小兒子，和一個「好」的大兒子，這裡的父親便是代表聖父，浪子要求提早繼承財產，然後拋下父親，前往賭城拉斯維加斯開派對和嫖妓花光所有財產。這是我略改的版本，不過故事內容差不多是這樣。

耶穌告訴我們，浪子人生跌到谷底，這下終於醒悟過來說道：「我要起來，到我父親那裡去，對他說：『爸爸，我得罪了天，也得罪了你，不配再稱為你的兒子，把我當作一個雇工吧！』」（《路加福音》十五章十八至十九節）

宗教領袖原先期待父親會懲罰兒子，好好教兒子一課，耶穌卻讓他們大為震驚：「他（浪子）還在遠處時，他父親看見了他，就動了慈心，跑過去抱著他，連連與他親吻。兒子說：『爸爸，我得罪了天，也得罪了你，不配再稱為你的兒子。』父親卻吩咐僕人說：『快把那最好的袍子拿來給他穿，把戒指戴在他手上，把鞋穿在他腳上，把肥牛犢牽來宰了，我們要吃喝快樂，因為我這兒子是死而復活、失而又得的。』他們就歡樂起來。」（《路加福音》十五章二十至二十四節）

終於回家

所有遇見這個「發光的靈體」的人，都描述了這種跑向他們、抱著他們、重視他們，不管他們做過什麼事，只想要他們回家的這一份愛。我讀過數百則瀕死經驗故事後，對於這一份愛感到非常敬畏，因為他們形容的正是「家」！

傑夫離開車禍燃燒的現場，發現自己「身在不同的地方，這是個充滿快樂的地方，相當熟悉，像家一樣，我覺得非常真實。但是我沒有受傷，我不是飄浮的球體，我就是我自己。」14而在中東長大的薩瑪，則是發現自己沐浴在愛之中：「祂散發出一種驚人的愛，完全的接受，我不覺得遭到定罪，也不覺得羞恥，一開始我不太敢看耶穌，但一段時間後，我感覺身體正往上升，接著我就站在祂面前。祂對我微笑時，我的靈魂充滿寬慰，『歡迎回家，薩瑪』，祂用溫柔和善的聲音說道，但同時也充滿力量，就像洪水的聲音。祂對我張開雙臂，祂美麗的眼睛就像強烈燃燒的愛火，充滿我全身。」15

唐．派普描述自己死去九十分鐘的經歷：「我看見難以置信的色彩，我從來沒有像當時那樣，覺得自己如此有活力。我回家了，回到我歸屬的地方，我想待在那裡，超越我想待在塵世間的任何地方。」16

耶穌說過，神對所有人的愛，便如同故事裡那位不計一切代價，只希望讓兒女回家的慈愛父親。「因為基督也曾一次為你們的罪死了，就是義的代替不義的，為要領你們到神面前。」（《彼得前書》三章十八節）有一天祂也會想歡迎你回家！

而家就是你最終能獲得理解和愛，並和家人朋友團聚的所在。如果你擔心在天堂孤身一人，不妨再好好想想吧！

第六章

在天堂與朋友和愛人歡聚

「我不記得那幾分鐘的細節，或許我也不想知道吧。那天側風很強，有一輛紅色小貨車在車道上瘋狂蛇行，當然也可能是我手握方向盤打瞌睡了一下，導致偏離車道。不管原因是什麼，我們的車以時速一百二十公里衝出高速公路的路肩。」

傑夫醒來，發現自己面臨身為父親最可怕的夢魘。時間慢了下來，四歲的史賓賽和十四個月大的葛瑞芬在後座睡覺，他的妻子塔瑪拉尖叫靠近方向盤，他們都嚇呆了。傑夫把方向盤過度修正，使得他們的休旅車在柏油路面上翻滾了七或八圈，他感覺到自己整個人滑出了軀體。

光線包圍著我，非常亮的白光，充滿純粹、無條件的愛。我很平靜，在這道幾乎可以觸摸得到的光線中我充滿了平靜，我了解所有痛苦都消失了，我沒事⋯⋯

接著我感覺到熟悉的觸碰，塔瑪拉就在我身邊，她也很真實，我能感覺到她，她還活著……我看著她，我可以感覺到一切的景況：她在哭，很沮喪，為什麼？我們在哪？車禍只是場惡夢嗎？還是我死了？我們都死了嗎？孩子們呢？這種經驗，我以前曾經在書上讀到過，許多人都提到走過一條隧道，向著亮光走，但這沒有發生在我身上。我覺得我好像身在某種保護泡泡中，而且我感覺自己活著，沒有死掉。

塔瑪拉說：「你不能待在這，你必須回去，你不能在這。」

她為什麼在哭？

「你不能來這，你不能待在這。」

她說我不能待在這是什麼意思？我屬於這裡。

「你必須離開！」

她和從前一樣真實，我猛然想到孩子們，他們在哪？他們也在這嗎？要是我留下，史賓賽會變成孤兒嗎？葛瑞芬又在哪？

「你必須離開！」塔瑪拉堅持。但我不想去任何地方，在這個充滿榮光的泡泡中她卻這麼沮喪，這點讓我覺得很奇怪。這裡是天堂嗎？我不知道，但這使我在人間的存在就像個朦朧的夢，我體驗到的事物比我所知的任何東西都還更真實、更明確、更生氣蓬勃。我緊緊抱住塔瑪拉，我也可以碰到她，甚至能感覺到她濕濕的眼淚在我皮膚上，我親吻她，這很真實，我聞她的頭髮，不是用人世的感官，而是用比我以前還強十倍的感官。

「你不能在這，你必須離開。」她開始啜泣。

我不想離開，但我也知道她是對的，我不應該留下，我覺得我可以有選擇，但我內心深處知道我必須回到四歲的史賓賽身邊……我注視著塔瑪拉的眼睛，這對晶瑩剔透的湛藍色雙眼，宇宙中的所有東西都在呼喚我回到史賓賽身邊，但我想待在塔瑪拉身旁。而且葛瑞芬在哪？我感覺到溫暖的眼淚流下我的臉頰。

「我必須走了。」

「我知道。」

我又看了她一眼，我的一生摯愛，我往前傾，把額頭靠向她……

「我愛妳。」

「我知道。」

傑夫聽見的下一個聲音，是一個悲傷的事實，亦即史賓賽在撞毀的休旅車後座哭泣。塔瑪拉和葛瑞芬都過世了。傑夫甦醒時，聽見了一個問題，「這個問題很簡單，卻縈繞在我所有細胞中，就是『你學會愛到什麼程度』？」[1]

永遠愛神愛人

大家對天堂最大的疑慮之一，就是我們會和世上的摯愛分離。然而隔離我們的並不是天堂，而是墮落的人世。上帝造我們，是為了永恆的愛，愛一直都是上帝的重要主題。愛也是神為何允許這麼多傷害和痛苦存在的唯一合理原因，這點我們稍後還會看見。

曾有人問耶穌：「老師，律法中哪一條誡命是最重要的呢？」耶穌回答：「你要全心、全性、全意愛主你的神。這是最重要的第一條誡命。第二條也和它相似，就是要愛人如己。全部律法和先知書，都以這兩條誡命作為根據。」（《馬太福音》二十二章三十六至四十節）首先要愛神，接著讓祂幫助我們愛鄰如己，這便總結了全部律法和先知書的重點。

那些曾一窺天堂的人都同意，有一件事勝過其他事，那就是愛。在神面前，他們感受到了言語無法解釋的愛，而天堂的居住者似乎也充滿了愛的光輝。所以如果「愛」和「關係」是我們活在世間的目標，那為什麼，我們會認為神在天堂想要破壞我們的愛，或奪去我們的關係呢？其實不是這樣的。

神透過先知和耶穌行的一切事，都是為了愛——為了讓神和人之間，恢復到一種愛的關係，然後祂才能教我們彼此相愛，正如祂愛我們那樣。神定意要在天堂持續維持這樣的關係，並讓這樣的關係在天堂臻於圓滿。我們在地上對孩子、配偶、朋友、家人感受到的最大的愛，和我們未來將要永遠體驗到的愛相比，只算是一點點而已。《舊約》中的先知預言了這點，耶穌親身展現了這點，而那些一窺天堂面貌的人也不約而同述說著同樣的故事：神就是愛，而天堂將會是有史以來最棒的重聚。

有史以來最棒的重聚

唐・派普剛結束牧師會議，正要返家。一輛十八輪大卡車在天雨路滑的橋上失控，迎面撞上他的車，輾過他的車頂。救護人員幾分鐘後抵達，宣布唐死亡，他們等待救生鉗破壞車輛殘骸的九十分鐘期間，他的屍體都卡在車子裡。

我最後有印象看見了橋梁和大雨，在這同時，有道光包圍了我，極其明亮，是塵世間不能理解和描述的，就是這樣。下一刻我有意識時，已站在天堂。我心中充滿喜悅，看著四周，也發現有一大群人站在一道精雕細琢的明亮大門前。我不知道他們離我有多遠，在這裡距離沒有意義，人群向我衝來時，我沒看見耶穌，但我確實看見我認識的人。他們跑向我，我馬上知道這都是在我活著時過世的人。

那些人出現在這裡，感覺非常自然。他們向派普跑來，每個人都在微笑、大叫、讚美主。但派普心裡知道他們就是他的天堂歡迎委員會（雖然他們沒這麼說），彷彿他們全聚在天門之外等待派普似的。他第一個認出來的人是祖父喬・柯貝茲，祖父看起來和記憶中一模一樣，白髮濃密。祖父停下了腳步，站在派普面前，臉上充滿喜悅，派普記得或許他叫了祖父的名字吧，但又不太確定。「唐尼！」祖父呼喚著他（這是祖父對他的暱稱）。祖父兩眼炯炯有神，在離派普只有幾步時張開雙臂，緊緊擁抱著派普。祖父又是那個派普小時記憶中強壯結實的祖父了……

人群圍繞著派普，有些人擁抱他，有些人親吻他的臉頰，握著他的手，派普從沒有感受過這麼多愛。人群中還出現了派普童年的朋友麥克．伍德——麥克之所以特別，是因為他帶領派普去參加主日學校，影響派普成為基督徒。麥克是虔誠的年輕基督徒，大家都很喜歡他，他也是美式足球、籃球、田徑的高手……但在十九歲時死於車禍。現在派普在天堂見到了麥克，他把手臂環繞在派普肩上的時候，派普的痛苦和悲傷都消失了。他記得「我從沒看過麥克笑得這麼開心」。這個地方的歡樂抹去了派普一切的疑問，所有事都非常幸福、非常完美。

越來越多人來找我，叫我的名字，我非常感動，有這麼多人歡迎我來到天堂……我看見我的高中同學、後來在湖中溺斃的貝瑞．威爾森。貝瑞擁抱著我，而他的笑容散發出一種我從沒想像過的喜悅。他和所有人一起讚美主，他們告訴我說他們好高興，因為他們與我重逢了，歡迎我來到天堂一起享受彼此的歡聚。我還看見兩位非常愛我，常和我聊耶穌基督的老師。我也發現，各種年齡的人都有，老老少少和所有年齡層的人。許多人在人世時彼此互不認識，但每個人都以某種方式影響了我的人生，即便他們以前不認識彼此，現在似乎也都鑾熟了。**2**

你的歡迎回家派對

耶穌說過：「要用不義的錢財去結交朋友，好叫錢財無用的時候，他們可以接你們到永恆的帳棚裡。」（《路加福音》十六章九節）許多曾經歷瀕死經驗的人，都覺得他們有個「歡迎委員會」在天堂歡迎他們，就像耶穌描述的一樣。當我們的今生結束時，與人的關係會結束，而是會在新的地方繼續延伸。保羅便在《帖撒羅尼迦前書》中告訴那些他帶領信主的人：「我們主耶穌再來的時候，我們在他面前的盼望、喜樂或所誇耀的冠冕是甚麼呢？不就是你們嗎？是的，你們就是我們的榮耀，我們的喜樂。」（《帖撒羅尼迦前書》二章十九至二十節）

和唐．派普一樣，馬文．貝斯曼也記得一個由親朋好友、在信仰生活上影響他的人以及曾鼓勵他信耶穌的人所組成的歡迎派對：「我的兩個朋友都是禱告勇士，我們花了很多時間一同禱告，我不確定這是不是就是上帝選擇讓我看見這兩個人的原因，他們對我和我的屬靈生活來說都很重要。我看見的所有人，都曾經塑造和影響了我的人生。」[3]

你在塵世的短暫生命即將轉型而改變，變成最快樂、最刺激、最歡樂的派對，歡迎你進入真正的生命。同樣愛主的已逝親朋好友，還有你在信仰生活上所愛、所服事、所協助的所有人，都聚集在一起，他們已迫不及待要帶你四處瞧瞧！你還是你，他們也還是他們，那些關係並沒有消失，卻是比以往更為深刻，一同和神及彼此探索來生。這就是神的計畫和願望，但並不是每個人都能體驗。

瑪麗．尼爾醫生和其他人提到了天使和歡迎委員會扮演的保護者角色：「我知道他們前來的目的，是要引導我跨越分隔我們世界和神的世界之間的時空裂隙。他們前來不只是為了歡迎我、引導我，也是為了在我的旅程中保護我。」4

穆迪醫師也提及一名分娩時經歷瀕死經驗的女子，她的說法也幾乎一模一樣：「我認出我的祖母和一個我在念書時認識的女孩，還有其他許多親朋好友……那是個非常開心的場合，我覺得他們是來保護我或引導我的，幾乎就像我是要回家，而他們在這是為了迎接我、歡迎我。」5許多瀕死經驗者都表示歡迎委員會的功能是在旅程中「引導」及「保護」，這點令我很吃驚。但我們在稍後還會看見，確實有可能需要保護，因為並非每個人的「歡迎委員會」，都和起初看起來那樣親切。

不過聖經記載得非常明白：神願意我們每個人都相信祂、讓祂進入我們的人生、讓祂當我們的父。祂想要的，是讓我們加入一個快樂的大型永恆家庭！事實上，我們此生的重點便是在於為神創造靈性的家庭。

萬家之家

我剛成家的時候，我太太很不喜歡討論天堂。她只要一想到我們的小家庭可能不再特別、不再親密，就會覺得難過。但我總是這樣問：「妳怎麼會這麼覺得呢？」她回答：「嗯，耶穌說我們以後不會結婚了（在天堂不再有嫁娶），而且我們會平等的泛愛所有人，所以我們現在擁有的這份特殊連結，也消失了。」雖然她現在已經理解，這份恐懼是無憑無據的，但我知道，這也是許多人的恐懼。

耶穌說天堂沒有嫁娶的時候，是要回答一群不相信來生的宗教領袖「撒都該人」，他們問耶穌一個狡詐的問題：「如果有個女人結了婚，但她的丈夫死了，她於是再婚，結果丈夫又死了……總共七次。那麼她到了天堂時，究竟算是誰的妻子呢？」耶穌回答：「你們錯了，因為你們不明白聖經，也不曉得神的能力。」（《馬太福音》二十二章二十三至三十節，經文由作者重寫）耶穌接著說，上帝曾告訴摩西（而這些撒都該人是號稱遵守摩西律法的），祂是亞伯拉罕、以撒、雅各的神（耶穌說這話時，亞伯拉罕等人早已死去）。耶穌接著說，上帝不是死人的神，而是活人的神——因為神的偉大能力，使神的兒女可以永遠活著！神的大能可以勝過我們彼此之間的爭執和疑慮，將我們全部結合在一起。這就是祂要為祂的兒女們所做的事。

耶穌接著說：「復活的時候，人們也不娶也不嫁，而是像天上的使者一樣。」（《馬太福音》二十二章三十節）耶穌並沒有說我們不會和配偶或愛人一起，祂說的是我們不會有新的婚姻，也不需要有，因為不會有生育或新的家庭。但同時我們來生的家庭關係並不會不特別，也不會不親近，反而是會更親近、更深刻。我們可能會愛新的兄弟姊妹，但這並不代表我們會和所有人擁有同樣的特別關係、歷史、記憶、連結。

事實上，我們在人世的家庭，在天堂也非常重要。在整本舊約聖經之中若提到某人快死了，常會出現以下經文：「亞伯拉罕壽高年老，享盡天年，氣絕而死，歸到他的先人那裡去了。」（《創世記》二十五章八節）、「以撒年紀老邁，享盡天年，就氣絕而死，歸到他的親族那裡去了。」（《創世記》三十五章二十九節）神創造愛、關係、家庭，而在天堂中這些事物對神仍相當重要。

有趣的是，根據E．W．凱莉（E. W. Kelly）二〇〇一年在維吉尼亞大學進行的研究，有瀕死經驗者，在另一個世界遇見的人當中，有九五%是親人，只有五%是朋友，而且只有四%的瀕死經驗者表示他們看見瀕死經驗發生時仍活著的人。[6]朗醫師則指出，在夢境或幻覺中，人們通常看見的，會是最近遇見的「還在世的人」。另一項針對五百名美國人和五百名印度人的研究則發現，「在美國和印度兩地……瀕死經驗時遇見的人物，絕大多數都是已逝的親屬。」[7]

想像一下，在天堂，這是有史以來最棒的重聚，能和朋友與家人，甚至你不認識的遠親在一起。族譜網站也不可能提供你這樣的歸屬感，差得遠呢。只有親自見到親人才能體會！孩子們也提到在瀕死經驗中遇見已逝的親屬，甚至是那些他們根本不認識的親友！想像一下你曾經擁有，卻從未認識的家庭吧！

第七章 你從未認識的家庭

四歲的寇頓・伯爾普（Colton Burpo）和死亡擦身而過，並說他去了天堂。幾個月後，寇頓和父親陶德開車經過內布拉斯加的玉米田時，問爸爸他的祖父是不叫波普。陶德說對，並表示祖父波普在爸爸四歲左右時，便過世了。

寇頓回答：「他人很好。」

陶德差點翻車。他後來提到：「當你的兒子用現在式描述某個早在他出生前就已過世二十多年的人，那還真是個瘋狂的時刻。」陶德和寇頓繼續聊天，寇頓解釋他不僅在天堂遇見祖父波普，還和他一起待了一段時間。1

回家不久，陶德便拿出他僅有的一張波普照片，當時波普六十二歲，白髮蒼蒼、戴著眼鏡，他問寇頓認不認得這個人。寇頓皺著眉頭搖了搖頭，然後說：「爸，天堂裡沒有老人……而且也沒人戴眼鏡。」寇頓無法辨識出照片裡的祖父波普，這點使得陶德很困擾，所以他請母親寄一張波普年輕時的照片給他。照片中的波普二十九歲，和太太跟其他兩個人站在一起。陶德把照片給兒子寇頓看，寇頓變說：「嘿！你怎麼會有波普的照片？」2寇頓最近剛見過、現已八十多歲的祖母也在照片裡，就站在波普身旁，可是寇頓認不出當年才二十幾歲的祖母，卻能夠認出從未遇見的二十九歲祖父！

不久後的那年十月，全家人聚在客廳各忙各的事時，寇頓又來了個驚喜。他說：「媽咪，我有兩個姐姐。」他的母親索妮亞提醒寇頓，他只有一個姐姐，寇頓又說了一次，堅持他就是有兩個姐姐。索妮亞回答，凱西就是他唯一的姐姐，並問寇頓是不是在說表姐崔西？

「不是！我有兩個姐姐。妳有一個寶寶死在肚子裡，不是嗎？」寇頓頑固地堅持著。伯爾普家的時間彷彿瞬間凍結了。震驚的索妮亞問兒子，是誰告訴他曾經有個寶寶死在她肚子裡。

寇頓解釋：「她告訴我的啊，媽咪，她說她死在妳肚子裡。」索妮亞情緒突然湧現，他們夫妻倆從沒告訴寇頓流產的事。

「沒事的，媽咪，神領養了她。」寇頓說。

陶德說，他當時可以聽得出索妮亞花了多大的力氣盡量不要情緒失控，並問寇頓他姐姐長怎樣。

寇頓解釋說，這個在天堂裡的姐姐看起來很像凱西，但髮色較深，她跑向他，還一直抱他。他顯然不喜歡女孩一直抱他。

索妮亞問寇頓女孩叫什麼名字。

「她沒有名字，你們沒幫她取名字。」驚愕的索妮亞回答。

「你說的對，寇頓，我們甚至不知道她是女生。」

「對啊，她說她迫不及待等妳和爹地到天堂去。」寇頓說。3

聖經中的大衛王有一個兒子一生下來便得了重病，大衛王因此禁食、禱告、以淚洗面，希望兒子能夠痊癒。可是等到兒子去世了，他就不禁食也不哭了。朋友都很困惑，大衛解釋：「現在他死了，我為甚麼還要禁食呢？我還能使他回來嗎？我要到他那裡去，他卻不能回到我這裡來。」（《撒母耳記下》十二章二十三節）大衛知道，他會在天堂和兒子團聚。

不妨想想，所有家庭的傷慟和痛苦，最終都由上帝的愛所救贖；不妨想想，所有小嬰兒最終都和家人重聚，所有兄弟姐妹、父母、祖父母，甚至遠親，都在神的大家庭中以家庭的形式團聚。這就是神行的事：「萬有因他而有、藉他而造的那位，為了要帶領許多兒子進入榮耀裡去，使救他們的元首藉著受苦而得到成全，本是合適的。因為那位使人成聖的，和那些得到成聖的，同是出於一個源頭；所以他稱他們為弟兄也不以為恥。」（《希伯來書》二章十至十一節）

不妨想像，神為所有愛祂的人提供的這個全新家庭，是一個萬家之家。也可以想像一下，遇見數百年前的親人，成為一個你從未認識的家庭。不過這也會帶來其他親族關係問題，比如說：那這樣大家會是幾歲？要怎樣避免手足紛爭？如何避免家族爭端呢？

無齡之齡

我們在天堂會是幾歲呢？我越是思索聖經經文和瀕死經驗的故事，答案就越撲朔迷離。我最好的理論是，我們都不會衰老，並同時擁有一種能力，以對方最熟悉的年齡出現在對方面前。我說這只是理論，是因為聖經針對這個議題並沒有著墨，雖然確實有提到天堂的時間和地上的方式不同：「在主看來，一日如千年，千年如一日。」（《彼得後書》三章八節）接下來，我們就來聽聽瀕死經驗者注意到的年齡問題吧。

根據某些口述，天堂居民的年齡分布非常廣泛。蓋瑞．伍德便表示他和摯友約翰走進城市時，「我看見一座遊樂場，裡面有孩童和青少年，那些很年輕就過世的人。」後來他則是看見他的祖父母坐在一棟三層樓房舍的門廊上，和經過的人說話，但因為某些原因，他無法和他們說話。4

銀行總裁馬文則是注意到在天門外，「排隊的男人多數介於五十至七十歲間，女人則是多介於七十至九十歲間。隊伍中有三個孩子，每一個都大約四到五歲左右，這些小傢伙不是乖乖站著，而是一直躁動，在他們排隊的位置動來動去，就像小孩那樣，他們臉上都掛著大大的笑容……（一個印度人）抱著一個小嬰兒……另一個年輕（印度）女子則站在他們前面。」[5]

馬文遇到一個障礙，阻擋了他前進（稍後會發現這是個常見現象）。他將這道障礙描述為一道水晶做成的障礙，但他祖父母就在裡面五十五公尺處招手叫他過來。「他們兩個打扮都類似生前，年齡看起來也和過世時相同，不過，祖母和祖父看起來仍是不像我在人世間看過的老人。我沒在開玩笑，要是我朝他們丟橄欖球，他們兩人給我的印象都是能夠輕易跳起來接住的樣子。」[6]所以即便在天堂的人們看起來是我們記憶中最熟悉的樣子，他們同時卻也年輕又有活力，在某些案例中則是會長大。

另一名瀕死經驗者提到：「我看見一道非常非常亮的光，接著是一片海灘，然後我看見我媽和我的女兒（兩歲時過世）站在海灘上。我女兒長大了。」[7]

也有其他人認為，即便天堂的居民看起來就像他們過世時的年紀，不知為何他們看起來卻不會衰老，或是正處在壯年期。朗醫師便提到，鮑伯摔下三層樓高的建築物，且他的瀕死經驗中遇見許多已逝的親人：「我（所有已經去世）的親人都在那，全都是壯年時期，他們的打扮我會說是一九四〇年代的風格，那時便是他們大多數人的壯年期。我知道、但並不認識的親戚也在那裡，例如我的祖父們，還有其他在我認識他們之前就過世的叔伯跟阿姨。」[8]

另一則瀕死經驗提到：「突然間我認出了所有親人，他們全都約三十五歲，包括我從未認識的小弟，他兩歲時就在戰爭中喪生。」[9]依據現代醫學，我們的肉身會成長和發展，直至三十歲左右，接著就展開緩慢的衰退。或許這就是我們在天堂的年齡。也或許，在天堂中其他人只會認出我們的身分，至於我們對外投射出的形象，則可以透過不同的方式感知或「看見」。

航空公司機長戴爾．布萊克（Dale Black）注意到，他「看見他們的本質，沒有人太瘦，也沒有人太胖；沒有人殘缺，沒有人年老，也沒有人年輕。如果要我猜，我會說他們應該三十歲左右……雖然天堂確實似乎存在某種時間形式，但沒有人變老。」10

大學教授霍華德．史東在他的瀕死經驗中形容的某些事物，可能可以提供一些有關天堂年齡的看法。有一道明亮的光芒，他稱為「聖徒和天使」，前來迎接他，並告訴他：「如果你想要的話，我們可以用人類形體或你想要的任何形式見你，這樣你會比較舒服。」史東回答：「不需要，拜託……你們比我見過的所有事物都還美麗。」11

所以或許在天堂中，我們會以真正的身分受到認識，而我們的外表可以根據其他人的需求調整。史提夫．米勒也在他的研究中提到這點：「人們似乎是由某種更像能量，而非細胞的物質組成。這便可以解釋為什麼，當某個瀕死經驗者對她已逝的親人看起來這麼老感到驚訝時，她的親人解釋她可以隨意改變外表，接著馬上變成更年輕的樣貌。」12

或許我們的外表在過渡期的天堂（或說樂園）當中可以隨意改變，我不確定這對我們在未來的、永久的全新天堂以及地上復活時的身體年齡，代表什麼意義。但我個人希望是二十九歲！有一天我們一定會知道的。

全新的家庭價值

有件事你在天堂不需要擔心，那就是家族爭端。在天堂裡，耶穌教導我們的禱告永遠都會是對的：「願你的國降臨，願你的旨意成就在地上，如同在天上一樣。」（《馬太福音》六章十節）「我們人的旨意」摧毀了人世，所以只有那些願意交出自己、讓神真正成為神，而不是試著想讓自己成為神的人，可以進入天堂。否則的話，我們跑進天堂，大概也會毀了那個地方！只因為人們曾一窺天堂，並不代表天堂自動成為他們的永久居所，我們會在後續章節解釋原因，但神會帶來新的家庭價值，讓人世間所有的關係問題消失。

首先，溝通會是完美的，在天堂一切都無所遁形。天生全聾的布萊恩，十歲時差點溺斃，提及那次瀕死經驗時他表示：

我接近了界線，不需要任何解釋，十歲的我就明白，只要我一跨越界線，就不能回來了。我非常興奮，很想要跨過去，我是想要跨過去的。但我注意到，在另一道界線邊是我的祖先，他們正用心電感應和我溝通，這吸引了我的注意力。我生來就全聾，但我正和大約二十個祖先及其他人透過心電感應溝通。這讓我非常感動，我不敢相信我能同時跟這麼多人心電感應。13

雖然我們在天堂可以用自己的聲音說話和唱歌，但多數經驗都指出，和神、天使、其他人溝通最棒的方式還是直接心對心。神曾向先知以賽亞提及天堂的溝通方式：「那時，他們還未呼求，我就應允，他們還在說話，我就垂聽。」（《以賽亞書》六十五章二十四節）瀕死經驗者雖用不同的方式描述，但是都不約而同提到這個在天堂中的非口語、完美溝通方式，令人相當驚奇。

克莉絲托是這麼形容的：

我們之間馬上有了完整溝通。這是什麼意思呢？……想像有一組密碼，只要你讓我使用，我就能立即存取你一生中說過、想過、感受過、寫過、相信過的所有事，過去、現在、未來。我馬上就能以塵世間不可能達成的方式，更完整地認識你，嗯，就是像這樣……沒有空間容納任何秘密、羞恥、誤解、負面事物，只存在這種美好、美麗、不斷滋長的理解感。14

有些經驗則指出，天堂有一條規則是「不得在未受允許的狀況下，侵入別人的心智」，迪恩便提到：

當某個人想要溝通時，一般只會透過心智進行，因為所有事物都充滿活力，所有事物都能溝通，所以你會直接「體驗」到溝通，而不是單單聽到而已。不會有任何誤傳，也不會有任何誤解，彼此都沒有任何事情可以隱藏……所有思想都是純粹的。有條規則是你不能在沒有獲得他人允許的情況下，進入別人的心智。15

正如耶穌說的：「沒有甚麼掩蓋的事不被揭露，也沒有甚麼祕密是人不知道的。我在暗處告訴你們的，你們要在明處講出來；你們聽見的耳語（指這種來自上帝的直接溝通），要在房頂上宣揚出來。」（《馬太福音》十章二十六至二十七節）在這個完美的所在，所有說謊、隱藏、掩蓋事實的惡和欺騙，都應拋下。

但這並不代表不能使用聲音。貝蒂．摩茲（Betty Malz）便記得，她跟著唱了一首歌的合唱，那是用各種不同語言來合音的歌曲：

聲音不只是以超過四個聲部的音量炸開，還是以不同的語言。歌詞的豐厚飽滿與完美的融合，令我心生敬畏——而且我還能聽得懂！我不知道這是怎麼達成的，只知道我屬於這個共同體驗的一部分。我們之間的溝通是透過心電感應……我們似乎全都處在某個共同波長上。我當時心想：「我永遠不會忘記這些旋律和字詞。」但後來我只記得兩個詞：「耶穌」和「救贖」。16

使他們都合而為一

伴隨著完美的溝通和完美的愛而來的，是完美的合一。耶穌在他的禱告中提到的、他希望我們在地上能夠逐漸學會體驗的事物，到了天堂的家庭將會圓滿實現：「我不但為他們求，也為那些因他們的話而信我的人求，使他們都合而為一，像父你在我裡面，我在你裡面一樣；使他們也在我們裡面，讓世人相信你差了我來。你賜給我的榮耀，我已經賜給了他們，使他們合而為一，像我們合而為一。」（《約翰福音》十七章二十節起）在天堂中，所有人都清楚感受到了耶穌的這個祈禱。

戴爾．布萊克機長這麼形容的：「我在塵世體驗到的最棒合一，和我在天堂與靈性家庭一同體驗的興奮合一，根本無法相比。這種愛……神的愛，會帶來重大改變，體驗到某種和神無盡的愛一樣，如此神聖、如此宏大的事物，是天堂中最令人興奮的部分。」17

傑夫．歐森（Jeff Olsen）回想他的瀕死經驗時，也表示：

我們全都是巨大的合一拼圖中，互相連結的一小片。耶穌說過的話突然出現在我腦中：「你們所作的，只要是作在我一個最小的弟兄身上，就是作在我的身上了。」祂講的是我體驗到的這種感受嗎？祂也感受到我感受到的事物嗎？這就是祂在世的時候，以如此深邃的愛理解每個靈魂嗎？……在神眼中，我們全都彼此連結、都平等，我看見了、感受到了、體驗到了。[18]

唐．派普也回憶：「我不單單只是聽見音樂，聽見數以千計數讚美神的聲音，我更成了合聲的一部分，我是他們之中的一員，而他們也接納我。」[19]

哈佛大學的神經外科醫生伊本．亞歷山大（Eben Alexander）在他的瀕死經驗中也提到他保有了獨特性，不是像佛教那種你會失去個人特色的合一，而是耶穌描述的那種合一：

在我身處之處，看和聽是一體的。在上面詠唱著天使般悅耳歌曲的閃亮靈體，我不單能聽見他們的形體，也能看見他們所詠唱出來的，是一種不斷湧現的、喜樂的完美。在這個地方，不管你看什麼、聽什麼，你都會變成那個東西的一部份，一定會以某種神祕的方式加入……所有事物都是獨特的，同時卻也是其他事物的一部分，就像波斯地毯繁複交織的設計。[20]

要達成這個完美的家庭團聚、完美的合一與溝通的唯一方式，便是天堂容不下任何罪惡，戴爾·布萊克記得他突然領悟到這個道理：

我體驗到的喜悅，有一部份不只來自各種美好事物的存在，也是因為糟糕事物並不存在。這裡沒有衝突、競爭、諷刺、背叛、欺騙、謊言、謀殺、通姦、不忠，沒有任何跟榮光、生命、愛相衝突的事物……你可以感受到，這裡不存在罪惡，也沒有羞恥，因為沒有什麼好羞恥的；也沒有悲傷，因為沒有什麼好悲傷的；也沒有必要隱藏，因為沒有什麼好隱藏的。所有事物都開誠布公。**21**

家庭修復了

傑夫·歐森又回到了天堂，「我跳舞又奔跑，感到非常快樂……讚嘆四周難以言喻的美麗，廣闊、開放、美麗。我可以感受到、碰觸到、嘗到所有東西，彷彿我不只有五感，而是五十感，非常美妙。」

悲劇的車禍發生後，傑夫花了好幾個月復元。他不斷自責，而且對失去妻子塔瑪拉和寶寶葛瑞芬感到非常難過。他想要去死，和他們重逢，但也知道他需要力量，才能留下來養育四歲的史賓賽。在復元期的最低潮，傑夫又回到天堂。

我用兩條健康、強壯的雙腿走著，進入一條長長的走廊……走廊最底是一個嬰兒床，我衝到床前，往裡一看，欣喜若狂，躺在床上的是我的孩子，是小葛瑞芬！他還好好活著，睡得如此安詳，我看著他，仔細看著所有細節，他肥肥的小手是如何平靜地擺在完美的臉龐邊……他的頭髮又是如何輕輕掛在耳朵上。我靠近嬰兒床，將他抱進懷中，我可以感受到他小小的身軀散發的溫暖，我可以感受到他在我脖子上的呼吸，和他柔軟頭髮的氣味，他是如此熟悉，如此生氣蓬勃……我抱緊他，像以前那樣把我的臉頰靠在他柔軟的小頭上。我喜極而泣了……是葛瑞芬啊！他還活著，而我和他在一起，在這個美好的所在抱著他……我感覺到某個東西或某個人移動到我背後，來自這個存在的感受非常強大，卻又充滿這麼多愛，幾乎嚇到我了，我覺得很輕盈，接著愛淹沒我……我知道我的老婆和孩子都不在了，他們幾個月前就過世了，但當時我所處之處並不存在時間，比起讓他們被從我身邊奪走，我現在有機會將他們交給神。讓他們在平靜、愛、感激中離開。突然間所有事都變得合理，所有事都有神聖的秩序，我可以把我兒子交給神，不讓他從我身邊被奪走……我抱著我的寶貝兒子，就像神本人抱著我一樣，我體驗到了全部的合一……我身後的存在邀請我放下一切，並將葛瑞芬交給祂。在這所有平靜和理解中，我緊抱了我兒子最後一次，親吻他的臉頰，輕輕將他放回嬰兒床，我願意讓他走，這樣就沒有人能再次把他從我身邊奪走，他是我的，我是他的，我是神的……葛瑞芬活在一個比這裡所有事物都還真實的地方。[22]

這就是天堂。生命、愛、重聚，所有事物都修復了，並活在一個比你想像中還更美麗的所在，我們就來想像會有多美麗吧。

第八章
你能想像最美麗的所在

戴爾．布萊克機長身為民航機師，已在全球各地累積一萬七千小時的飛行時數。他還自願參與將近一千趟飛行，到五十個國家協助建造孤兒院、診所、教堂，向需要的人分享上帝的愛。布萊克機長說，他之所以這樣做，是因為一場可怕的飛行意外，以及那場意外中他所看見、改變他一生的事物。

戴爾一直都夢想成為民航機師，十九歲時便已考取飛行執照。有兩位飛行員查克和基尼相當好心，讓戴爾和他們一起在加州駕駛飛機，以累積更多時數。在那改變命運的一天，三人駕駛一架雙引擎的小型客機飛入了晴朗的洛杉磯天空。基尼推動油門，以獲得最大起飛動力，卻突然發現起飛的速度過低，無法飛越跑道頭的樹梢，反而直接飛向一座高達二十二公尺的紀念碑。三名飛行員以時速二百一十五公里撞向石碑，飛機解體，接著從二十一公尺高處落地，只有戴爾倖存。

我記得的最後一件事，是看見查克的手放在操縱桿上，狂亂地往左扭又往回拉……突然間我飄浮在半空中，在飛機殘骸附近漂浮，我的灰長褲跟短袖破成碎片，染滿血……我加速穿越了一條看似狹窄的通道……並不是光之隧道，而是黑暗中一條由光線所勾勒而成的道路，道路之外是全然的黑暗。在我穿越深邃的空間時，黑暗中也有數百萬個小光球飛掠而過，就像噴射機在夜間飛過暴風雪一樣……這時我理解，我不是獨自前進，還有兩名天使護衛陪伴著我，祂們穿著銀線織成的無瑕白衣，性別無法辨識，但看似陽性，而且比我還高大……奇異的是，我的周邊視覺增強了，我能同時看見這兩張發亮的臉龐，我甚至幾乎不用轉頭，就能看到身後……

戴爾發現自己快速接近一座金碧輝煌的雄偉城市，充滿各式燦爛的色彩。那道光，是他見過最純淨的，聽見的音樂也是他聽過最壯麗、最陶醉、最輝煌的。他還在接近那座城市，但現在慢了下來，就像飛機準備要降落似的。

這座城市的美，令人屏息，深深感動了戴爾。他知道，他是為此地所造，此地也是為他所造。整座城市都沐浴在光線之中，是一片不透明的潔白，光線很強，往四周散播。在這令人頭暈目眩的光線中，所有想像得到的顏色似乎都存在，而且，他回憶：「該怎麼形容呢？都在玩樂……顏色似乎活了過來，在空氣中舞動。我從沒見過這麼多不同的顏色，令人屏息，而我願意永遠觀看。」

我越接近那座城市，光線就越特別，是從城牆內部約六十五至八十公里處射出……（來自）一個比太陽還亮的光。奇怪的是，我卻能夠直視，而我想做的也只有直視。光線是可以觸碰的，擁有實體、重量、厚度，我過去和自此之後都從沒看過這樣的事物。氫彈的光線是我想到最接近的形容……

不知為何，戴爾就是知道，這道光是和生命及愛有關。奇特的是，光線不是照耀在事物上，而是直接穿透，穿越草地、穿越樹木、穿越牆壁，穿越那些聚集在此的人們。有一大群天使和人，數以百萬計，無限多的人，聚集在直徑似乎超過十六公里的中央區域。廣大的人群更像是一片海洋，而不是演唱會場地，人群組成的浪潮在光中隨著音樂擺動，敬拜上帝……天堂中的一切似乎是由音樂來調控的，而他感覺什麼事都不急。

戴爾在城外，慢慢接近城牆，高度是離地數百公尺。他不確定他怎麼會知道方向，他只是有一種強烈、幾乎如磁力般的感覺，知道是西北方，這表示他是從東南方接近城市。

在他下方是最純潔、最完美的草地，長度剛剛好，沒有任何一根草彎折或長歪。這是他見過最充滿生氣的綠色——「如果你能用生氣蓬勃來形容顏色，」他回憶：「那我看到的綠色就是生氣蓬勃，有些透明，每一根草都散發出光和生命。」

有這麼多可以看、可以聽的事物，戴爾差點忽略了滿溢在天堂的芬芳，如此溫和又香甜。「我看著精巧完美的花朵和草地，也想聞聞看，我馬上就聞到了溫柔的芳香。」專心嗅聞後，他發現自己可以分辨青草、花朵、樹木的差別，甚至是空氣，所有事物都如此純粹又使人陶醉，並混雜著一股令人滿意的香甜氣味。

在城市中央和城牆之間，是古色古香的小鎮，其中充滿明亮無瑕的房屋……每一間房屋都相當獨特、與眾不同，卻能完美融合。有的房屋有三或四層，也有更高的，所有房屋都不一樣。如果音樂可以變成房屋，看起來就會像這樣，建造美麗、完美平衡……（城牆）往我左右兩邊延伸，直至視線盡頭……城牆充滿強大的光芒，光線裡可以看見彩虹的所有顏色，奇怪的是，只要我一移動，顏色也會跟著我稍稍移動，就好像感應到我的移動，進而調整一般。

天堂中的花朵深深吸引了戴爾。各式的花朵，卻又看似為一體，這種令人喜悅的精巧平衡讓他感到讚嘆。每朵花都是獨特的，又全都屬於一體，而且非常美麗，所有花瓣和葉片都散發榮光，並為柔軟的青草地添上恰到好處的色彩。「和我先前描述的一樣，」他說：「草地、天空、城牆、房舍，所有事物都比我所能想像的還要美麗，甚至連顏色都是，比我在地球最遙遠的角落或是在最奇幻的夢中看見的，都還更豐富、更深遂、更明亮。」顏色是如此生氣蓬勃，就像和生命一同脈動。1

塵世只是影像

天堂聽起來像個想像中的奇幻之地。但或許我們內心之所以擁有這樣的想像力，原因便是我們渴望找到神放置在人心中的那份永恆，就像鳥類的回家本能，帶領我們回家。有種叫作斑尾鷸的小鳥，每年都會從阿拉斯加飛到紐西蘭，旅途全長兩萬四千公里，非常遠，目的地還是個小島，要是錯過怎麼辦？但牠們不會錯過，也不曾錯過！某種本能引領牠們前往紐西蘭。

「他（神）又把永恆的意識放在人的心裡。」（《傳道書》三章十一節）我們也渴望某種存在內心的本能，我們熱切想望，但所有人世的經驗只是讓我們持續尋找，就像U2樂團的歌詞：「但我仍然尚未找到我尋找的東西。」我們所有的渴望都指向天堂，而瀕死經驗者表示天堂比我們想像的更真實、更美麗。

一位經驗豐富的民航機師，為什麼會想編造出這樣的故事？我們也可思考另一個更令人困惑的問題：為什麼其他數百個人，他們不需要編造這些荒唐的故事來賺錢，且若編出這種荒唐故事還可能害自己失去社會的信任，他們包括醫生、機師、銀行總裁、終身職教授。為什麼這些人都不約而同描述了一個極為相似的地方？

聖經總是這樣形容這個地方：比你想像的還更美麗。如果你曾擔憂天堂會是一個飄渺、模糊、虛假、多雲的地方，不妨再想一想吧！聖經經文和瀕死經驗者不斷重覆的描述，呈現的都是恰恰相反的景象——現在這個短暫、模糊的生命，和那個你很想要緊緊掌握、比你任何想像的還要美妙、還要完整的生命相比，眼前的生命才是模糊虛假的陰影。

聖經各書卷的四十名不同作者，提到超現實的天堂，都揭露了一幅一致的圖景。神甚至命令以色列人，要在地上建造天堂現實的副本，「這些祭司所供奉的職事，不過是天上的事物的副本和影像，就如摩西將要造會幕的時候，神曾經警告他說：『你要留心，各樣物件，都要照著在山上指示你的樣式去作。』」（《希伯來書》八章五節）牧師蘭迪．愛爾康也提到：「希伯來書的經文顯示神是按照天堂的形象創造世界，如同他以自己的形象造人。」[2]

蘭迪指出，我們往往想顛倒了：我們將塵世視為真實，天堂則是飄渺虛假的副本。但是聖經告訴我們，瀕死經驗者也證實，事實恰恰相反，地上的真實其實只是來自天堂的副本。若能理解這點，就能幫助我們更容易想像天堂，只要我們了解我們在塵世間所愛之事，只不過是那即將來臨偉大現實的影子而已——那個偉大的現實，是為我們所造的美麗所在。

耶穌被釘上十字架的前一天晚上，召集了門徒進行最後的晚餐，向他們保證：「你們心裡不要難過，你們應當信神，也應當信我。在我父的家裡，有許多住的地方；如果沒有，我怎麼會告訴你們我去是要為你們預備地方呢？我若去為你們預備地方，就必再來接你們到我那裡去，好使我在哪裡，你們也在哪裡。」（《約翰福音》十四章一至三節）

想像一下天堂這個所在，充滿了神在世間創造的各種美麗——畢竟神在創造世界時曾說這個世界：「是好的。」（《創世記》第一章）但世界之美已遭罪惡破壞，天下萬事萬物都會死亡和腐朽。從這一點我們就可以知道，神的完美旨意和道路是什麼。「被造的萬物盼望自己得著釋放，脫離敗壞的奴役，得著神兒女榮耀的自由。」（《羅馬書》八章二十節至二十一節）想像一下，受造物將會得到修復，比從前更真實、更美麗、更有活力。上帝承諾，我們的世界最終將會更新，並和天堂融合為一。但現在的天堂就已經美麗又充滿榮光。

《舊約》中的先知以賽亞到天堂一遊，並聽見「他們（天使）彼此高呼著說：『聖哉！聖哉！聖哉！萬軍之耶和華！他的榮光充滿全地。』」（《以賽亞書》六章一至三節）想像一下，地上所有美麗的事物，雄偉的山脈陷落進入加州深藍色的海岸線中，科羅拉多紫綠色楊樹夾道的山谷，維京群島青綠環繞的白沙灘、夏威夷美妙的鋸齒狀海岸線，所有一切都反映出神的美麗、壯麗、榮光。

如果這些都是真的，那我們怎麼會認為造物主統治的天堂，擁有的榮光和美麗，會比地上遜色呢？神告訴以賽亞及其他先知，新天新地和現在的人世會擁有同樣的美麗，但已經加以修復和改善：

看哪！我要創造新天新地……因為我創造耶路撒冷（上帝之城）成為快樂，使她的居民歡樂。我必因耶路撒冷快樂，因我的子民歡喜……他們必建造房屋，住在其中；他們必栽種葡萄園，吃其中的果子……那時，他們還未呼求，我就應允，他們還在說話，我就垂聽。豺狼必與羊羔在一起吃東西……在我聖山的各處，牠們都必不作惡，也不害物。（《以賽亞書》六十五章十七至二十五節）

神告訴以賽亞，祂的聖城充滿美麗和快樂、充滿植物和樹木、果園和水果、山谷。所有的受造之物，在此終能和諧共存，就像我們天生就知道如此。

穿越蟲洞

今日科學已經指出看不見的五度空間、穿越時間的蟲洞、平行宇宙理論，以及理論上的平行宇宙（這點可能可以解釋大自然的神祕運作）。既然如此，我們又何苦要不斷掙扎，不願相信存在一個叫作天堂的地方呢？弦論認為，在我們高度、寬度、深度組成的三度空間之外，還有其他隱藏的維度，*那我們為什麼不能認為，天堂其實存在於一個我們看不見的更高維度空間呢？

從前科學認為物質是穩定的，但我們現在知道組成物質的微小原子其實更像是看不見的波，因而比較像是心靈，而非粒子。事實上，原子中有百分之九十九以上不具質量。[3]劍橋大學和普林斯頓大學的物理學家詹姆斯．金斯（James Jeans）便提到：「知識之河正朝非機械性的現實發展，宇宙開始看起來更像是個偉大的心靈，而不是一部機器。心靈看起來也已不再像是物質領域的意外闖入者，我們反倒應大聲歡呼，將其視為物質領域的統治者。」[4]

許多人描述他們從今生前往來生的時候，都體驗到靈魂出竅，從天花板處觀察急救過程。然後也有不少人通過一條黑暗的隧道，或是通過一條五彩繽紛的隧道或走道，最後抵達如同戴爾．布萊克描述的美麗天堂。我在想，這條隧道是不是就像個蟲洞，從我們的時空維度，通往我們四周無限擴張的天堂維度？

穆迪曾討論，有些瀕死經驗的個案使用了略為不同的詞彙，形容這個通道。有些人

*物理學中的卡魯札——克萊因理論（Kaluza–Klein theory）是一種重力和電磁力的統一場理論，圍繞超越一般四維時空的五維空間建立。布萊恩．格林（Brian Greene）在《優雅的宇宙》（The Elegant Universe）一書中則是討論了量子力學和廣義相對論，只有在我們的宇宙存在另外六個「隱藏」維度的條件下，才能調和。

說是黑暗的空間，有些人說是封閉的空間、隧道、漏斗、真空、虛空：5

我用超快的速度穿過這片又暗又黑的真空……突然之間，我身在一個非常暗、非常深的山谷中，就好像有條通道，幾乎是一條路，穿越山谷，而我正走下這條路……這時我心想：「好吧，現在我知道聖經裡的『死蔭的山谷』是什麼意思了，因為我去過那裡了。」──（參見《詩篇》二十三章四節）6

我親自訪談的個案凱倫，則是感染了豬流感，差點死亡。她告訴我她靈魂出竅，進入一片並不可怕的黑暗虛空，這是她有生以來最平靜、最歡快的經驗。她在那裡看見了祖母，並意識到她必須回到身體中，因為她在世間還有任務。或許凱倫和其他身處那片黑暗虛空的人，還沒有「穿越蟲洞」，而對那些和戴爾・布萊克一樣穿越的人來說，有件事非常明顯：另一邊有個絕美的世界在等待我們，一種連盲人都能看見的美麗。

美麗，而不再盲目

布萊德・貝羅斯（Brad Barrows）和維琪一樣生來全盲，並在八歲時經歷瀕死經驗。他一輩子從來沒看見過任何東西，也沒有任何心理概念或圖像想像。嚴重的肺炎導致他心跳停止四分鐘時，布萊德正住在波士頓盲童中心。

布萊德告訴康乃狄克大學的教授肯尼斯．里格：「半夜，我全身僵硬，吸不到氣……我以為我要死了……我的靈魂正慢慢向上飄出房間。」

里格提到，布萊德說他離天花板很近，而且可以「看見」他在床上已明顯失去生命的軀體。他同時也「看見」盲人室友從床上起身，走出房間求救，室友後來證實了這點。接下來，布萊德發現自己可以穿透天花板，並跟維琪一樣，不久之後就察覺自己往上穿越了建築物的屋頂，真的是直接穿越。布萊德可以「看見」大地被白雪覆蓋，而街上有些地方已經鏟過雪。他也「看見」一輛電車經過。最後，他認出了學校孩童使用的遊樂場，以及他曾經登上的附近山丘。

里格詢問布萊德，是「知道」或「看見」這些事物。布萊德回答：「我顯然是看見了，我突然間能夠注意到並看見這些事物……（我當時）能夠看得非常清楚。」曾研究二十一名盲人瀕死經驗個案的里格和雪倫．庫柏（Sharon Cooper），提出了一種稱為「心智視覺」的視覺，這是一種視覺概念，指的是盲人瀕死經驗個案超越一般視覺的體驗。

到了這時，在和維琪幾乎相同的經驗中，布萊德意識到自己約以四十五度朝上飛升，往上方黑暗的隧道飛去，他發現自己剛獲得的視覺再度消失。

我進入隧道時，確實記得有件事讓我相當困擾，那就是什麼色彩都沒有了。我想，這是否就是黑暗……但是到了外頭一片廣大的原野，好明亮，好美妙，根本完全無法以言語形容。我無法分辨顏色的濃淡精細，我或許可以吧，但我沒有詞彙可以形容。我很小的時候，大約四或五歲時，曾有人告訴我草地是棕色或綠色，天空是藍色的……但就算到了那時，我仍是完全無法掌握對顏色的概念和認知……我覺得我好像整個人進入了另一個領域，一個我不甚了解、無法解釋的維度。

布萊德接近了隧道出口，他發現一片「廣闊的原野」綿延不絕在面前延伸，他也注意到葉片碩大的巨大棕櫚樹和非常高的草等事物。

布萊德的原野經驗，讓我想起來過我們教會的一對醫生夫婦，他們是為雙胞胎子女而來，其中一人在三歲時差點過世。兩人都不信神，也未曾談論過神或耶穌，他們的小孩也沒有上過教會。但某天晚上兒子上床睡覺時，突然提到：「我想再次跑在草原上，和耶穌一起玩。」他媽媽非常震驚，不斷問他是誰跟他說耶穌的事。孩子堅稱，耶穌來醫院接他，而且「他們在美麗的草地上一同奔跑玩耍」。兒子詳盡的經驗，促使父母開始探索信仰，最後信了主。或許那片原野就跟布萊德走過的一樣。

我發現自己正走上這片原野，非常興奮，如此不可置信地重獲新生，我根本不想離開，我想永遠待在這裡……一切是如此不可思議的平靜，我根本無法描述這種平靜、寂靜、寧靜……天氣非常完美，溫度和濕度都適中，空氣非常清新，非常難以置信，塵世山上的空氣根本沒得比（盲人是最能注意到非視覺環境的）……

上方有明亮的光線，似乎是來自四面八方……我看向的地方充滿了光線……就好像所有事物，甚至連我踩上的草地，都沐浴在這光線之中，就好像光線能夠穿透那裡的所有事物，包括樹上的葉片。那裡沒有陰影，不需要有陰影，光線包圍萬物，但我仍懷疑我怎麼會知道這點，因為在此之前我根本沒看見過任何事。

一開始我有點退縮（因為視覺），我不了解我體驗到的感官，但當我穿越這片原野時，我似乎已經完全能夠接受了。我覺得如果是在塵世發生，我一定無法理解，但在這裡，我幾乎馬上就能接受。

就和維琪、戴爾、馬文，還有許多其他人一樣，布萊德注意到，感覺起來像愛的光，從草地和樹葉放射而出。他們全都描述了上帝的光以同樣耐人尋味的方式從大自然放射而出，這點讓我覺得相當奇妙。但盲人是怎麼知道這點的？他們根本不可能聽過有人提到光線從草地和樹木照射出來，而就像維琪和其他人，布萊德也聽見了數千個聲音同時歌唱：

我記得當時心想，這個聲音似乎是以一種我不懂的語言歌唱，或是以許多許多語言同時歌唱，我聽見的音樂完全不像我在人世體驗過的東西……這時我離音樂越來越近，完全受到吸引，我想加入那個音樂。我往山丘上爬，我來到一個大型石頭構造前。我甚至都還沒碰到，就知道這是石頭……就像寶石一樣，閃爍著自身的光芒，但是光線本身其實是直接穿透石頭。**7**

耶穌最年輕的門徒約翰曾經看見天堂異象，記載在《啟示錄》中。布萊德描述的，正是《啟示錄》裡環繞上帝聖城的城牆和美麗。約翰是這樣記載的：「我在靈裡被那天使帶到一座高大的山上，他把從天上由神那裡降下來的聖城耶路撒冷指示我。這城有神的榮耀，城的光輝好像極貴的寶石，又像晶瑩的碧玉。有高大的城牆，有十二個門……城牆的根基是用各樣寶石裝飾的……這城不需要日月照明，因為有神的榮耀照明，而羊羔就是城的燈。」（《啟示錄》二十一章十至十二節、十九節、二十三節）

我以前認為《啟示錄》中的描述是比喻，雖然我現在仍認為多數都是象徵性的，但是當這麼多瀕死經驗者，甚至是盲人，都提到了和約翰描述同樣的超自然美麗，你就必須重新思索！如果這是真的，就想像一下天堂感覺起來會有多棒、多美麗、多像塵世，但又更加生氣蓬勃、更加充滿活力、更加多采多姿，並充滿上帝穿透所有事物的榮光和生命。

草地、草原、樹木

一名來自英國的色盲瀕死經驗者，就以許多人都提到過的全新視覺，看見了萬紫千紅的美麗：「我看見的事物美到言語無法形容。我看著一片雄偉的風景，充滿了我不認識的花朵和植物，看起來像在數百公里外，但我卻能看清楚所有的細節，同時既遠又近，完全立體，比我春季假日最愛去的風景名勝還漂亮一千倍，隨時都有令人喜愛的光之靈體圍繞著我。」**8**

由於多數人從未讀過《啟示錄》，所以無法理解約翰看見天堂時，提到的與塵世類似的美景：

> 這些事以後，我觀看，見有一大群人，沒有人能數得過來，是從各邦國、各支派、各民族、各方言來的。他們都站在寶座和羊羔面前，身穿白袍，手裡拿著棕樹枝……領他們到生命水的泉源那裡……我在靈裡被那天使帶到一座高大的山上，他把從天上由神那裡降下來的聖城耶路撒冷指示我……這城有神的榮耀……天使又指示我一道明亮如水晶的生命水的河流，從神和羊羔的寶座那裡流出來，經過城裡的街道。河的兩邊有生命樹，結十二次果子。（《啟示錄》七章九節、十七節、二十一章十節、二十二章一至二節）

布萊德和其他人說他們看見的景象，跟聖經中一模一樣：一個有山、有河、樹木，而且還有美妙草原的美麗所在！

身為退休銀行總裁，馬文・貝斯曼熱愛高爾夫球，所以他在天堂自然而然會注意到草地：「我看見各種年紀的嬰兒、小孩、成人在我見過最翠綠的草地上玩耍、說話、大笑……想像一下高爾夫名人賽清新翠綠的草地，接著再想像更青翠更高級的草地，天堂裡的草地就是這麼綠。」[9]

永恆的花朵和森林

瑪格麗特五歲時遭誤診為猩紅熱，事實上她卻是闌尾破裂，感染差點使她喪命。瑪格麗特說，有一天晚上：

一種美妙的平靜感降臨在我身上，我全人都沉浸在其中，因為這種感覺太美了。突然間我察覺到有人抓著我的右手，我往上看，視線掠過一件白袍，來到一名美麗女子的頭部……

她握著我的手和我一起走……我聞到空氣中越來越濃的芬芳，香氣是來自花朵，好像充滿我全身。我開始觀察我身旁的東西，發現道路兩側充滿比我們還高的花朵。花朵如同殖民式花束般緊靠在一起，而且非常巨大，香氣讓我相當感動。於是我問那位女子：「這些花是真的嗎？」

她微微一笑，往下看著我然後回答：「當然是真的。」我可以看見她輕聲笑著，試著憋笑。

這名美麗女子告訴瑪格麗特她必須回去之後，她花了一年身體才復元。多年後，瑪格麗特已經六十多歲了，她決定畫下通往天堂的美麗道路。繪畫期間，瑪格麗特也必須定期去看醫生，那位醫生提到瀕死經驗，於是她便告訴醫生，她正在描繪自身的經驗。醫生聽了很想要一幅複製品，於是瑪格麗特的畫便成了醫生掛在辦公室的十餘幅畫作之一。

幾周後，一名叫作瑪麗·奧莉維亞（Mary Olivia）的新病患來到醫生的辦公室。她是個單親媽媽，有三個孩子，病情已經來到末期。瑪麗看見醫生辦公室中的畫作時，瞬間在原地呆住，看了好幾分鐘，接著對醫生大喊：「我知道這在哪。」

醫生說：「你知道這幅畫在畫什麼嗎？」

「我當然知道，我五歲差點死掉時，就走過這條路。」

瑪麗提到「那個人」在他們走過棚架下的美麗花朵時告訴她，祂會永遠陪伴在她身邊。瑪麗和瑪格麗特這兩位五歲小孩，真的走過同一條開滿花的天堂棚道嗎？瑪格麗特認為，是神要她畫那幅畫的，因為日後瑪麗・奧莉維亞需要人提醒「我就在他們中間」（《馬太福音》十八章二十節）。10

聖經向我們描述天堂之美，和塵世的花朵和樹木一樣，卻更加美麗。理查・伊比醫生是業餘植物學家，但就連他都無法認出瀕死經驗時看見的各種樹木和花朵。他也在植物中注意到一種新的生命形式：

我的目光集中在我所在的美麗山谷上，對稱樹木組成的森林遮蔽了兩側的山丘，完全不像塵世間的任何事物，我可以看見所有樹枝和「葉片」，整座森林沒有枯黃的斑點或死去的樹葉。（「天堂沒有死亡」也適用於植被！）……樹木和高大的北美側柏有幾分相像，谷地非常美麗，草地神聖莊嚴，每一根草都完美挺立，並綴以潔白的四瓣花朵，花朵的莖部長約六十公分，花的中央有一抹金黃色……

我對花朵的莖部產生了一種陌生的新感覺：沒有任何濕氣！我小心翼翼地去感覺，花莖相當滑嫩，但和塵世的植物莖部都不一樣，沒有孔狀的含水細胞。我還沒有提問，就有了答案：塵世的水是由氫和氧組成，只是為了暫時支持生命，而這裡耶穌便是活水，在祂面前沒有事物會死去……

我本能地看著我腳踩的數十朵花朵，沒有任何一朵花彎折或受損，然後我又在花草上多走了幾步，並觀察我的雙腳，花草直直挺立在我的雙腳中！我們就這樣穿過彼此。11

理查屬於相信耶穌存在的彌賽亞猶太教。他遭逢了嚴重的車禍，他的脊椎、脖子、雙手都折斷了，還有兩根肋骨插進心臟，醫生說他們發現他時，他已死亡大約八小時。但理查最終醒了過來，並描述了天堂之美以及在天堂經歷的新生。他不僅提到草有多綠，也提到花草似乎也重獲新生、生氣蓬勃：

我正走過一座花園，花園從兩旁延伸至視線盡頭。接著我看見一大群人，道路兩邊則是我所見過最青翠的草地，而且還以生氣蓬勃的方式舞動著。路旁還有你想像得到所有尺寸和顏色的花朵，空中充滿花香，而且花草都在鳴唱。我問能不能摘一朵來聞聞，獲准後摘了一朵，美妙極了。我把花放下時，它又馬上再次綻放開來。天堂裡沒有死亡……精雕細琢的公園中充滿參天巨樹，至少有六百公尺高，各式各樣，某些我認得出來，其他則認不出來……（某棵樹）的樹葉彼此摩擦時，持續傳出嗡鳴聲……果實則是紅銅色梨形的，我摘下一顆後，另一顆又馬上在原位長出來，果實碰到我的嘴唇時，馬上蒸發，並融化成我所嘗過最美味的東西。[12]

活水

我愛水！我愛海洋，我愛航海、衝浪、潛水，我全都愛。正因為如此，約翰對天堂的某個描述總是讓我很困擾：「我又看見一個新天新地，因為先前的天地都過去了，海也再沒有了。」（《啟示錄》二十一章一至二節）海再也沒有了？我很失望，但我越是思考這點，就覺得約翰描述的應該不是天堂永恆的狀態，他只是在他的異象中沒有看見海洋而已。畢竟約翰被囚禁在拔摩島多年，大海便是他的監牢。

而我們確切知道的，便是天堂中有水，還是活水！夜間潛水時「死掉」的紐西蘭衝浪客伊恩．麥考馬克（Ian McCormack）在瀕死經驗期間，便在這個絕美之地看見水：

穿過草原中心，我可以看見一條清澈的溪流，蜿蜒繞過整片風景，兩側河岸長滿樹木。我的右邊是遠方的群山，上方的天空又藍又晴朗，左邊則是起伏的翠綠山丘和花朵，散發出美麗的色彩，這就是天堂！我知道我屬於這裡，我覺得我好像剛重獲新生，我全身上下每一個地方都知道我回家了。13

約翰在《啟示錄》中也提到：「天使又指示我一道明亮如水晶的生命水的河流，從神和羊羔的寶座那裡流出來，經過城裡的街道。」（《啟示錄》二十二章一節）許多瀕死經驗者都曾提到河流、瀑布、海洋，但只有馬文．貝斯曼和少數幾人提到船隻，這很可能不屬於共通的瀕死經驗。不過身為一個熱愛航海的人，我還蠻相信的：

大約五十五公尺外左方，有幾艘老舊的漁船停在一座大湖的岸邊。大湖微波盪漾，船隻看起來又舊又老，不像我們在密西根湖上看見的一樣流線型……船隻靠在充滿石頭的沙岸上。湖的藍色是一種比天堂的天空更暗、更不明亮的藍色，湖面有幾道溫和的波浪，就像海洋或五大湖一樣，我看不到湖的對岸。**14**

我們可以想像一下，若有外星人降落在紐約，觀察了一個小時之後，回家述說他所看到的景象。外星人可能會說地球到處充滿高聳建築，而降落在地鐵中的外星人可能說，地球是條黑暗的隧道，通往明亮的建築。降落在中央公園的外星人則會提到美麗的草地、樹木、花園；降落在上紐約州的外星人，則是會描述樹木覆蓋的山丘上，那些黃色和橘色的秋葉。每個外星人描述的都是一小部分，但相加在一起，你就能獲得完整的圖像。這就是我認為瀕死經驗者帶給我們的事物。驚奇的是，他們描述的事物和耶穌及先知在聖經中告訴我們的，非常的相像。

我曾在洛杉磯的山區參加叫作「新世界」的藝術展，這崎嶇山谷的美，挑逗著我的感官，我希望我兒子也在這，因為這樣我們就能一起探索。我兒子如果能和我一起探索那讓塵世美麗相形失色的造物驚奇，那該有多好啊？要是我的妻子、女兒、兒子能夠和我一起旅行到遠地，來一趟我們想像得到最棒的郊遊，該有多好？或許這就是宇宙為何如此廣袤！當心智能夠帶我們前往任何地方時，或許我們就能在全新的時空中，找到無盡的冒險，探索上帝美妙的宇宙。這又會是怎麼樣的呢？我們來想像看看吧！

第九章
活在新的維度

二〇〇八年十一月十日，哈佛大學的神經外科醫生伊本・亞歷山大（Eben Alexander）罹患了某種罕見疾病，使他的整層新皮質（也就是大腦中使我們成為人類的那部分）失去效用。而他之後的經歷，推翻了他從醫學院學到的結論。他發現自己從未如此有活力，並體驗到一個時間和空間都比我們所想更為廣袤的世界。

身為神經外科醫師，我多年來曾聽聞許多人的奇特經驗，通常是在心臟停止後，前往一個神秘又美妙的地方，和死去的親人說話，甚至還遇見上帝本人……等的各種故事。這些故事，從我的角度來看，都是純粹的幻想。如果你的大腦停止運作，那你是不可能有意識的，這是因為大腦就是人類產生意識的機器，機器損壞，意識就停止，拔掉插頭，電視就變暗，無論你有多麼享受，節目都結束了。

但他這次的瀕死經歷卻告訴他，身體和大腦的死亡，並不代表意識的終結。「我通過入口，然後發現自己身在一個全新的世界，這是我見過最奇異、最美麗的世界，美妙、生氣蓬勃、令人著迷、頭暈目眩……我可以堆砌各種形容詞，來描述這個世界看起來怎樣、感覺起來怎樣。但這都是徒勞無功，無法盡述它的美。我感覺重獲新生……」

他看見腳底下的鄉間，是一片翠綠、蓊鬱，就像地球。這是地球沒錯，但同時卻又不是，因為「我在飛，飛過樹木和田野、河流和瀑布、這邊和那邊、人群，也有小孩，邊笑邊玩耍」。他看見有人圍成一圈唱歌跳舞，有時還會看見狗兒，在人群中奔跑、跳上跳下……

同時他發現，自己也身在一個充滿雲的地方，又大又膨的粉白色雲朵，在深藍黑色的天空中非常明顯。比雲更高的地方，更高更高的地方，則是許多透明的球體，這些閃爍的球體在空中排成弧形，後方拖著彩帶般的長線。是鳥嗎？還是天使？這時，有個又大又響的聲響，如同充滿榮光的聖歌，從上方傳來，「我在想是不是來自那些有翅膀的靈」。後來他再度回想，他覺得這些生物在逐漸飛升的時候，一定感到非常喜悅，所以他們才會發聲吟唱。

我在這個世界待了多久？我完全沒概念，不可能準確描述時間感……那裡有無數更高的維度，但要了解這些維度的唯一方法，就是直接進入體驗，從更低維度的空間，是不可能知道或理解的。在這些高等領域中也存在因果關係，但超出了塵世間的認知。我們在這個塵世領域生活的時空世界，和這些高等世界緊密交織。換句話說，這些世界並不是和我們完全分離，因為所有世界都是由同一個神聖現實支配的一部分。從那些高等世界可以進入我們世界的任何時間或空間……

伊本·亞歷山大認為，他在那個靈性世界強烈地體驗到「時間的非線性本質」，所以他能理解，為什麼從這個世界的觀點來看，許多和靈性維度相關的記載都如此失真或荒謬。在比這個世界更高等的世界中，時間就是和這裡的運作方式不同，在那些世界中，事物不一定是順序發生，須臾可以是一輩子那麼長，一輩子或好幾輩子也可能只是須臾。[1]

探索現實的新維度

想像一下探索天堂之美，並體會上帝造物的美好，會是一件多棒的事。不僅與塵世之美和我們在地上的經驗相同，還會更廣袤！就像觀看一幅描繪法國南部美麗海灘的平面畫作，遠遠不及在天堂中的生活。塵世所禮讚的美麗、驚奇、美好，也只不過是上帝為我們準備的多維度世界，一幅單調的平面複製品。

耶穌的兄弟雅各也提醒我們：「我親愛的弟兄們，不要看錯了。各樣美好的賞賜，各樣完備的恩賜，都是從上面、從眾光之父降下來的，他本身並沒有改變，也沒有轉動的影子。」（《雅各書》一章十六至十七節）想像一下來自天堂的禮物即將降臨！

唐・派普在他的著作《90分鐘上天堂》中，便協助我們想像體驗天堂的禮物，會是什麼感受：

我看看周圍，很難領略那些令人頭暈目眩的鮮明色彩，所有色澤和色調都超越了我曾見過的事物。我的感官比以前更敏銳，我覺得以前好像從沒看過、聽過、感受過如此真實的東西。我不記得我有嘗過任何東西，但我知道假如我嘗了，也一定會比我在塵世吃過或喝過的東西還更棒。我最貼切的解釋方式就是覺得自己彷彿身在另一個維度。即便以前在我最快樂的時刻，我也從來沒有感到如此生氣蓬勃。[2]

時間和永恆

前南加大哲學教授魏樂德（Dallas Willard）也提到：「時間是位於永恆之內，而非之外。宇宙也是在上帝的國度之內，而非之外……當我們穿越我們稱為死亡的事物時，我們不會失去世界，而是首次看見世界真實的面貌。」[3]你知道嗎，《創世記》中關於神創造天地萬物的描述，是世界所有宗教中，唯一提到了神創造「時間」的創世故事（神是從我們所知的時間之外的「無」，創造了天地萬物。拉丁文叫做ex nihilo，亦即「從無到有」之意）。而神也是從「無」，創造了天堂，我們的時空維度似乎便以某種方式存在天堂裡。所以我們並不會失去人世間三維的經驗，反而是將這些經驗，拓展到我們身邊的天堂裡。正如同我們今日住在三維空間內，同時仍能夠欣賞二維的畫作。

或許這就是先知以利沙展現給他僕人看的。僕人當時害怕極了，因為敵軍包圍了他們，於是以利沙禱告耶和華，求神打開僕人的眼睛。突然間，僕人便看見天堂的天使天軍在周遭保護他們（《列王紀下》六章十六至十七節）。《啟示錄》二十一章也預言了有一天，天與地將合而為一，似乎便是在暗指我們的時空結構就包含在一個更為寬廣的時空中，且有一天將會兩者合一。更高維度的天堂會為我們帶來什麼呢？讓我們運用想像力吧。

讓我們想像一個世界，在其中「時間」不再是我們的敵人，行路不再讓人疲憊困頓，風景和聲音、光線和顏色、音樂和歌唱，都以一種為天堂居民帶來歡愉狂喜的方式迸發。就讓我們來想像這個新的時空維度，在那邊可以為我們帶來什麼樣的各種可能性吧。

視力也變好了

「耶和華的眼目遍察全地，一心歸向他的，他必以大能扶助他們。」（《歷代志下》十六章九節）很明顯，神的視力不像我們的有所侷限。這並不是說我們會擁有神無所不知的能力，可以看見所有事，出現在所有地方；而是會像使徒約翰那樣，可以在異象當中看見天堂，然後描述出來——如果他的視覺沒有變好，根本不可能從高山上清楚看到這麼多精巧的細節（《啟示錄》二十一章十至二十二節）。朗醫師便提到，他研究的瀕死經驗者中，有六六％描述了視力增強了，比以往在世上看得更清晰、明亮、鮮明。有些人還提到三百六十度的視野，或是能夠清楚看見極遠事物的「望遠」能力。[4]

穆迪也訪談過一名遭車禍後靈魂出竅，觀察自己的女子：「發生了很多事，許多人在救護車附近忙進忙出。不管我什麼時候看向某個人，並思考他們在想什麼，感覺就像鏡頭拉近一樣，我就在那旁邊了……當我想看到有段距離外的某人時，就好像某部分的我，立刻就到那個人旁邊了。當時對我來說，就好像不管世界上哪個地方出事，我都能瞬間抵達。」[5]

其他人則提到三百六十度的視野，比如上一章的戴爾．布萊克就有提過，只不過不是只有一圈的那種三百六十度，而是一種如球形般的視野，同時看得見上、下、左、右、四方。朗醫師也提到，有名男子表示：「我飄浮在身體上方時，同時能夠看見周身三百六十度的事物，但我似乎只是聚焦在和我平常視覺相同的小塊視區。」6請想像一下，若我們擁有能夠同時看見四周，同時也能像現在一樣聚焦在特定事物上的這種視覺能力吧。

雷是個孩子，在遊樂場和朋友玩耍的時候被推倒，頭部猛力撞擊地面，接著靈魂出竅：「我仍然有『身體』，但是完全不一樣，我的視野是立體的……我可以同時看見所有方向，但又沒有我們所知的方向或維度。」7

心臟病發的雷納德也提到以三百六十度的視野，看著底下一團混亂的急救過程。而針對神本人與他之間的溝通，雷納德也有一段特別精彩的回憶：「在另一方面，溝通是透過心電感應進行。我必須告訴你，神的幽默感超讚，我這輩子加起來沒笑這麼多過！」8

多數瀕死經驗者都提到清晰敏銳的視力，還有明亮的光線，而他們不知為何也確信這在塵世不可能發生。理查．伊比醫生便注意到：「天堂的光線會讓我們的肉眼馬上瞎掉，神就是天堂的太陽，而透過靈性的雙眼，我能夠看向任何地方、穿透所有事物。」9

戴爾．布萊克也記得：「我的視力似乎大幅增強，不然我是怎麼看見那些顏色，還有所有事物中的光線呢？有點像是身在3D電影之中，然後戴上3D眼鏡……突然間所有事物都更有層次、更豐富了。但這樣還無法形容，還要再乘上一千倍，才是我體驗到的事物。」10某些瀕死經驗者認為，藉著這種全新升級的視力，神其實是在我們的身體內準備了一場視覺的饗宴：「『神為愛他的人所預備的，是眼睛未曾見過，耳朵未曾聽過，人心

也未曾想到的。』」（《哥林多前書》二章九節）

天堂燈光秀

四歲的寇頓告訴父親陶德，他在天堂遇見已逝的祖父波普。陶德決定測試一下四歲的兒子，畢竟這個宣稱自己到過天堂的四歲小孩，從未讀過《啟示錄》，所以他問寇頓，天黑後他和波普回家時做了些什麼。

寇頓對陶德皺眉：「天堂不會天黑，爸！誰跟你說的？」

「你說不會天黑是什麼意思？」

「神和耶穌照亮天堂，天堂永遠不會天黑，永遠都很亮。」

陶得非常震驚。寇頓通過了測試。11

《啟示錄》告訴我們：「這城不需要日月照明，因為有神的榮耀照明，而羊羔（耶穌）就是城的燈。列國要藉著城的光行走，地上的眾王要把他們的榮華帶到這城來。不再有黑夜了，他們也不需要燈光或日光了，因為主神要光照他們。」（《啟示錄》二十一章二十三至二十四節、二十二章五節）所有見過天堂之美的人，都提到這種全新的光輝，亮度遠超我們能理解的所有事物。人世間的太陽只不過是天堂中黯淡、非常侷限的可見色光。而結合我們全新升級的視力後，天堂的榮光將使得所有事物活在一個全新的維度中。

迪恩．布瑞斯頓回憶：「地上所見最美麗的天空，完全無法與天堂的穹蒼相比。天堂的明亮是因為我主的榮光……空氣是你能夠體會到的東西，不僅是看見而已。空氣是金色、黃色、白色，還有更多顏色在其中移動……就像極光一樣。」[12]而且天堂的色彩和塵世不同，天堂的色彩也更加活潑、更使人陶醉，甚至會根據觀看者的視線調整。

戴爾．布萊克也提到體驗了天堂的空氣：「顏色似乎活了過來，在空氣中舞動。我從沒見過這麼多不同的顏色……看著這些色彩，讓人連氣都喘不過來了，而我願意永遠一直看著它們。」我們的肉眼看不見組成太陽光譜的紫外線或紅外線色彩，而神之光顯然是個更精美的調色盤，擁有數千種色彩，從內照亮所有事物，而且這光是可以觸碰的，包含神的愛和喜樂。

洛梅爾醫生研究中的某位荷蘭病患回憶：「我見到了最絢爛的色彩，因為我是色盲，所以一切都更驚喜。我在世的時候可以分辨基本色，可是粉彩色在我眼中看起來都一樣。但是突然間，我又可以看見這些粉彩顏色了，各種不同的濃淡。別叫我說出這些顏色，因為我不知道它們是什麼色。」[13]

馬文看見穹蒼投射出一場天國的燈光秀，背景是深藍色天空最美妙的深淺，他看呆了：

我飛往天堂的天空，以及天堂周圍的蒼穹，顏色更大膽、更藍，說了你也不會相信……我能想到最接近這種異世界之藍的深淺，就是加勒比海不可思議的海水，或是夕陽下的夏威夷海岸……這種色彩就在天堂等著你和我。

天堂的顏色和光線非常壯麗，是我所看過最深邃、最豐富、最飽滿蒼翠的色彩。還有些色彩我從未看過，對那些喜歡色彩的人來說，天堂可說是美夢成真，而我們在天堂的家，是由眾光之父所點亮……（那裡）的光線強烈又充滿活力，不知為何卻不會刺傷我的雙眼，我並不覺得那些色彩和光線存在於塵世……

天堂的白色是，請容我這麼說，根本沒有事物可以相比！從亮白色到蛋白石到牛奶瓶般的月亮色，天空中充滿深淺不同的白色，就像巨大的婚禮花束……天堂中的顏色會從白色混成藍色、紅色、紫色、綠色，各種顏色會不斷改變、變換、移動、旋轉、糾結、飄浮……形狀也以一種讓我目瞪口呆和入迷的方式變換。對於燈光秀我能想到最接近的形容，應該是極光……如果我把阿拉斯加的燈光秀和天堂的相比……根本沒得比，就算僅只是燈光秀也讓人目瞪口呆。[14]

睡覺怎麼辦？

今早我有幸能夠賴床，因為是勞動節假日。我享受睡眠時，在我模糊的意識中，也感謝上帝賜予我們睡眠為禮物。接著我想：「但我們在天堂不用睡覺吧，要嗎？如果永遠不會天黑，那我們要怎麼睡覺？」接著我開始思考為什麼我們需要睡眠。在我們有限的世界中，我們的能量會耗盡，而休息會協助我們補充能量，因為在魔鬼勢力的詛咒下，這個世界運作的方式違背了上帝。睡眠正是神的禮物，讓我們能從磨難、對抗、苦難中短暫歇息。

等回到天堂，我們便進入了上帝的安息，所以不再需要睡眠，因為我們進入的安息是活生生的，而且充滿來自源頭的無盡能量：「既然這安息還留著要讓一些人進去，但那些以前聽過福音的人，因為不順從不得進去；所以神就再定一個日子，就是過了很久以後，藉著大衛所說的『今天』，就像前面引用過的：『如果你們今天聽從他的聲音，就不要硬著心。』……這樣看來，為了神的子民，必定另外有一個『安息日』的安息保留下來。因為那進入神安息的人，就歇了自己的工作」（《希伯來書》四章六至十節）

如同我們將會看到的，這種安息是來自和神連結所帶來的永恆平靜。想像一下在天堂中，我們會永遠安息，所以我們不需要睡覺。而且別擔心，因為你也不會想要睡覺。我認為，感覺起來會像是你年輕的時候不需要睡眠的情形，因為人生太刺激了。這種安息將充滿能量、刺激、冒險，充滿各種可做的事情（但不是勞動），充滿了一種將會改變所有事的平靜。我們現在透過睡眠，想要逃避的一切衝突、掙扎、爭執，都會永遠消失。

西元前七世紀，先知以賽亞曾一窺來生：那時古老的耶路撒冷和中東所有無盡的爭端都會在神的和平統治下終結：

在你的國中必不再聽見強暴的事，在你的境內，也不再聽到荒廢和毀壞的事；你必稱你的城牆為「拯救」，稱你的城門為「讚美」。白天太陽必不再作你的光，晚上月亮也必不再發光照耀你，耶和華卻要作你永遠的光，你的神要作你的榮耀……你悲哀的日子必要終止。（《以賽亞書》六十章十八至二十節）

請想像那麼一天，當時間不再是敵人，時間不再使我們的苦難感覺無窮無盡，時間也不再延遲我們的滿足；平靜成為我們永遠的陪伴，而時間也成為朋友。

當時間成為朋友

天堂的時間會是怎麼樣的呢？聖經中告訴我們的，正和伊本．亞歷山大說他經歷的一模一樣：「親愛的，這一件事你們不可忘記：在主看來，一日如千年，千年如一日。」（《彼得後書》三章八節）其他瀕死經驗者的經歷則是缺少時間感，有些人則是有感覺到時間，卻像是在另一個維度。

朗醫師研究中的個案也用各種詞彙描述了時間：

就好像我在如此短暫的一段塵世時間中，體驗了好多事……塵世的時間和空間都完全停止，同時另一邊的「時間和空間」感覺則是完全活生生、明顯、真實。對，我在光裡的時候，並沒有以往在塵世中感受到的時間感。換句話說，沒有感覺到時間是連續的：過去、現在、未來。我在光裡的時候，每一刻都能即時感受到所有時間（過去、現在、未來）。**15**

有些人說在天堂他們沒有時間感，其他人則提到確實有時間感，但和我們在塵世體驗的單向時間不同。在聖經中，我們也能發現這點，亦即天堂的時間和我們的線性時間不同，但在天堂中確實能體會到時間，使徒約翰就注意到了：「羊羔揭開第七個印的時候，天上靜默了大約半小時……河的兩邊有生命樹，結十二次果子，每月都結果子。」（《啟示錄》八章一節、二十二章二節）所以即便天堂的一天可能會像是人間千年，似乎仍是有辦法能夠體會時間、衡量時間。

還有三個人甚至提到，他們觀察到的不同日與「夜」，不過我會將其視為個別經驗，因為沒有太多人提到過。話雖如此，我還是在此加以介紹一下，因為這些經驗似乎和聖經一致：

天堂真是個很有趣的地方，不存在無聊的事，就連時間的流逝也是。在塵世你會知道時鐘在走，太陽降下地平線，感覺到時間的流逝。你在天堂不會感覺到時間流逝，可是仍然有區分不同的時間。有段時間天空很亮，稱為白天，還有一段時間天空沒那麼亮，這段時間活動似乎都會慢下來，這就是所謂的日和「夜」。天堂沒有晚上，只有亮跟沒那麼亮……持續七天之後，你就有了一個禮拜。16

比爾也觀察到了類似的事：「接著光線減弱了一些，不是黑暗，只是沒有先前那麼亮，我所站的區域也變得寂靜。」17如果天堂真的有自己的日夜，那麼聖經記載天堂的樹「每個月」結出果實，就有了脈絡。（可以參見《啟示錄》二十二章）

二維的時間

我們可以這樣想像：在天堂中，我們是以全新的、第二種的維度方式體驗時間；而現在的塵世中，我們是以三維體驗空間（高度、寬度、深度），但時間只有一維，是單向的線性。想像如下圖的一條線，我們體驗到A事件，接著另一個B事件，還有下一個C事件，假如A時刻發生了某件美妙的事，時間不會等你好好享受，它會快速前進。這就是為什麼，時間是敵人，美好的時刻永遠不夠。

但要是在天堂中，我們體驗到的時間是另一種維度的。也就是說，在塵世時間線上的每一點，都會有另一條垂直的「時間線」，所以你可以花各種時間去享受時刻A，沒有人會催你[18]，（參見圖二）。

克莉絲托便注意到了這種「不必趕時間」的感覺：「我現在講述時，必須要按照順序，因為我們一次只能了解一件事：這件事發生了，接著是那件事。但天堂不是這樣，所有事情都同時發生，卻沒有任何匆忙或急迫的感覺……天堂中沒有分鐘、沒有小時、沒有天，沒有所謂的時間。事件是以不一樣的方式在天堂中呈現嗎？還是不同的只是我們理解的角度？我不知道。」[19]很顯然，瀕死經

圖一

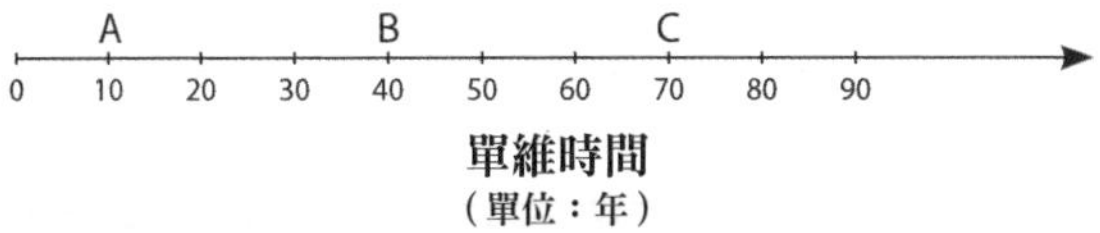

圖二

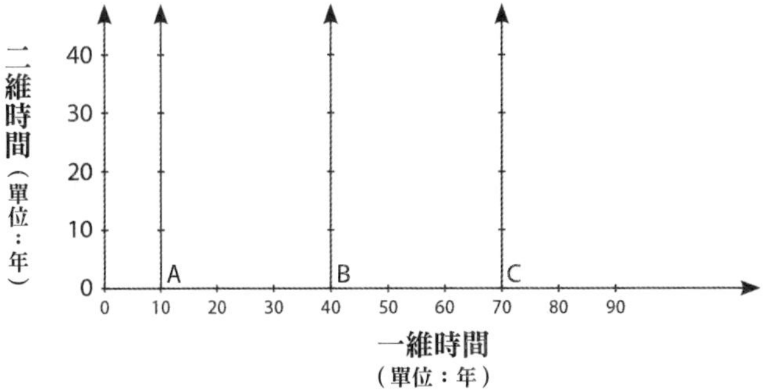

驗者以不同的方式，描述我們受時空限制的語言很難形容的事物，但多重的時間維度也會帶來這樣的效果。

天體物理學家休．羅斯（Hugh Ross）便指出，如果天堂的時間是三維的，那麼所有從每個時刻（A時刻、B時刻、C時刻等）延伸出的垂直二維時間線都會在特定的時間點相交。想像有個球體，其中塵世上的每個一維「水平」線性時間點（A、B、C），都有許多條二維的「垂直」時間線，沿著經線延伸，並在一個三維的點上相交，也就是球體的北極！這代表你可以在三維時間中的一個點，也就是北極，體驗到塵世時間的過去、現在、未來（參見圖三）。

我不確定這是否就是我們在天堂中體驗到的，但神曾說過：「成了！我是阿拉法，是俄梅格；我是創始的，也是成終的。我要把生命的泉水，白白賜給口渴的人喝。」（《啟示錄》二十一章六節）神是無限的，不受任何時間維度束縛，因為時間是祂所創造。但這並不代表祂無法在低維度的時間中行事，或許我們也能體驗其中的某些時間維度。

來自地上的訊息

但我們在天堂能夠知道塵世發生了什麼事嗎？我覺得某種程度上可以。那些因為堅

圖三

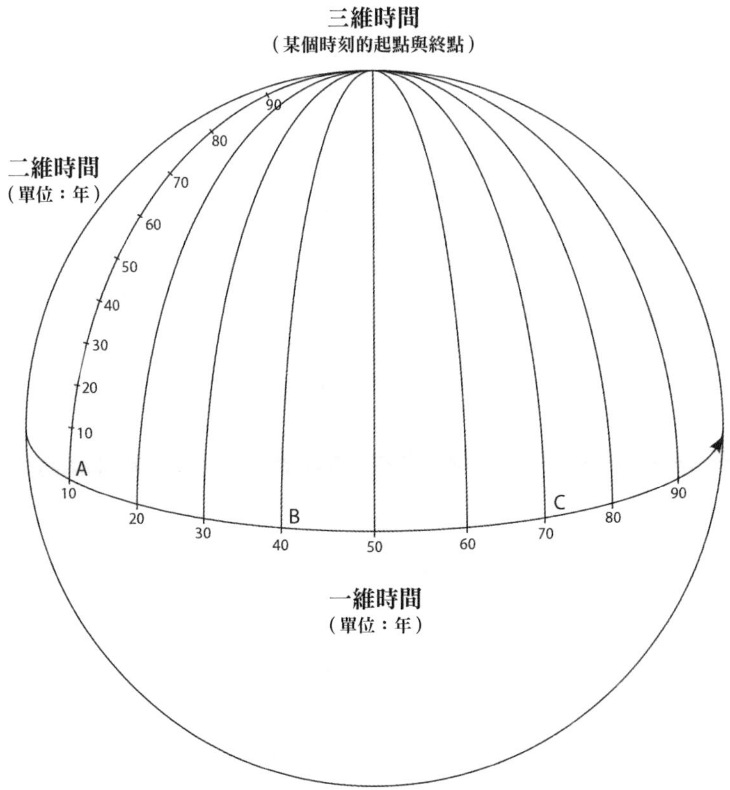
三維時間
（某個時刻的起點與終點）
二維時間
（單位：年）
10
20
30
40
50
60
70
80
90
A
B
C
10
20
30
40
50
60
70
80
90
一維時間
（單位：年）

守信仰而遭到殺害的人曾問神：「聖潔真實的主啊！你不審判住在地上的人，給我們伸流血的冤，要到幾時呢？」（《啟示錄》六章十節）神吩咐他們要安息一會兒，安息需要時間的流逝，但如同先前所提，天堂時間的流逝可能很不一樣，這也顯示了天堂和塵世發生之事的連續性。我們會是同樣的人，擁有我們在塵世的記憶，同時也有辦法從天堂永恆的角度，在某種程度上了解塵世發生之事。

寇頓曾問父親，他知不知道神是三個人（他爸可是個牧師呢）。寇頓說：「聖靈坐在我身旁，因為我正為你禱告，你需要聖靈，所以我為你禱告。」[20]這讓陶德倒吸了一口氣，想起寇頓死去時他如何呼喊上帝。寇頓是怎麼知道的？或許我們可以知道所有或某些來自地上的訊息，不過是即時透過天堂的觀點。

想像一下這會有多棒吧。不再匆忙、不再趕時間、不再遲到，有很多時間可以歡笑、可以創造、可以探索神的宇宙。

天堂的移動方式

伊比醫生回憶：「時間感不再存在了。這立刻使得一切的匆忙、倉促都顯得愚蠢。」

我的視野相當寬廣，不管是二十五公分還是十六公里，焦點都很銳利又清楚……光線使我入迷，沒有任何陰影，也不像地上一樣有單一光源。所有事物似乎都會自行發光……天堂所有事物的運作方式，都不像地上。祂在我腦中說話，而我以一種只存在於想像中的超快速度做出回應……如果我有問題，甚至在我詢問之前，祂便已有了答案。耶穌和我一起走在天堂中，但更像是飛，不是走，我們飄浮在半空中聊天，天堂沒有重量或重力，所以不需要碰到地面……空間也是無限的。[21]

想像在天堂移動的各種可能性。許多瀕死經驗者都提到，各種飛行方式在天堂似乎相當自然。雖然聽起來很像科幻小說，但耶穌復活後出現在門徒面前時，便擁有穿牆和進入封閉房間的能力（《約翰福音》二十章十九節），還有在許多人面前，「他們還在看的時候，他被接上升，有一朵雲把他接去，就看不見他了。當他往上升，他們定睛望天的時候……」（《使徒行傳》一章九至十節）。天堂的法則很明顯取代了地上的法則。

想像一下不只是能夠飛，還能瞬間移動，那會有多棒！想像一下我們能因此到達哪些地方！某個瀕死經驗個案便描繪了數種不同的移動方式：「……可以用思緒的速度移動。你一想著你必須前往某個地方，然後你就抵達了。但也有比較慢的移動方式，你會擁有移動的感覺，這本身就是很快樂的。當你走在一條風景優美的道路上，可以往外欣賞風景。但若以思緒般的超快速度移動，就看不到風景了，因為你馬上就會抵達。但你可以在移動中學習，而學習令人愉悅……接著你就像是飄浮穿過空間……雖然我們沒有翅膀，仍是可以飄浮穿過空間。」22

戴爾・布萊克、亞歷山大醫師與其他瀕死經驗者，都描述了這種比較慢的移動方式，也就是飄浮穿過空間，但也有其他人描述了以思緒移動的方式。想像一下，當你和朋友跟家人一同探索天堂無盡的美麗時，會有多愉快。迪恩說他發現「天堂相當大，不斷擴張，那裡沒有塵世的距離，我好像離事物很遠，卻又很近，如果我想前往天堂的其他地方，我只要想一下，然後我就到了。」23

你是否曾仰望晴朗夜空中的數十億顆星辰，思索上帝為什麼創造了一個如此廣袤、我們根本無法接觸的宇宙呢？或許就是因為這樣，我們才能永遠探索。「諸天述說神的榮耀，穹蒼傳揚他的作為。」（《詩篇》十九章一節）我能想像這個場景：朋友和家人，或者是專業的探勘團隊，一起出發去探索和研究宇宙的奧妙，因為這一切在在顯示造物主是多麼偉大。

上帝沉浸在祂子女發現的越來越多造物驚奇中，會是多麼榮耀啊。我能想，我們永遠不斷發見上帝造物之美的驚奇，這就是一種永恆的敬拜。但是對瀕死經驗者來說，仍然沒有什麼事物比得上，也沒有什麼事物能夠比遇見上帝本人還更有趣，想像見到上帝吧！

第十章
你永遠不想離開的愛

二十歲的伊恩．麥考馬克離開家鄉紐西蘭，尋找完美的海浪、完美的狂歡、完美的女孩，過著衝浪客的人生。兩年以來他在澳洲、非洲、印尼隨心所欲生活。但是，死亡向來都是不請自來。某天晚上伊恩和朋友在印度洋模里西斯島的礁石水肺潛水時，一群箱型水母（號稱地表最毒生物）螫了他四次，差點要了他的命！

前往醫院的救護車上，伊恩的一生在眼前清晰重播，「人們都說死前會看到人生跑馬燈」，他回憶：

我的思緒飛馳。我還太年輕，不想死掉，我幹嘛要去潛水？我躺在那，思考如果我死了會發生什麼事？死後會有什麼東西？如果我死了會去哪？

接著我清楚看見我媽，就好像她正在重述多年前說過的那些話：「伊恩，不管你離神有多遠，不管你做錯什麼，如果你打從心底呼喊神，祂就會聽見你，並原諒你。」

我心想：「我相信有神存在嗎？我要禱告嗎？」我當時才不相信神，不相信任何人，然而我卻看見了我媽的景象。1

伊恩後來獲悉，他出事的時候，在紐西蘭的媽媽猛然從夢中驚醒，她在夢中看見伊恩快要死了，於是開始全心全力為兒子虔誠禱告。伊恩回憶：「我不知道要禱告什麼，也不知道要向誰禱告，我該向哪個神禱告？佛祖？迦梨？濕婆？世上有好幾千個神，但我並沒有看見佛祖、黑天或其他神站在那裡。我只看見我媽，而我媽追隨耶穌基督。我在想我該禱告什麼。」

伊恩想到媽媽教他的主禱文，但他記不起來。隨著毒素漸漸深入腦部，伊恩焦急懇求神幫助他記起來。「赦免我們的罪債」這幾個字出現在他腦中，伊恩說：「主啊，請祢赦免我的罪債，我做過這麼多錯事，我不知道祢要怎麼辦，但請祢赦免我的罪債。」下一行接著出現：「如同我們饒恕了得罪我們的人。」伊恩心想：「嗯，我這人從不記仇的。」接著出現了一個問題：「你願意原諒把你推下車的印度人，還有那個不肯載你去醫院的中國人嗎？」我想：「不可能！」但伊恩腦中沒有出現更多的經文，他於是了解，若神能原諒他，他也必須原諒對他不好的人。接著一行又一行的經文出現，他禱告神的旨意在他的身上實現。然後就失去意識了。2

醒來時，他發現自己還活著，但身處在令人害怕的極度黑暗中。本書稍後還會深入討論他的故事中這個常被忽略的「極度黑暗」情節。但接下來發生的事是這樣的：

我開始哭，懇求上帝：「我為什麼在這裡？我已求祢饒恕我，我為什麼還在這裡？」接著一道亮光照在我身上，立刻就將我拉出黑暗……我看見光源是從隧道盡頭發出，看起來無法形容的亮，彷彿是宇宙的中心，是一切光和能量的來源，比太陽還亮，比任何鑽石還光芒四射，也比雷射光束還亮，但你卻可以直視……

伊恩穿越了空氣，沿路可以看見光源發出強烈厚重的連續光波，經過隧道往上朝他而來。第一波光線帶來了令人驚奇的溫暖和舒適，彷彿光線本身並不只是物質，而是能夠傳遞情緒的「活光」。光線穿透伊恩的身體，讓他充滿愛，覺得受到接納。

抵達隧道的中間時，另一波光出現了，這波光線帶來了完全的平靜……「我這輩子試過所有我能想到的方式，只為尋求平靜和滿足，卻從未找到」。而現在，從他的頭頂到腳底，都處在完全的平靜中。

伊恩從隧道末端出來，似乎就直接站在所有光線和能量的面前。這道不可思議的光佔據了他所有的視野，看起來就像白焰，或是堆積如山的鑽石，閃耀著言語無法形容的光芒……

站在那裡時，我心中充滿各種疑問：「這只是一股力量，就像佛教徒說的那樣，還是業？或是陰和陽？這只是某種內在的能量來源，還是真的有個人站在那裡？」我仍然在質疑這一切。我這些想法一出現，就有個聲音從光線中央對我說話，和我剛剛聽見指引我禱告的聲音相同。聲音說：「伊恩，你想回去嗎？」我回答：「如果我靈魂出竅，那我也不知道我在哪，我想回去。」那個聲音的反應則是：「伊恩，如果你想回去，你就必須看見新的光。」

伊恩聽見「看見新的光」的那一刻，就懂了。他記得曾收過一張聖誕卡，上面寫著「耶穌是世界之光」，還有「神就是光，在祂之中沒有黑暗」……所以這就是神！祂是光。而且，「祂知道我的名字，而且也知道我心裡和腦中所有秘密想法」。伊恩心裡繼續想：「如果這就是神，那祂一定也能看見我這一生中做過的所有事。」

在神面前，他感到完全曝露和透明。他說：「在其他人面前你可以戴面具遮掩，但在神面前不行。我感到羞恥和丟臉……我的第一個想法是，這道光會把我扔回黑暗的坑洞中。」但讓伊恩驚訝的是，一波純粹又無條件的愛淹沒了他，他根本不覺得會被扔回黑暗裡，並沒有感覺到自己遭到批判，反而是全身上下受到純粹的愛所沖刷。純粹、完全、潔淨、無拘無束、他完全不配的愛。這愛由內而外充滿了他全身。

於是伊恩開始訴說自己這輩子曾做過的所有噁心事。但神好像早已原諒了他，而愛的強度只增不減。事實上，後來神讓他看見，當他在救護車上請求祂寬恕時，祂便原諒了伊恩，洗淨了他的罪惡。

隨著愛越來越強烈，我開始不由自主地哭泣。這愛是如此潔淨、純粹、沒有束縛……這愛治癒了我的心，而我也開始了解在這愛中，人類有無窮希望。

伊恩很靠近那道圍繞著神的光，越走越近，光線也繼續治癒最深處的他……有個男人站在這光線的中央，穿著長及腳踝的燦爛白袍，伊恩可以看見祂的赤腳。袍子不是人造纖維，反而像是以光製成。伊恩抬起眼睛，看見一個男人的胸口，還有祂伸出的手臂，彷彿像在歡迎他一樣。

「我看向祂的臉，祂的臉很亮，比我先前看見的光線還亮十倍，」連太陽相形之下也變得蠟黃又蒼白。實在太亮了，伊恩看不見祂的臉部特徵……「但我知道我就站在全能的神面前，只有神才能長這樣」。3

神秘的光之存在

對所有宣稱自己和死亡擦身而過的瀕死經驗者來說，他們故事的最高潮，都在於遇見神秘的、發光的靈體，讓他們全身滿溢著無從想像的愛。朗醫師的研究中有一題便是：「你是否曾遇見一個神祕的光體？」四九．四%的瀕死經驗者都挑選「來源不明或來自其他世界，真實的存在或聲音」這個答案。[4]但這個光之存在究竟是誰呢？研究者的答案眾說紛紜，可說令人毫不意外。

卡利斯．歐西斯（Karlis Osis）和艾蘭多．哈倫森（Erlendur Haraldsson）以五百名美國人和五百名印度人為對象，研究宗教和文化觀影響瀕死經驗的程度。他們發現：「如果病人看見穿白衣的發光男子，並帶來了無法解釋的和諧與平靜，那麼針對這個幻象，可能會有多種詮釋，包括天使、耶穌、上帝。如果是印度教徒的話，就可能會是黑天、濕婆、提婆。」[5]

雖然我曾讀過研究者的類似結論，我卻從沒聽過任何瀕死經驗者描述遇見過黑天（有著藍色皮膚）和濕婆（有三隻眼睛），或是在無形的至高梵（印度教中的終極現實）之前，自己整個人消亡於無形。即便個案可能有不同的詮釋，但他們描述的事物，在跨文化間仍是相似的。

讀過將近一千則瀕死經驗見證後，我發現個案描述的光體，特徵都驚人地和《舊約》中先知以及《新約》中耶穌揭示的一致。本書接下來幾章中，我不僅會協助你想像神有多麼愛人，與人多麼親密，我也想告訴你我為何得到這個結論。針對這個發光的靈體，你可能擁有和我不同的詮釋，但至少思考一下瀕死經驗的見證和聖經的關聯是多麼明顯。畢竟，如果這個發光的靈體真的和瀕死經驗者描述的一樣美好，我們難道不會想知道祂的身分，以及如何親近祂嗎？

希姆蘭在孟買的一場巴士車禍中差點身亡，她回憶：「出現一道亮光，用輕柔的男聲告訴我：『妳會拋下一切，妳的親人、努力掙得的獎勵、金錢，甚至妳的衣服，妳會兩手空空來到我面前。』那道光也給了我一個必須遵循的重要訊息……我該怎麼說呢？那感覺太美妙、太不可思議，根本沒人會相信，但同時又如此真實、如此充滿愛、如此平靜。」6

一名印度女子死前告訴醫生：「我看到天堂了，那裡有美麗的花園和花朵……兒童在玩耍歌唱，有很多人，很高的屋子，我也在那看見神，看起來很美。」7

歐西斯和哈倫森指出，「不同文化的（瀕死經驗者講述的）現象，未必會符合該文化的宗教來生觀念……『審判』、『救世』、『救贖』等基督教概念，並未出現在美國病患看見的景象中」。本書稍後我們會討論為何會這樣，以及這樣的意義何在。但歐西斯和哈倫森也提到：

> 某些印度教基本的來生概念，從未出現在印度瀕死經驗病患看見的景象中。各式吠陀的來生「基因」——印度教的天堂——並未出現。在梵天之中的輪迴轉世和消亡——即印度教靈性追求的終極目標，神無形的形象——同樣未曾出現。業的概念，也就是功過的累

積，則是透過一些和「拿著記錄簿的白袍男子」有關的描述，概略提及。8

研究者也注意到，沒有任何印度個案提及印度教的終極目標「解脫」（moksha），亦即個體終於融入神無形的終極型態中。但印度的個案有時確實描述了一個充滿愛和親密、穿著白袍、留著鬍子、拿著記錄簿的光體之存在。「印度病患似乎已經死亡，一段時間後，他恢復了意識，他接著告訴我們，穿著白衣的使者帶他到一個美麗的地方，他在那裡看見一個穿著白衣、拿著記錄簿的男人。」9另一名印度人則是「看見一名『鬍子男』站在黃金長廊的入口」，10一名印度醫生也提到他的病患「看見美麗的風景、漂亮的花朵，他還在那看見一名身穿白衣的男子，坐在打開的書本前」。11

歐西斯和哈倫森提到：「（印度瀕死經驗者）總是將拿著『記錄簿』的男人描述為溫和的統治者，不管祂是叫作『白袍男子』或是『神』，都會有一股神聖的靈氣籠罩著祂。」12研究西方和非西方瀕死經驗見證差異的史提夫．米勒，也發現了相同的現象：「某個印度個案提到一個留鬍子的人在檢視（記載在書冊上的）記錄，以決定要讓他留下或回去……」米勒表示：「我在非西方的經驗中發現了所有西方經驗的共通元素。」13

研究跨文化瀕死經驗的布魯斯．葛雷森（Bruce Greyson）博士說：「跨文化之間雖然會有差異，但這樣的差異並不在於核心經驗，而是在於人們對其經歷的詮釋。」14不過這些研究者沒有注意到的是，他們的研究對象或許「並不是」在描述自己文化概念中的天堂，他們描述的「就是」聖經裡面先知們提到的天堂。西元前六世紀住在巴比倫城的先知但以理，就曾在聖經中記載了他看見的天堂異象：

我一直在觀看，看見有些寶座安放好了，萬古常存者就坐上去；他的衣服潔白如雪，他的頭髮純淨像羊毛。他的寶座是火燄，寶座的輪子是烈火（形容亮光）……審判已經開始，案卷都展開了……我在夜間的異象中繼續觀看，看見有一位像人子的，駕著天雲而來，到萬古常存者那裡，被引領到他面前，得了權柄、尊榮和國度；各國、各族和說各種語言的人都事奉他。他的權柄是永遠的權柄，是不能廢去的；他的國度是永不毀滅的。（《但以理書》七章九至十節、十三至十四節）

但以理看見亮光圍繞著神，案卷打開，和一位像人子的（即猶太的彌賽亞）獲得權柄並統治萬國。《死海古卷》也證實，但以理寫作的年代早於耶穌誕生。

大衛也提到了天堂裡面的書卷：「我未成形的身體，你的眼睛早已看見；為我所定的日子，我還未度過一日，都完全記在你的冊上了。」（《詩篇》一百三十九章十六節）當你檢視古代的猶太先知所描述的上帝特徵時，會發現瀕死經驗者應該是遇見了同樣美妙的上帝——或者是遇見了一個令人驚嘆的冒牌上帝。接著讓我們來想像一下，遇見那個為了祂自己而創造你的神時，會是什麼景況。

神就是愛

你是否曾經想過，世界上怎麼會有這麼多情歌？我相信，我們在此生所體驗到的各種形式的愛，無論多強烈，在神為你我創造的愛之海中，都只是涓滴細流而已。我們的愛永遠不夠，因為我們總是渴望更多愛。《舊約》中的先知告訴我們，神造人是為了和祂建立獨特的親密關係，而且即便人類背棄神，嘗了善惡知識樹的苦果，祂的愛仍是持續圍繞著我們。

距今大約四千年前，大約比今日大多數著名宗教還早一千五百年的時候，神揀選了亞伯拉罕和撒拉建立一個特別的國家，以便信守祂的承諾，並預示未來祂將以彌賽亞的身分，為了萬國而重新降世。神的愛總是遍及萬國，相較之下，多數其他的神祇都是地區性的，或是只為少數特別的人。耶和華對亞伯蘭說：「我必使你成為大國，賜福給你，使你的名為大，你也必使別人得福，給你祝福的，我必賜福給他；咒詛你的，我必咒詛他；地上的萬族，都必因你得福。」（《創世記》十二章二至三節）在《舊約》中，神提到「萬國」這個概念超過五百次。耶和華總是實踐對萬國萬民的愛。

哈莉達自幼便流落在伯利恆城的街上，飛彈奪走了她全家人的性命，使她成為孤兒。她小時候便遭販為奴，跟隨著某個貝都因部落，不斷在阿拉伯世界流浪，後來嫁給一名殘暴的穆斯林男子。有一天哈莉達的丈夫爆打她一頓，丟她在原地等死，帶走了她唯一的女兒。後來她和另一名男子再婚，男子帶她前往美國。可是第二任丈夫又凌虐她，哈莉達就想辦法帶著兩個孩子逃離。這下她無家可歸，身無分文。此時有名女子得知她的困境，提供她工作以及遮風避雨的家，她還告訴哈莉達，神的愛藉著耶穌，來到了她的身上。

哈莉達也想要像這個女子一樣，擁有這種愛，於是哈莉達就要求耶穌向她證明祂就是神。哈莉達後來宣稱，她看見了與先知以賽亞及但以理所見過非常相似的天堂異象。我自己不太相信任何宣稱看見異象的人，因為我從未看過，但我在穆斯林之間聽過不少類似哈莉達的見證——而且穆斯林若宣稱看見這類異象，可能會給自己招致嚴重迫害。哈莉達宣稱她看見了天堂的異象，這個異性表明出神對所有人永恆的愛，同時也和聖經以及瀕死經驗描述的一致：

> 有個人站在我面前，但和我認識的任何人都不一樣，我聽見祂的聲音，跟我多年前聽見的一樣，雖然當時（在巴勒斯坦時）我並不知道那是誰。但當時祂在我的穆斯林丈夫毆打我、威脅我生命的時候，不斷告訴我：「脫離黑暗，進入光明」。
>
> 現在祂用阿拉伯語說：「我就是道路、真理、生命，如果不是藉著我，沒有人能到父那裡去。」祂的聲音就像急流，威力強大又寬慰人心。祂一說「我就是真理」的那一刻，我馬上知道祂就是耶穌。祂沒有說「我是耶穌」，但我全身從上到下都知道，我沒讀過聖

經，但不知為何，我依然知道耶穌對我說的話都在聖經中。祂的出現深深吸引我，使我跪下往上看著祂，祂充滿榮光、如此美麗，光中之光。

我說：「主啊！祢就是主！」祂回答：「沒錯，我是耶穌，就是妳拒絕的主，就是你否認是神子的主。我是來救妳，來讓妳變成一個快樂的人。妳不需要做任何事，只要知道我愛妳就好。」

「只要這樣就好嗎？」我說。

「沒錯，相信我。」祂說。

這就像我去了學校，然後在一天內學會所有事情。突然之間耶穌對我來說完全合理……祂離我非常近，光線太亮，我甚至看不見祂眼睛的顏色，這完全不像看著任何人類。祂的存在和祂的聲音不知為何伴隨著光，巨大的光，讓人無法承受的光。祂在對我說話，但同時我也在眼前看見天堂……祂不是在對我傳教，只是像普通人一樣和我說話，不過是以美麗又堅定的聲音，其中充滿愛，甜得像蜂蜜。[15]

距離耶穌出生之前一五〇〇年，神以一團亮光的形式出現在摩西面前，就像那「焚而不毀」的荊棘。耀眼的光線之中有個聲音告訴摩西，快去從埃及人的奴役中解救猶太人。摩西帶領猶太人離開埃及時，神告訴他們對祂來說最重要的是什麼，而這也成為猶太信仰的核心意旨：「以色列啊，你要聽，耶和華我們的神是獨一的耶和華；你要全心、

全性、全力愛耶和華你的神。」(《申命記》六章四至五節)

對神來說，最重要的是愛，因為祂本身就是愛的存在：「耶和華在摩西面前經過，並且宣告說：『耶和華，耶和華，是有憐憫有恩典的神，不輕易發怒，並且有豐盛的慈愛和誠實，為千千萬萬人留下慈愛，赦免罪孽、過犯和罪惡。一定要清除罪，追討罪孽自父及子至孫，直到三四代。』」(《出埃及記》三十四章六至七節)「摩西從西奈山下來的時候，手裡拿著兩塊法版；摩西從山上下來的時候，不知道自己的臉皮因為與耶和華談過話而發光。」(《出埃及記》三十四章二十九節)神就是光，神就是愛，神也是正義，但祂的正義是當「惡」傷害祂愛的人時，充滿愛的回應。

神就是愛，這是先知揭示的，也是瀕死經驗者體驗到的。想想看，神的本質就是愛，所以受造的宇宙當中的所有事物，都是因有完美的愛才存在，包括我們在內。就像麥克．瓦登(Michael Warden)所解釋：「正如同老鷹存在的目的便是高飛，我們也是為神的愛所造。愛是我們天生的，但在一個崩毀的世界中，我們已和愛分開，我們體驗到的只不過是『平凡的生活』而已，我們是被禁錮在地上的老鷹，渴望高飛。」這就是為什麼，一旦體驗過之後，瀕死經驗者都永遠不想離開上帝的愛。

也如同穆迪研究中的一名個案所強調：「我永遠不想離開這個靈的身邊。」就連一名愛孩子勝過其他事物的母親都表示：「現在就是很難決定：當我經歷這種美妙的感覺時，在那光線面前，我真的不想回去，但是……我知道我對家庭有責任，所以我決定回來。」

[16]上帝是我們最初的愛，因為只有這樣，祂才能教我們如祂愛我們般那樣愛人。

神告訴摩西和猶太人，愛上帝是第一要務，這句話前後說了大約有二十次之多，這樣祂才能帶領他們真正去愛人：「不可報復，也不可向你的族人懷恨，卻要愛你的鄰舍好像愛自己；我是耶和華。」（《利未記》十九章十八節）十誡的前四條也是和上帝有關，祂想成為我們的第一要務，而祂也珍惜我們的愛，這不是為了祂自己，而是為我們，因為那些我們視為人生要務的事物，都只會讓我們失望。我們起初便是因上帝之愛所造，祂的愛也理所當然統治所有其他的愛。

伊本・亞歷山大表示，他接收到的主要訊息可以總結為：「你是被愛的，若要進一步總結成一個簡單的字，那當然會是：愛。愛無庸置疑是一切的基礎……我們所有人都是被愛的，造物者深深的認識我們每一個人，深深的關愛我們每一個人，造物者對我們的這種珍惜，是人類沒有能力理解的。這個訊息必須讓大家知道，它不是秘密。」[17]

這也是上帝對閱讀聖經的男女老幼所傳遞的主要訊息。愛的訊息雖然不是秘密，卻受到人們的忽略。想想看，有一種極其廣大的愛，世界上沒有任何愛可以比擬——更棒的是，這種愛會使得此生所有的愛，有了更多的面向。即便瀕死經驗者可能會以其他名稱稱呼上帝，他們描述的神，仍是和聖經中的神一致，祂想讓我們知道祂有多愛我們，而且祂也想知道「你們愛我嗎？」穆迪便訪談了一名被問到這個問題的病患：

我進入了這道純粹潔淨的光中，是一道明亮的白光，非常美麗，也非常明亮、非常耀眼，但沒有傷到我的雙眼，這和世界上的任何光都不一樣。我並沒有真的在這道光中看見一個人，但這道光擁有特別的身分，一定有，這是一道擁有完美理解和完美的愛的光。我的腦中出現一個想法：「你愛我嗎？」這不是以問題的形式出現，我猜光的意思比較接近：「如果你真的愛我，就回去，然後完成人生中未盡之事。」而在這整個過程中，我都感到自己彷彿受到大量的愛和憐憫圍繞。[18]

神是我自己的親密救主

穆迪指出，那些看見這道光的人當中，「沒有任何人懷疑這是某種靈的存在，一種光的存在。不僅如此，還是個親密的存在，擁有確切的人格特質。從這個存在朝將死之人散發出的愛和溫暖，言語完全無法形容。那些個案感覺受到整個人完全受到圍繞，融入其中，並在這個發光的靈體面前感到完全自在、受到接納。」[19]史提夫・米勒也提到證實這個存在親密、充滿愛、全知本質的瀕死經驗個案：

我以極快的速度穿越這片黑暗的真空，很像隧道……我看見一道亮光，而且在途中我也聽見美麗的音樂和先前從未見過的色彩。光線也是我從未見過的，和所有光線都不一樣，比如陽光。光線是白色的，非常亮，但可以輕易直視，這是那裡所有事物的最高點，充滿能量，特別是充滿愛、充滿溫暖、充滿美麗。我整個人沉浸在完全的愛中。

從光線和我說話的那一刻起，我就覺得非常好，受到保護和被愛，來自光線的愛根本無從想像、無法描述。那是個有趣的人，很好相處，而且還擁有幽默感，真的有！我從來都不想離開祂身邊。

我的一生以某種立體跑馬燈的方式出現在我面前，而且每個事件都伴隨著善和惡的覺察，或是針對其因果的洞見。從頭到尾，我不僅能以自己的觀點看見所有事，也能理解這些事件中所有參與者的想法……而且自始至終，人生跑馬燈都在強調愛的重要。[20]

先知寫道：「因為耶和華鑒察萬人的心，知道人的一切心思意念。你若是尋求他，就必尋見。」（《歷代志上》二十八章九節）每個遇見這個光的人，無論以什麼方式稱呼那道光，都知道祂就是那個了解他們所有秘密、卻仍以前所未有的方式愛他們的人。

他們描述了猶太人上帝耶和華的奧秘——摩西稱耶和華是獨一的真神，但以理和以賽亞則認為耶和華是全能的天父，是人子（彌賽亞），也是聖靈，而這位神存在於充滿愛的關係中。以賽亞也提及這個三位一體的神，和我們是多麼親密：「他（耶和華）曾說：『他們真是我的子民，不行虛假的兒子』，於是，在他們的一切苦難中，他就作了他們的拯救者。他不再是敵對者，並且他面前的使者拯救了他們。他以自己的愛和憐憫救贖了

他們；在古時的一切日子，他背負他們，懷抱他們。可是，他們竟然悖逆，使他的聖靈憂傷。」（《以賽亞書》六十三章八至十節）

耶和華是一位天父，祂渴望有愛祂的子女，祂是他們的拯救者，聖靈也能與人的憂傷感同身受。我們是依祂的形象所造的，所以神能夠在情感上和我們連結；而祂也是親密的。雖然神的無限、全知、全能超越我們的理解，祂同時也和所有祂造的人都相當親密。

伊本・亞歷山大將他瀕死經驗中出現的神描述為浩瀚、無限、與人完全不同，卻又與人極度親密，同時透過明亮的光球顯現。雖然我並不同意他全部的說法，他似乎仍是描述了其他人認為是天父的事物，他將其稱為Om，並將耶穌稱為Orb：

我看見一道光線，似乎是來自我現在察覺在附近的明亮球體，一個活生生的球體。球體中央便是創造宇宙和萬物的神、造物主、源頭，這個存在和我如此靠近，使得神和我之間彷彿不存在距離，但同時我又能感覺到造物主無限的廣大，也能了解相較之下我是多麼渺小。

我有時會使用Om當成神的代名詞，也就是那個全知、全能、擁有無條件的愛的神……我發現，分隔我和Om的那種巨大的距離，就是Orb和我同行的原因。我無法完全了解是以什麼方式，但不管怎樣仍非常確信，Orb是我和這個圍繞我的非凡存在（神）

之間的某種「翻譯」……

即便不是以我們理解的語言形式，問答仍持續進行。神的「聲音」相當溫暖，也非常親密。祂理解人類，也擁有我們擁有的特質，只是更為巨大無邊。祂非常了解我，並充滿了人類的特質，包括溫暖、同情、感傷……甚至嘲諷和幽默。21

伊本似乎將向人顯現的神，描述為永恆的天父和聖子（Orb，光之人），聖子成為了人類，向人類「翻譯」神。「因為神只有一位，在神和人中間也只有一位中保，就是降世為人的基督耶穌。」（《提摩太前書》二章五節）而《舊約》的先知揭示了唯一真神的真面目，那就是愛。但是神在創造天地萬物之前，愛的又是誰呢？天父愛聖子也愛聖靈。神即是愛，因為神是親密的。

如同洪水之聲

神以人的形象出現時，具有獨特的聲音，哈莉達辨識出這個聲音，是來自她的內在，告訴她要「脫離黑暗，進入光明」，但接著神出現時，她又聽見一個「就像洪水，威力強大又寬慰人心的聲音」。22許多人就算不懂聖經，仍是採用和先知相同的詞彙來描述上帝的聲音，這令人相當驚奇。有時祂的聲音溫柔又充滿愛，但也不失權威，有時則是充滿明白的權威。

先知以西結表示：「看哪！以色列神的榮耀從東面而來；他的聲音好像洪水的聲音，大地因他的榮耀而發光。」（《以西結書》四十三章二節）但以理則看見神面前的使者，並描述一名全身閃耀亮光，擁有類似聲音的人：「我舉目觀看，看見有一個人身穿細麻衣，腰束烏法純金的帶。他的身像水蒼玉，面貌像閃電的樣子，眼睛像火把，手臂和腿像擦亮的銅那麼閃耀，說話的聲音像群眾喊叫的聲音。」（《但以理書》十章五至六節）這些《舊約》中的先知和瀕死經驗者一樣，將同一個發光的靈，形容為聲音不會認錯的男子。

有個瀕死經驗者回憶：「祂開口時，就好像有人接上了巨型擴音器，聲音直接從雲中降下：『帶她回去。』……光線非常美麗！主的全身上下極為明亮，而且祂的聲音雖然擁有無比權威，卻相當溫和。」[23]

「我聽見一道同時從四面八方而來的權威聲音，連我身體內聽見都可以聽見，聽起來就像閃電的劈啪聲、大風、激流都捲在一起，說著：『你時候未到！』」[24]

史提夫．索格倫也提到「神的聲音……就像上百名朋友以完美的和諧同時開口……我相當警覺，直到我聽見祂要說的事，神和我保證：『不要害怕，沒有什麼好怕的，一切都會沒事的。』」（註二十五）[25]

世界各地遇見過神的人，都聽見了同樣的聲音。來自中東的薩瑪也聽見「『歡迎回家，薩瑪』，祂用溫柔和善的聲音說著，但同時也充滿力量，就像洪水的聲音。祂對我張開雙臂，祂美麗的眼睛就像強烈燃燒的愛火，充滿我全身。」**26**

想像有一天……看見這個光之存在張開雙臂，以同樣充滿愛之力道的聲音說著「歡迎回家」，而且祂呼喚的是你的名字。那時你便會理解，「這就是我一生渴望的唯一關係！」，我們接著來想像看看在天堂親近神會是什麼樣子吧。

第十一章
神想要與人建立關係

週二早晨，傑克伴著劇痛醒來。在醫院進行了三周辛苦的肺部訓練後，肺部專家終於同意他能夠接受精細的脊椎手術。傑克的肺部疾病讓麻醉師相當頭痛，但下周五終於可以開刀了。傑克在床上翻身舒緩疼痛時，房間裡出現一道亮光，一股祥和的平靜籠罩了他，從光中伸出一隻手，然後有個聲音說：「跟我來，我想給你看個東西。」

我伸出手抓住我看見的手，我回頭看見我的身體躺在床上，而我則是朝著房間的天花板往上升，穿過天花板，來到醫院較低的樓層。我們可以穿越門和牆壁，來到了醫院的恢復室，我當時甚至還不知道醫院的恢復室在哪，但我們到了那，停留在天花板附近的角落。我在上方，看見穿著綠色衣服的醫生和護士走來走去，也看見恢復室中的病床。

這個靈體告訴我，他讓我看，「當他們把你從手術台上抬起來後，就會把你放到那張病床上。但你永遠不會醒來，你前往手術室之後不會知道任何事，直到我過了一段時間後回來接你為止。」這個聲音不像是用「聽」的，但我馬上知道祂是什麼意思、祂心裡的想法。沒有任何疑慮，就是那張病床……祂想要跟我保證，免得我會害怕，因為祂正在告訴我祂不會馬上來，我會先經歷其他事物，但祂將超越即將發生的所有事，而且會在終點等我……我們如此親近，就只有我從未體會過的平靜、寧靜、祥和。所以在祂告訴我這件事之後，祂又帶我回到病房，接著我瞬間回到身體中。[1]

傑克隔天早上醒來後，知道自己無法撐過手術，但他一點都不怕。「這一切都讓我相當震撼，我非常驚喜，這是如此清晰又真實，遠超日常的經驗。隔天早上，我一點都不害怕……我知道我會死，但沒有任何遺憾，也沒有任何恐懼，也沒有任何『我該怎麼做才能阻止這發生？』的想法，我準備好了。」

手術前一晚，傑克決定寫兩封信然後藏起來，一封給他老婆，一封給他領養為兒子的姪子。夫妻倆跟兒子間有些問題，而他想要對兩人表達他的感受。寫老婆的信寫到大約第二頁時，他再也忍不住了，開始哭起來。他一面哭，一面再度感覺到上帝出現在病房中。

一開始，他以為是他哭得太大聲，驚動了護士，然後進來查看他出了什麼事。但他沒聽見門打開，卻再次感覺到這個靈體的存在，只不過這次沒看見任何光線。接著想法和字句跟先前一樣出現，祂說：「傑克，你為什麼在哭呢？我以為和我一起你會很開心。」我心想：「是啊，我很開心沒錯，我很想去。」然後那聲音說：「那你為什麼在哭呢？」我回答：「我們和姪子有些問題，你知道的，而我害怕我老婆不知道怎麼教育他，我想把我的感覺，還有我希望她可以為他做的事寫下來。我也很擔心，因為我覺得如果我在的話，姪子或許比較容易克服他碰到的困難。」接著這個靈體又傳來想法：「傑克，既然你是在為別人請求，為別人著想，而不是為你自己，我會答應你的願望，你會活到看見你的姪子長大成人。」[2]

傑克奇蹟般撐過手術，他清醒後告訴柯爾曼醫生：「我知道我身在何處……我在你從走廊進來的右邊第一張病床。」醫生認為傑克的恢復算是奇蹟，但他仍然覺得傑克還處於麻醉之後的胡言亂語，所以才說自己知道自己躺在哪裡。也因此，傑克不再向醫生分享他的故事了。多年後他才告訴穆迪醫生：「我只告訴過我老婆、我兄弟、我的牧師。」[3]

神親切的心

某些瀕死經驗研究者宣稱，所謂的那個發光的靈體不可能是《舊約》裡的上帝，他們這樣說的原因，或許和某個誤解有關。他們認為《舊約》的上帝是個愛評斷、愛責難、愛懲罰的上帝，而《新約》的上帝則是充滿愛、寬恕、憐憫。上述這兩個概括都是錯誤的。接下來就讓我來解說，瀕死經驗者遇見的親切上帝，是如何與聖經中的上帝相符。

聖經的重要主題是神想要和你跟所有祂所造的人建立充滿愛的關係。這種愛的關係是神的本性，但愛需要幾個條件：自由、風險、選擇，這表示神選擇讓自己去承受愛可能帶來的、雲霄飛車般的動盪起伏：可能被拒絕，可能感到心碎。正如每一個經歷過愛的人，都曾感受到的一樣。

如果你聆聽神藉由《舊約》裡眾先知所傳達的心意，就會發現神使用了人類所能想像得到的一切親密比喻，希望讓我們了解祂對我們的感覺。當神愛的人不斷拒絕祂，反而去愛、去敬拜其他事物時，神和先知耶利米吐露了心聲：

> 我以永遠的愛愛你，因此，我對你的慈愛延續不息……以法蓮是我親愛的兒子嗎？是我喜悅的孩子嗎？每逢我說話攻擊他，我必再次記念他。因此，我的心戀慕他；我必定憐憫他。這是耶和華的宣告。（《耶利米書》三十一章二節起、二十節）我說：我待你，像待兒女一樣，賜給你佳美之地，就是列國中最美好的產業；我以為你會稱我為父，不再離去不跟從我了。以色列家啊！妻子怎樣行奸詐對丈夫不忠，你也照樣以奸詐待我。（《耶利米書》三章十九節至二十節）

神愛我們，就如同父親愛倔強的孩子一般，即便我們叛逆逃走，或傷了祂的心，祂為父的心仍是渴望對我們展現憐憫和寬恕，帶領我們回到祂面前。而神使用的是更強烈的親密比喻：「因為年輕人怎樣娶處女，那建造你的也必怎樣娶你；新郎怎樣因新娘歡樂，你的神也必怎樣因你歡樂。」（《以賽亞書》六十二章五節）

神使用人間最為親密的關係，來比喻祂想要和我們建立的關係。即便我們可能很難理解，神仍將自己比喻為被愛沖昏頭、對著新娘唱歌的新郎：「耶和華你的神在你中間，他是施行拯救的大能者，必因你歡欣快樂，必默然愛你，而且必因你喜樂歡唱。」（《西番雅書》三章十七節）

雖然只有少數瀕死經驗者提到這件事，但迪恩確實在天堂聽見「我們的天父神，唱歌回應所有在祂寶座前敬拜祂的生靈們。祂對每個造物都唱一首特別的情歌，情歌生氣蓬勃，而且似乎唱進受造之物的心坎裡……這就是天堂發生的事，我們的天父神在對所有存在示愛，他們也在對祂示愛。」4

威廉．史密斯（William Smith）也擁有類似經驗：「可以辨識出來有兩位，兩位之間存有不同，其中一位出自另一位，但兩位又是同一位，都是同一個神。有一位神的聖靈將兩位結合為一，而聖靈則從聖父變換為聖子，他們之間全無阻隔……還有神本人，單一，唯一。祂使耶穌成為肉身（的人類）來顯現自己，耶穌全是由聖父而來……我成了祂愛的一部分，祂對我唱著情歌，引領我來到祂的寶座。」5

想像一下這就是神對你的感覺！這個世上的所有情歌，只不過稍稍反映出那更愛你的唯一神。當你和祂在一起時，祂的愛會超越所有愛，這種愛非常棒，使你不想去任何其他地方，這便是瀕死經驗者一致的反應。而這也和神透過先知所說的另一個親密比喻符合，神說：「想像一下，如果你最愛的人，你的配偶，和人通姦，你會有什麼感受？這就是當我愛的那些人對我不忠時，我的感受。」

靈性的不忠

讓我們來聽聽以下經文中，從神的內心散發出來的情緒吧，感覺就像一個受傷的戀人，剛發現自己的一切希望，都被一場姦情所粉碎：

背道的以色列啊，回轉吧！我必不向你們變臉，因為我是慈愛的，我必不永遠懷怒。只要你承認自己的罪孽，就是悖逆了耶和華你的神，在每棵繁茂的樹下，濫愛外族人的神，沒有聽從我的話……以色列家啊！妻子怎樣行奸詐對丈夫不忠，你也照樣以奸詐待我。（《耶利米書》三章十二至十三節、二十節）

你能聽見神內心的情緒嗎？如同神向《舊約》先知所揭示的，當我們背棄我們的造物主，違逆祂的旨意行自己的事，或當我們愛其他事物勝過神，將讓祂心碎——「外族人的神」指的便是所有我們所重視、超過重視神的事物。《舊約》中所有與罪惡及反叛有關的懲罰和審判警告，都在提醒我們：我們的行為是會帶來後果的。當我們背棄造物主，我們就傷害了神，也傷害了彼此，即便我們還沒覺察，也永遠都會是這樣。

朗醫生研究中的一名個案麗莎便表示：「光之靈體知道有關我的所有事，祂知道我想過、說過、做過的所有事，而且還在瞬間向我展示我的一生……我一生中的所有因果、好事壞事、我在塵世的人生對他人造成的影響。」6

有些基督徒會懷疑，神怎麼可能向那些不信祂的人顯現呢？但別忘了，神的心渴望所有人都回家。各國和說各種語言的人，都是由神所造，也是為神而造。而且也別忘了，為了讓他們回家，神將無所不用其極。比如祂就使用了極端的手段，拯救了邪惡的尼尼微城；祂也以令人眼睛都睜不開的強烈光芒，顯現給掃羅看（當時掃羅正在前往逮捕和殺害神的子民的路上）。而《舊約》的先知也預言了神為了帶我們回家，將採用的終極手段：祂會進入我們的苦難，親密地修復我們。

道德準則

這個光之靈體現身時，瀕死經驗者普遍會體驗到兩件事。首先是淹沒他們的愛和憐憫，第二是人生跑馬燈。神會在光芒中強調他們的行為對其他人的影響。研究非西方和非基督教瀕死經驗的史提夫．米勒便表示：「和西方的例子相比，我並未在非西方案例的人生跑馬燈發現明顯差異。」7來自印度的蘇芮許也回憶她瀕死經驗的親密本質：「我理解到神就是愛、光，而要能打從心底接受祂，就必須透過和自身相關的所有人，那些意見不合、與我有爭端或爭吵的人，我有意或無意造成其傷害的人道歉，來淨化心理和心智。我在那裡體驗到的愛無法以言語形容。」8

人們常說：「所有宗教基本上教導的都是同樣的事。」這句話有幾分真實性，事實上不同文化間的道德準非常相似，這點讓人相當毛骨悚然。古代中國、巴比倫、埃及、希臘、羅馬、盎格魯薩克遜、美洲原住民，透過佛教、印度教、基督宗教、穆斯林經典等，基本上都同意類似的道德準則。牛津大學學者魯益師（C. S. Lewis）便證明了普遍道德準則的存在，總結如下：

一、切勿因自己的行為或言語對他人造成傷害（黃金守則）。
二、孝順父母。
三、對兄弟姐妹、孩童、長者友善。
四、切勿和他人的配偶通姦。
五、務必誠實（切勿偷竊）。

六、切勿說謊。

七、關懷弱者及窮人。

八、捨己而犧牲己命，便是通往生命之道。[9]

從人類有信史以來，幾乎在所有文化和世界宗教中，都能看見這些普遍的道德準則。「這就表明律法的作用是刻在他們的心裡。」（《羅馬書》二章十五節）所以自始至終，在所有文化中，我們總是了解基本的善惡。但這又教導了我們什麼？我們真的遵守這些道德準則嗎？人類的歷史非常和平友愛，是吧？我們不會爭鬥、分裂、離婚、殺戮、破壞、說別人壞話，我們也不會傷害他人、矇騙他人、欺騙他人，對吧？看看新聞就知道了！

不，人類的歷史顯示我們不孝順父母，我們對手足或長者也不友善。我們通姦、不誠實、欺騙、貪婪，還有些人因為自己的私欲而欺負不幸的人。我們沒有尋求神的旨意，反而先尋求「我自己的旨意成就在地上，如同在天上一樣」。而只要神沒有按照我們的期待行事，我們就生氣，然後背棄了神。

所以世界宗教的這些共通道德準則到底教會了我們什麼？我們大大搞砸了！世界一團亂。從人類的角度來說，我們有非常嚴重的大問題，我們都知道該怎麼做才是正確的，所有文化、自始至終都知道。然而，歷史仍顯示不管我們多努力嘗試，我們還是失敗了！大家都有問題，不管是基督徒、猶太教徒、佛教徒、伊斯蘭教徒、無神論者，還是你我，我們全都迫切需要神的幫助。問題是，對於我們的道德缺陷，神會怎麼做呢？將我們定罪嗎？懲罰我們嗎？

寬恕我們

為何說瀕死經驗者所描述的就是猶太教和基督教聖經中的神呢？最重要的一個指標便是，他們所描述的、在神面前的人生跑馬燈。雖然他們一生所有行為、善惡、產生的效應等等歷歷在目，但他們遇見的那個「靈」，仍然不喜歡定罪。他們反倒是從這個「光之靈體」那裡，感受到了憐憫。但如果你去研究世界宗教的神祇，有多少神是號稱秉持公平和正義，接著記錄了人一生所有想法和行為之後，依舊願堅守寬恕和憐憫，只因為想要與人建立親密的關係？朗醫師研究中的一位個案便經歷了這所有事：

所有我曾想過、做過、說過、討厭過、幫助過、沒有幫助過、應該幫助但沒幫助過的事，都出現在我面前，有數百人，而且所有人都像電影。我對其他人有多壞，我本來應該能怎樣幫助他們，我雖然無意，但對動物又有多壞啊！沒錯！就連動物都擁有感受，這非常糟糕，我羞恥地摀住臉，我看見了我的作為，還有不作為，對其他人和他們的人生造成什麼影響。直到那時，我才理解所有小小的決定或選擇，是如何影響世界，讓我的救世主失望的感覺太真實了。奇怪的是，即便在這恐懼之中，我仍感覺到一股憐憫、接納我不足的感覺，就來自耶穌和人群。**10**

人們感受到憐憫，而非受到定罪的這個事實，讓某些瀕死經驗研究者認為他們遇見的並非聖經中的上帝，但原因或許是這些研究者並不真正理解聖經的教誨。當猶太經學家和法利賽人將一名行淫的婦人帶到耶穌面前，想要定她的罪，對她處以石刑時，耶穌對他們說：「你們中間誰是沒有罪的，他就可以先拿起石頭打她。」所有人都放下石頭離開了。此時耶穌挺起身來問她：「沒有人定你的罪嗎？」她說：「主啊！沒有。」耶穌說：「我也不定你的罪。走吧，從現在起不要再犯罪了。」（《約翰福音》八章二節至十一節）

神愛我們，想要寬恕人，並讓所有人都得救。但為了要讓我們脫離罪惡，赦免我們的債，必須要有人為了罪付出代價。耶穌便告訴法利賽人尼哥底母，他來到世界上的目的：「神愛世人，甚至把他的獨生子賜給他們，叫一切信他的，不至滅亡，反得永生。因為神差他的兒子到世上來，不是要定世人的罪，而是要使世人藉著他得救。」（《約翰福音》十六至十七節）這便能解釋瀕死經驗者為什麼是感受到憐憫而非遭到定罪。但為什麼耶穌一定必須死呢？如果神想要寬恕我們並修復人與神之間關係，祂為什麼不要直接寬恕就好？這是個合理的問題。

為什麼不直接寬恕就好？

假設你借我一台價值八萬五千美元的全新跑車，並告誡我在曲折的路段不要開太快。但我覺得我技術很好，所以我違反了你的意願，結果最後把車撞爛。為了彌補我的過錯，我就欠你八萬五千元。但要是我直接跟你說：「嘿，你為什麼不直接原諒我呢？」如果你直接原諒我，不跟我拿跑車的八萬五千元，那你就必須付出另外的代價，來把情況恢復。亦即你要花錢再買另一輛跑車，才能讓事情恢復到我犯錯之前的狀態。

神透過以賽亞告訴祂的子民：「看哪！耶和華的手不是縮短了，以致不能拯救；他的耳朵不是不靈，不能聽見；而是你們的罪孽（過錯）使你們與你們的神隔絕。」（《以賽亞書》五十九章一至二節）要把情況恢復，就必須有人付出代價，或者是由我們付出違背造物主的代價——就是和所有光、生命、愛的源頭隔絕；或者是我們必須看清自身的景況，請求神的寬恕，而祂便透過基督為我們償還。

《舊約》的先知預言神會展現「祂的膀臂」，也就是祂的兒子，來讓我們知道祂的人形外貌是怎麼樣的，而這個彌賽亞會為我們償還我們的債，這樣所有願意的人就能回家和神團聚（《以賽亞書》五十三章）。神清除了所有我們和祂之間的障礙，你不需要證明你夠好——而且你也沒辦法，你不可能完全遵守佛教的八正道、伊斯蘭教的五功、聖經的十誡，甚至是你自己的道德良心也不可能。若不和神建立關係，我們根本無法成為神想要的樣子。所以神付出了人類的終極代價，寬恕我們，並和所有願意的人修復關係。

神不會強迫我們去尋求祂，不會強迫我們承認我們需要祂的寬恕，也不會強迫我們承認自己背棄了祂。祂不想要受迫的奴隸。祂想要擁有自由意志、自己想要愛神的可愛子民。當薩瑪在中東遭逢恐怖分子的炸彈攻擊時，她只記得來自這個神的親密、溫暖，這個神給了我們自由，去選擇我們要怎麼愛祂、回報祂：

> 我被拋上三公尺高的半空，然後撞上對面的牆壁。我在痛苦中默默向耶穌求救：「耶穌，救救我！」就在那瞬間，我就死了……我睜開眼睛後，看見明亮的白光照耀著聖子暨神子耶穌，祂的臉比太陽還亮，全身充滿榮光，好像耶穌能夠看透我一樣，讀到我心裡所有想法：祂散發出一種驚人的愛，含有深厚的接受，我不覺得受到定罪，也不覺得羞恥……
>
> 「歡迎回家，薩瑪。」祂用溫柔和善的聲音說，但同時也充滿力量，就像洪水的聲音。祂對我張開雙臂，祂美麗的眼睛就像強烈燃燒的愛火，充滿我全身。祂的愛就像磁鐵般將我吸入……接著祂讓我看了我的一生，就像在看電影片段一樣。我看著自己長大，我在世界上生活的十九年在我面前流過。看完之後我相當後悔，因為我理解到以前都只為

自己而活。

「噢，主耶穌，我很抱歉，請寬恕我，我這一生都只為自己而活：我的願望、我的夢想、我的慾望、我的計畫。其實這些應該都和祢有關才對，而不應該是和我有關。」祂要我回到人間，為了救贖我的家人，我的家人也是祂的家人，這是一個大家庭！神完全都是和家庭有關，從《創世記》到《啟示錄》都是。如同《啟示錄》五章九節所說：「你配取書卷，配拆開封印，因為你曾被殺，曾用你的血，從各支派、各方言、各民族、各邦國，把人買了來歸給神。」……祂同時也非常紳士，祂從不強迫我，而是給我選擇的自由。我是受到愛的驅策，而非責任感，於是告訴祂我的選擇，也就是我想回到塵世，並擔任祂的見證者。

「那好，之後見。」祂說。

一股愛的浪潮隨即包圍了我，和祂說話、和祂溝通是如此輕鬆，就像孩子和父親說話般。[11]

印度的光之神

神想要所有人都認識祂，但祂並不強迫我們，祂告訴我們如果全心全意追尋祂，就會找到祂。瀕死經驗者也證實這個光體確實知道我們所有想法，「因為耶和華鑒察萬人的

心，知道人的一切心思意念。你若是尋求他，就必尋見；你若是離棄他，他必永遠丟棄你。」（《歷代志上》二十八章九節）

我在寫作本書時，友人迦雅正好從印度東南部來拜訪我，他的祖父是村莊的印度教上師，每年特別的節慶期間，他們都會在家中擺出食物給神，接著離開，他們回來之後，如果神吃了食物，就代表房屋受到祝福。

迦雅十二歲時，決定躲在房子裡看看「神」到底長什麼樣子。讓他驚訝的是，竟然是老鼠把食物吃掉了。當他告訴負責主持儀式的祖父，吃掉食物的不是神，而是老鼠時，祖父生氣地說，「神」以老鼠的形式現身，以保護小迦雅，否則如果迦雅看見神，他就會死掉，所以神慈悲地將自己偽裝成老鼠保護他！

這個說法無法滿足迦雅日漸增長的懷疑，他想知道神是不是真的，所以他破壞了祖父上鎖的盒子，拿出寫在棕櫚葉上的古代吠陀經典。在最古老的印度教經典《梨俱吠陀》中，迦雅讀到以「Purush Prajapati」型態出現的光之神暨造物主，即「化為人形的眾生之主」，祂犧牲自己，使我們得以從「業」之中解放。[12]迦雅內心決定要找出這個光之神的真相。*

迦雅詢問印度教的上師。上師告訴年輕的迦雅，如果他想看見光之神，就必須每天晚上浸泡在奎師那河（Krishna River）中，連續一百晚，並吟誦特殊的真言十萬次。如果他都做對了，那麼光之神就會現身。印度上師沒有料到這個十四歲的孩子，真的會去進行如此極端的冥想過程。

迦雅並不畏懼這個繁重的任務。他花了接下來的三個月浸泡在水深及胸的河裡，與河面上漂浮的垃圾及人類穢物為伍。經過了一萬次吟誦，迦雅爬上河岸，滿心期待光之神現身。但除了遠方月升的亮光之外，沒有任何光線出現。迦雅孤身一人，他做錯了什麼嗎？洩氣的他，此後兩年都不曾再追尋光之神。

迦雅十六歲時，有一名途經村莊的聖人待在他們家中，迦雅便詢問他有關光之神的事。這名上師告訴迦雅，他願意帶他前去一千兩百八十公里外另一名上師家裡，那名上師認識光之神。迦雅內心深處仍燃燒著探究真相的渴望，於是他決定逃家，和這名聖人去見見另一位上師，並且願意在回家後面對後果。

長達一周的火車車程走到半途，迦雅發現和他同行的聖人，及聖人的隨從都消失了，還帶走迦雅所有的隨身物品和錢。他因為沒有車票被趕下車，羞愧地不願返家，也沮喪到失去所有希望，想要自殺。

迦雅躺在鐵軌上，哭喊著最後一次絕望的禱告：「光之神，如果祢是真的，現在就向我顯現吧，因為我就要自殺了。」除了看見駛來火車的亮光之外，迦雅無法解釋那晚他躺在鐵軌上時，究竟發生了什麼事，但這亮光卻又比他看過的所有光都還亮，亮光中有個聲音說道：「迦雅，我就是你尋找的神，我是光之神，我的名字是耶穌。」

迦雅此後便信了光之神主耶穌，在這之前他根本不認識半個基督徒，也沒見過半本聖經。之後的二十五年間，他和妻子一同服事印度最窮的窮人，開設孤兒院收留流浪兒童，為女性提供工作技能免於性剝削，為貧窮者開辦醫院，並創辦了教會，協助其他人認識真正的光之神。

耶穌是光的神，也是愛的神與寬恕的神，祂希望普天之下萬國萬民都回到祂身邊，但祂並不強迫我們，祂尊重我們的自由意志。如同本書稍後會看到的，雖然我們看不見祂，但我們選擇去追尋祂、愛祂、追隨祂，這背後都是有意義的。

在泛舟時經歷瀕死經驗的外科醫師瑪麗．尼爾，便問了這個問題：「當我在陽光普照的原野上和耶穌談話時，我問祂，為什麼不是世界上的所有人都擁有相同的機會，去經歷我經歷到的事……祂幽默的回應，呼應了祂自己告訴（多疑多慮的）多馬的話：『你因為看見我才信嗎？那些沒有看見就信的人，是有福的。』（《約翰福音》二十章二十九節）」[13]

耶穌說：「如果他們不聽從摩西和先知（即聖經），就算有一個從死人中復活的人，他們也不會接受勸告。」（《路加福音》十六章三十一節）換句話說，就算有一個曾擁有

---

*唐．理查森（Don Richardson）在《他們內心的永恆》（Eternity in Their Hearts, Ventura: Regal Books, 1981）一書中，記載了可以在大量的古代文獻中，發現三位一體的神顯現的記錄。而此處的例子則是迦雅直接告訴我的。

瀕死經驗的人，回來勸告世人，世人也未必願意聽！我認為這便能解釋，為什麼上帝不直接告訴瀕死經驗者祂的身分，神看見的是你的心，而祂想要人們真心追尋祂、愛祂。神替所有真心追尋祂的人，在聖經和歷史中放進了大量的證據。如果你想要看看說服我相信的那些驚奇又可供驗證的歷史證據，我在本書的〈附錄A：相信的理由〉中收錄了一些內容。

神承諾所有全心追尋祂的人，都能和祂建立關係，因為神造你造我是為了一段與獨特的關係。我們不需要等到來生，我們只要相信祂，就能進入這段關係。就像我和我老婆憑著信心走上婚姻之路，我們兩人用一句簡單的「我願意」發誓。神需要的也就是這樣，全心全意信仰祂。我們只要說：「我希望耶穌做的事是對我有意義的，我想要祢的寬恕和帶領，我想和祢一起共度來生。」

你也不需要等到下輩子才發展這段關係，神現在就可以直接和我們的心靈對話，我們可以學會如何在靈性上傾聽。而隨著我們以信仰回應祂，我們也會成長，並以更為親密的方式認識神。如果你不知道怎麼在自己的想法中聽見神的聲音，可以閱讀我的著作《靈魂革命》（Soul Revolution）並進行其中的六十天實驗。你會發現，神現在就是多麼真實、多麼親密！

你可能無從想像，你對於宇宙的真光那位神來說，是多麼特別，但我們還是可以來試試看！

第十二章
世上的光

「我今天遇見神了。」四歲的艾綺雅娜・卡瑪瑞克（Akiane Kramarik）對媽媽小聲說著。

「神是什麼？」她的母親，在立陶宛的無神論家庭中長大的佛萊麗問。

「神是光，溫暖又感覺很好，祂知道所有事，還和我聊天，祂是我的父母。」

這一家人從未談過宗教，也從未上過教堂，他們甚至連電視都沒有，所以這段對話讓佛萊麗非常震驚：「妳的神是誰？」她問。

「我不能告訴妳。」

「不能告訴我？連自己的親媽都不行嗎？」

「那道光告訴我不要講，妳不會懂的。」小艾綺雅娜相當堅定。

大約在艾綺雅娜宣稱遇見神的那段時間，她也開始畫畫。她在四、五歲時的繪畫水準，已超越高中美術班學生——這點彷彿奇蹟。有次她畫出了「她的天使」，接著解釋：「她在我的畫中沒辦法微笑，因為紙不夠白，無法顯示她的牙齒有多白。而且我想在畫中表現出，她是怎麼用眼睛（和思緒）跟我說話。反正，神帶我到一個地方，然後教我怎麼畫畫。」

艾綺雅娜說，神帶她到天堂，她在那裡看見了「光之屋，牆壁都是玻璃的」。神就住在那裡，一個擁有美麗草原、樹木、植物、水果的地方。她也表示神在天堂給她水果：「很好吃，比妳吃過的所有東西都好吃，光給我水果。」

「什麼水果？」她媽媽問。

「呼吸的水果。」

「什麼意思？」

「活著的水果……神說很多人都會需要吃，果樹會永遠在新的地上。」雖然艾綺雅娜年僅四歲，但她的描述吻合聖經中的描述（參見《以西結書》一章二十二節、《啟示錄》二章七節、二十一章十一節、二十一節），不過當時她媽媽並不知道這點。

艾綺雅娜解釋：「我在那裡很好，而且也在傾聽，所有人在那裡都在傾聽，神在那裡……那裡的音樂是活的。」艾綺雅娜談論的耶穌、聖靈，加上她超現實般的藝術天分，最終將全家人領向信仰。隨著艾綺雅娜長大，她奇蹟般的藝術天分也延伸到不同種類的繪畫，她也在七歲時開始撰寫成熟的靈性詩作，相當不可思議。

八歲時，艾綺雅娜的耶穌畫作獲得全球關注。她宣稱在天堂看見耶穌，並創作了兩幅著名畫作《和平的君》(《以賽亞書》九章六節有提到)和《天父寬恕他們》。美國所有的主流媒體和世界各地的媒體，也開始將她視為目前世上唯一精通兩項技能，也就是藝術和詩歌的神童。艾綺雅娜說她精湛的藝術作品，其目的在於「讓人們注意到神，而我希望我的詩歌能讓他們繼續關注神。」

九歲時，艾綺雅娜又畫了另一幅耶穌在宇宙中的畫作，她媽媽問她其中的一顆星球是什麼。「噢，那是新地球，我覺得必須要畫進去。我不記得何時、在哪裡、如何改變，但現在的地球將會改變，我只知道所有的事情都會和現在不一樣，不再有恐懼，不再有仇恨，不再有飢餓，不再有痛苦，只有愛。」(參見《啟示錄》二十一章四節)

「你的耶穌是看著銀河嗎?」兩人一起看畫時媽媽問艾奇恩。

「祂在跟天父說話……討論我們世界的未來，我覺得耶穌很快就會盛大再臨，妳可以在祂背後看見我們全新宇宙的整個誕生過程。」

艾綺雅娜十歲時便已世界知名，而她也開始面臨艱難的問題。某次有人問她為什麼選擇基督教，而不是其他不同的世界宗教，艾綺雅娜回答:「我並沒有選擇基督教，而是選擇耶穌基督，我畫的和寫的是神讓我看的東西，我對宗教不太懂，但我知道這點:神看重我們的愛。」

在一場藝術展中，有個男人質問艾綺雅娜:「我是佛教徒，妳稱耶穌為『和平的君』，但許多人以祂的名遭到屠殺，這妳要怎麼解釋?」

十歲的艾綺雅娜回答：「耶穌就是平安，就像靜水一樣，但任何人都能將石頭丟入水中，使其變得汙濁。」1

想像耶穌

雖然以下段落聽起來有點像現代的瀕死經驗，但其實並不是：

我約翰，就是你們的弟兄，在耶穌裡跟你們一同分享患難、國度和忍耐的，為了神的道和耶穌的見證，曾經在那名叫拔摩的海島上。有一個主日，我在靈裡，聽見在我後邊有一個大聲音，好像號筒的響聲，說：「你所看見的，要寫在書上……」我轉過身來要看看那跟我說話的聲音是誰發的；一轉過來，就看見七個金燈臺。燈臺中間有一位好像人子的，身上穿著直垂到腳的長衣，胸間束著金帶。他的頭和頭髮像白羊毛、像雪一樣潔白，他的眼睛好像火燄，他的兩腳好像在爐中精煉過的發光的銅，他的聲音好像眾水的聲音。他的右手拿著七星，有一把兩刃的利劍從他口中吐出來；他的臉發光好像正午的烈日。

我看見了他，就仆倒在他腳前，像死了一樣。他用右手按著我，說：「不要怕！我是首先的，我是末後的，又是永活的；我曾經死過，看哪，現在又活著，直活到永永遠遠，並且拿著死亡和陰間的鑰匙。」——（《啟示錄》一章九至十八節）

在耶穌被釘上十字架後數十年，耶穌的門徒約翰看見了上述的景象。如果我們只把耶穌視為一個謙遜溫柔的宗教人物，被畫在教堂裡的彩繪玻璃上而且距離我們遙遠，和我們今日的現實生活都沒什麼關係，那我們就是遭到欺騙了。耶穌以一個我們可以理解的樣式現身，向我們揭露了全能、全知、無所不在、無限的宇宙造物主，因為神希望和我們建立關係。

但耶穌不單單完全具有人性，祂今日也完全具備神性，全身散發耀眼光芒，這就是瀕死經驗者見到的：以人的形式顯現的上帝榮耀。而且那些已經認識耶穌的人，也會認出祂，就像耶穌所說：「我是好牧人，我認識我的羊，我的羊也認識我……牠們也要聽我的聲音。」（《約翰福音》十章十四節、十六節）迪恩便馬上認出耶穌：

耶穌是完全的光！祂的光在我身前、在我周遭、是我的一部分、在我裡面，祂比正午的太陽還亮，但在天堂我們仍能直視祂……耶穌比我能解釋的更美麗、更美好、更榮耀……和祂有關的所有事就是愛。祂對你的愛是如此私密，就像是你獨享，你知道祂永遠關心你，而且也會繼續永遠關心你。祂的愛是活生生的，不只是一種感覺，你正成為祂的愛，你就是祂的愛，耶穌完全愛我們……就好像我是祂所有創造中唯一愛的那個，我知道祂愛其他人，但就好像我是祂愛的唯一一人一樣。**2**

許多瀕死經驗者都提到，在他們短暫一窺天堂的期間，看見符合聖經描述的事物：「這城不需要日月照明，因為有神的榮耀照明，而羊羔（耶穌）就是城的燈。」（《啟示錄》二十一章二十三節）而在地上時，耶穌則告訴追隨者祂是光，到世上是為了顯現看不見的神的愛：

「你們心裡不要難過，你們應當信神，也應當信我。在我父的家裡，有許多住的地方；如果沒有，我怎麼會告訴你們我去是要為你們預備地方呢？我若去為你們預備地方，就必再來接你們到我那裡去，好使我在哪裡，你們也在哪裡。我去的地方，你們知道那條路。」

多馬說：「主啊，我們不知道你去的地方，怎能知道那條路呢？」

耶穌對他說：「我就是道路、真理、生命，如果不是藉著我，沒有人能到父那裡去。如果你們認識我，就必認識我的父；從今以後，你們認識他，並且看見了他。」（《約翰福音》十四章一至七節）

耶穌並非完全顯露出神「肉眼看不見的力量」，而是採用我們人可以理解的形式，來體現神的特質（《希伯來書》一章三節）。神的本質是三位一體，卻以聖父、聖子、聖靈顯現，這對我們有限的三維心智來說，似乎是個神祕的矛盾。三個不同的人怎麼會是同一個神呢？我們只能透過類比了解一部分。

平面國的神

為了協助我們理解，我想要採用英國校長愛德溫・艾勃特（Edwin Abbott）提出的「平面國」（Flatland）概念。想像一下你創造了一個平面的二維世界，就叫作平面國，[3]這個世界中的平面人只能在平面上移動，向前、向後、向左、向右，不能上下，也就是沒有三維空間。但因為他們的創造者你本人是三維的，所以他們無法看見你的本質，除非你把他們從二維的平面「扯」出來，並將他們變成三維的生物。而這將代表死亡，死亡就是從他們的平面世界「分離」。

但你也可以選擇向他們顯現自身的二維「切片」，你可以用手臂圍住他們的平面國，這樣他們就會看見你的環形「二維切片」。這不是完整的你，不過卻是這些平面人在不死亡的情況下，可以看見你的最大程度。如果你試圖解釋你其實並不是一個環形的切片，而是由數個切片組成的單一存在，他們可能會覺得很難理解，因為數個二維環形切片在平面國中永遠是分開的，永遠不會結合在一起。為什麼呢？因為平面國中沒有三維空間，可以讓環形切片「堆疊成」一個合一的存在。

預言耶穌將降臨在我們三維世界的猶太先知，將祂稱為「耶和華顯露的膀臂」（《以賽亞書》五十三章）。神如何能夠同時是三個不同的人，又是唯一真神？這是個只能在超越天堂的多維中解決的謎團。雖然所有類比都無法完美呈現，耶穌仍是顯現了神存在的三維切片：「那看見了我的就是看見了父。」或者說，這是你在三維的生命中能夠看見的最大程度。這也是為什麼聖經上說：「從來沒有人見過神，只有在父懷裡的獨生子把他彰顯出來。」（《約翰福音》一章十八節）

這段經文是否表示，瀕死經驗者看見的，並不是神？我不覺得是這樣。如同許多《舊約》先知都曾看見神，包括摩西、以賽亞、但以理，瀕死經驗者也有可能透過暫時離開現在這個世界，進入天堂的維度而看見神。就像洛梅爾醫師的某個荷蘭個案所說：「遺憾的是，我必須承認，人類的語言不足以完整傳達我看見的另一個維度之範圍及深度。」[4]

《舊約》裡的世界之光

先知以西結似乎在他的天堂異象中，看見了耶穌誕生前的榮光：

> 在寶座的形象上面，有一個樣子像人的形象。我看見在那彷彿是他腰部以上，好像閃耀的金屬，又好像有火四面包圍。在那彷彿是他腰部以下，我又看見好像有火，光芒環繞

著他。這就是耶和華榮耀的形狀的樣子。我一看見，就俯伏在地上，跟著聽見有說話的聲音。（《以西結書》一章二十六至二十八節）

以西結是在耶穌誕生將近六百年前看見這個異象，但他描述的聽起來就像現代的瀕死經驗。而在耶穌誕生前五百五十年，一名天使把彌賽亞耶穌即將出生和遭到殺害的確切時間，告訴了先知但以理，：「受膏者（彌賽亞）必被剪除，一無所有；那將要來的領袖的人民必毀滅這城和聖所（耶路撒冷及教堂）。」（《但以理書》九章二十六節）羅馬人在西元七十年摧毀了聖殿，而且自此至今，聖殿從未重建！所以，彌賽亞的降臨與死亡，必定是早於西元七十年。5

接著但以理也看見了類似的異象，亦即耶穌出生前的榮光：「正月二十四日，我在底格里斯大河邊的時候，我舉目觀看，看見有一個人身穿細麻衣，腰束烏法純金的帶。他的身像水蒼玉，面貌像閃電的樣子，眼睛像火把，手臂和腿像擦亮的銅那麼閃耀，說話的聲音像群眾喊叫的聲音。」（《但以理書》十章四至六節）

從舊約時代到新約時代，再到今日的瀕死經驗者，同樣一位比太陽還要燦爛的光之人，都採用我們人類可以理解的形式，將看不見的神顯現給我們。耶穌被釘上十字架之前的那夜，曾禱告希望祂的門徒能看見祂「得著榮耀，就是在創世以前我與你（天父）同享的榮耀。」（《約翰福音》十七章五節）後來成為使徒保羅的法利賽人掃羅，本來忙著大舉逮捕基督徒，甚至以褻瀆之名殺害他們，因為基督徒認為耶穌等同唯一真神耶和華。接著，掃羅看見了耶穌的榮光：

> 我曾經迫害信奉這道（耶穌）的人直至死地……
>
> 約在正午，當我走近大馬士革的時候，忽然有大光從天上向我四面照射，我仆倒在地上，聽見有聲音對我說：「掃羅，掃羅，你為甚麼迫害我？」
>
> 我回答：「主啊，你是誰？」
>
> 他說：「我就是你所迫害的拿撒勒人耶穌。」
>
> 我說：「主啊，我應當作甚麼呢？」
>
> 主說：「起來，進大馬士革去，在那裡有人會把指定給你作的一切事告訴你。」
>
> 因為那光太強烈，我的眼睛就瞎了，跟我在一起的人就牽著我的手，進了大馬士革。有一個人名叫亞拿尼亞的，他是一個虔誠而遵守律法的人，當地所有的猶太人都稱讚他。他來見我，站在我旁邊，對我說：「掃羅弟兄，你現在可以看見了。」我立刻往上一看，看見了他。他又說：「……起來受洗，求告他的名，洗淨你的罪吧。」（《使徒行傳》二十二章四節、六至八節、十至十四節、十六節）

看見光

耶穌在地上時對眾人說：「我是世界的光，跟從我的，必定不在黑暗裡走，卻要得著生命的光。」（《約翰福音》八章十二節）這一道亮光，保羅也曾經遇見過，當時那道光說祂就是耶穌。自此之後，保羅便著手寫出《新約》裡面的多部經典書卷。但請注意，就算耶穌以亮光顯現在保羅面前，也不代表保羅和神之間沒事了。保羅仍得選擇——如同亞拿尼亞所認為的，保羅仍然必須呼求主的名，讓他的罪受到寬恕，這樣才能撥亂反正，就像掛在耶穌十字架旁邊的那個賊一樣，也像伊恩、霍華德．史東、其他瀕死經驗者所做的一樣。

那些曾經歷過瀕死經驗的人，或許真的看見了耶穌本人，但這不保證他們能永遠和耶穌一起待在天堂——他們必須做出選擇，就像保羅也必須選擇一樣。畢竟，耶穌也出現在法利賽人面前，並行過神蹟：「但法利賽人和律法師，未受過約翰的洗禮，就拒絕神對他們的美意。」（《路加福音》七章三十節）但法利賽人最後仍把耶穌釘在十字架上。出賣耶穌的猶大也是耶穌所選的門徒，看過祂的神蹟，接受過祂的愛，但他最終並未受神引領。猶大曾試圖強迫耶穌去行他的意志（也就是推翻羅馬人的統治），這很可能就是他背叛耶穌的原因。將自己的意志置於神的旨意之上，導致了猶大自食其果，但這也許正是上帝的計畫。

愛和知識

朗醫師曾提到數千名瀕死經驗者的共同經驗，便是愛的重要。埃及的個案穆罕默德便在經歷了瀕死經驗後表示：「我覺得最重要的就是，所有人類必須彼此相愛。」[6] 多數瀕死經驗者帶回的第二個共同經驗，便是追尋知識的重要性——最重要的知識，就是要追求「關於那位愛的神的知識」。聖經上說，「你們要尋找我，只要一心尋求，就必尋見。」(《耶利米書》二十九章十三節)

許多人都在一心尋求神，比如凱蒂。她三歲時不小心吞下一顆腰果，結果卡在氣管，她臉色發白，昏了過去。她的祖父是消防隊員，急救後也無法讓她甦醒，只好宣告她死亡。撥打九一一將近三十分鐘後，救護車才抵達現場。凱蒂當時的體驗，多年後仍然激勵著她。她解釋：

> 我死掉時靈魂出竅，看見我祖父在搶救我的身體……我朝著那個靈前去，朝著一個和陽光一樣光明的所在，不是隧道，而是個區域。這個靈充滿了不可置信的平靜、愛、接納、平和、喜悅。那個靈包圍了我，我的喜悅無法形容，我寫下這些文字時，又回到那種情緒中，至今仍讓我感到非常喜悅……我無庸置疑知道我是被造的，我之所以會存在，都是因為眼前的這個靈。

小凱蒂甦醒後，不斷用各種問題問她的媽媽：

「是誰創造了我？來生是什麼？神又是什麼？」媽媽無法回答我的問題……即便到了現在，當我回憶起這個經驗時，感覺仍是比我一生中所經歷的任何事都還要真實。我不僅記得那次的經歷，也記得那些情緒，這仍讓我有動力去提出我的問題。這個經驗影響我很深很深，使我花了一輩子的時間去尋找答案……我目前正在攻讀神學博士。7

誰來掌管？

有些人是在瀕死經驗後開始尋求和神有關的知識，但有些人尋求知識是為了複製這個經驗，而不是尋找神，他們因此誤入歧途，做了神在聖經裡警告我們不要做的事。看見並不等於相信，看見神並不代表完全信仰或去愛神，但神最想要的是我們愛祂、信仰祂。

知名的無神論者艾爾（A. J. Ayer）曾心臟病發，臨床死亡。「我擁有的唯一記憶……圍繞著我的死亡，非常清晰。我遇見一道紅光，非常明亮，而且即便我轉過頭，仍是非常痛苦，我知道這道光負責統治全宇宙，我也很想找個辦法熄滅這道痛苦的光。」

8神賜予我們自由，讓我們選擇祂，或是過著沒有神的生活。說不定對那些拒絕祂的人來說，世界的愛之光還可能會帶來痛苦。

認不出耶穌，甚至不信祂的人仍能看見祂，這點令人毫不意外。《啟示錄》便告訴我們：「每一個人都要看見他，連那些刺過他的人也要看見他。」（《啟示錄》一章七節）所以如果認為在瀕死經驗中看到神的人，就會自動永遠和祂在一起，這可說是個非常錯誤的假設。他們仍然需要選擇。我們是否願意，別再扮演神來主導自己的人生？是否願意請求祂的寬恕，邀請祂再次掌管我們的生命呢？

聖經教導我們，天堂只會有一位統治者：「世上的國成了我們的主和他所立的基督的國，他要作王，直到永永遠遠！」（《啟示錄》十一章十五節）我們全都體驗過，當所有人都試圖「統治」，扮演自己人生的主宰的話，生命會是什麼樣子？那並不美麗。想像一下如果我們全部尋求光之神的愛，真心讓祂帶領我們，人生會有多麼不一樣？一定會非常棒！神提供我們所有人這麼棒的提議，我有時實在很難理解為什麼沒有更多人信神。我只能猜想，這是因為他們還不了解和耶穌生活會有多棒，未來也會很棒！

第十三章

天堂裡的榮光

請想像，到了那一天，在那個已經有許多人描述過的、美麗的、神的世界裡面，體驗到那道活生生的光，感覺就像是從一切美善的事物中，所散放出來的愛。請想像，到時候從內心深處體會到如泉湧的喜悅，讓你不斷的讚美主，就像伊本・亞歷山大在天使面前體會到的，也像薩瑪和其他人在耶穌面前感受到的。如果他們在那當下沒有讚美主，就會爆炸。不妨想像一下，和天堂的強光在一起是什麼模樣。

耶穌比我能解釋的更美麗、更美好、更榮耀……我該怎樣向你們解釋祂的長像？祂的面容就像是由純粹的愛、光、生命組成的液態水晶玻璃，祂的臉上有彩虹的顏色，還有我無法形容的顏色，所有這些顏色同時出現在祂臉上……從祂身上散發出來，如同海浪拍打海岸。我看見了色彩，而我也是色彩的一部分，我身在色彩中，而我身上也散發出色彩。我看見耶穌，而我也是耶穌的一部分，我在耶穌裡面，耶穌則從我裡面閃耀……全部都是生命，我只想永遠讚美祂。[1]

人都想要親近偉大的人——包括名人、有權有勢的執行長、漂亮的超模、充滿影響力的政客，在他們身邊會很興奮。而和耶穌的天國榮光相比，所有外在的榮耀、美麗、權力、特權、金錢、名氣、人類的偉大等等，都像是蠟燭比太陽。有了耶穌，你就不會想待在其他人身邊了。更棒的是，祂也想和你在一起！

銳利的雙眼

許多曾經見過耶穌的瀕死經驗者，都認為耶穌的雙眼似乎有某種特別之處，銳利、吸引人、善良、迷人到超乎你想像，很多人都說他們可能會永遠陶醉在耶穌的雙眼中！聖經的作者也使用了類似的描述，但以理表示「（他）面貌像閃電的樣子，眼睛像火把」（《但以理書》十章六節）約翰也說：「他的眼睛好像火燄。」（《啟示錄》一章十四節）不過不是我們知道的那種火焰，而是充滿魔力的雙眼，你會一直盯著看。

迪恩也提到如同火焰般變幻的色彩：

> 當我看進耶穌的雙眼時，祂的眼睛變換著色彩，如同火焰般，紅色、橘色、藍色、

綠色、黃色，還有其他各種顏色……我在祂的眼中理解到，祂的雙眼是深邃且生氣蓬勃的，我可能會迷失在祂的雙眼中，永遠不想離開。我在祂眼中看見對所有人類和神的造物的愛，起初祂的雙眼似乎只愛我一個，但當我想到其他人時，我就看見祂對那個人的愛，就好像祂只愛那個人，所以我又再想另一個人，然後又發生同樣的事，我又看見祂對那另一人的愛。2

天生全盲的維琪也描述了耶穌的外貌，特別是當她在瀕死經驗中望著耶穌的雙眼：

維琪：祂擁抱我，我和祂靠得非常近，能感覺到祂的鬍鬚和頭髮，祂籠罩了我，這是我唯一能想到的形容詞。用溫暖、愛、祂真正的實質存在籠罩我……

訪談者：（祂的頭髮）是長還短？

維琪：長髮，超過肩膀。

訪談者：妳有看到祂的雙眼嗎？

維琪：祂的眼神相當銳利，就像穿透我全身一樣，但……不是以不好的方式。就像你不能說謊，祂會探進你心底，看見所有事，而我也想和祂坦承所有事。

訪談者：祂有穿任何衣物嗎？

維琪：有，祂的鬍子還發出亮光……就是鬍子本身發出光芒……祂打赤腳，穿著某種袍子，但沒有遮到腳，長過膝蓋，但高過腳踝……腰部附近還有腰帶。

訪談者：維琪，下個問題聽起來是在懷疑你，不過並不是。請問，妳對耶穌的印象是否符合……妳透過閱讀聖經或是來自其他形式的宗教訓練，所熟悉的形象呢？

維琪：我不知道，因為我根本無法描繪出一個形象，我天生就全盲，所以無法產生真實的印象，反正不管聖經說的是怎樣，我都無法真的理解。3

有那麼多人，甚至包括盲人在內，都描述了同一個發光的靈體，長髮及肩，有鬍子，穿著長及腳踝的耀眼光亮長袍，綁著金色腰帶，銳利的目光可以看穿你的靈魂，但同時又以磁鐵般的溫暖和愛吸引著你，這令人相當驚奇。

朗醫師的一名個案就表示：「當我看進祂的雙眼時，宇宙的所有秘密都向我揭露，我知道所有事物是怎麼運作的了，因為我看進了祂的眼中一會兒。」4當人們看進耶穌的眼中時，他們覺得自己能夠看見並理解一切事，「到那時就要面對面了。我現在所知道的只是一部分，到那時就完全知道了，好像主完全知道我一樣。」（《哥林多前書》十三章十二節）我們永遠不會了解神了解的所有事，因為祂是永恆的，但我們可能可以解開現在令我們困惑的所有謎團。不妨想像一下，當我們面對面看進全知的愛之眼，會是什麼情景。

愛的顏色

陶德和寇頓父子經過那家醫院時，四歲的寇頓正坐在車子後座，他告訴父親陶德，那年稍早他差點死在那家醫院裡。陶德開玩笑問兒子，想不想回去天堂，這時寇頓脫口說出天使曾在天堂對他歌唱。陶德問他天使唱什麼歌，寇頓說，天使唱的是《耶穌愛我》和《約書亞贏得耶利哥城之役》，他請祂們改唱流行歌《We Will, We Will Rock You》，但天使們並不願意。

接著寇頓嚴肅地說：「爸，耶穌讓天使唱歌給我聽，因為我很害怕，祂們讓我感覺好多了。」

陶德和索妮亞當初聽見兒子宣稱在瀕死時看見耶穌，感到非常震驚，陶德還問寇頓是在哪裡遇見耶穌。

寇頓若無其事回覆：「我就坐在耶穌大腿上。」

夫妻倆繼續深入探問，結果發現，寇頓宣稱自己靈魂出竅、從半空中觀看醫生搶救的同時，他也能看見父親陶德關在另一間房間裡，大罵上帝為什麼要讓他兒子死掉，同時看見了索妮亞在大廳講手機。隨著越來越多細節出現，而且還是一個四歲小孩不可能知道的細節，兩人開始相信寇頓真的經歷了某種真實的東西。

數天後寇頓在玩他的X戰警玩具時，陶德問他耶穌長什麼樣子。寇頓放下玩具，往上看著陶德：「耶穌是棕髮，臉上也有頭髮。」寇頓一定是在描述鬍子，他還不知道這個單字，「而祂的雙眼……噢，爸，祂的眼睛超漂亮！」說這些話時，寇頓看起來就像在享受美妙的回憶，他說耶穌的眼睛是藍色的，夫妻倆覺得寇頓只是在投射而已，因為他自己也是藍眼睛，耶穌是猶太人，耶穌的眼睛應該是棕色的才對吧。

每次陶德和索妮亞看見耶穌的肖像，他們都會問寇頓耶穌是不是就長這樣。在超過兩年的時間看過數百幅肖像畫後，寇頓總是會在每幅畫中看見某種不正確的地方。又過了幾年，陶德看見CNN報導藝術神童艾綺雅娜・卡瑪瑞克的故事（參見第十二章），她也宣稱自己在四歲時看見天堂，並形容了天堂驚奇的顏色和「非常像男生、又壯又高、眼睛很漂亮」的耶穌。陶德驚覺這兩名四歲小孩都提到了天堂中的顏色和耶穌美麗的雙眼。那晚寇頓在CNN的網站上看見艾綺雅娜繪製的《和平的君》，仔細凝視螢幕，然後說：「爸，這幅是對的！」[5]

我讀到另外兩名成年瀕死經驗個案描述了耶穌有「藍色的眼睛」之後，我突然想到：何必捏造在一名猶太男子身上看見藍色雙眼呢？也許耶穌的雙眼真的就是藍色的。麗塔・班奈特（Rita Bennett）訪談的一名女子就提到：「我認出（這個靈是）耶穌基督，我看進祂的雙眼，眼神雖然銳利，卻充滿愛，而且和碧水一樣清澈……當祂看著你時，祂會直接看透你、看進你，你馬上就會了解，祂知道你所有一切。」[6]

蓋瑞・伍德為我解答得更完整：「祂看向我時，目光穿透我，直到我內心深處，只有純粹的愛！我和祂融為一體，（耶穌）雙眼深邃、充滿愛，而且是藍色的。我後來了解，出自猶大支派的猶太人，就是以藍眼著稱。」[7]我讀到這段時，想起寇頓對艾綺雅娜畫作的評語，在我家咖啡桌上放了好幾年的一本書中，就收錄了這幅畫作，但我直到那時才注意到，艾綺雅娜畫的耶穌眼睛是藍色的！

耶穌是來自猶大支派，但祂的眼睛真的是藍色的嗎？我不知道，或許祂的眼睛可以從許多如「火焰」般變幻的色彩，變成藍色。但無論如何，兩名素昧平生，顯然不可能得知對方瀕死經驗的成人所做出的觀察，和兩名四歲小孩吻合，是件相當神奇的事！

有趣的人

人們不僅提到耶穌美妙的榮光和具體的愛，他們還形容耶穌是一個有趣、好相處的人。有些人無法想像耶穌是一個最令人開心、最興奮、最大膽、最有趣的人，因為他們從未好好思索過聖經的話語。你在宇宙中絕對找不到比耶穌更棒的摯友了！耶穌在地上時，連和祂最親近的追隨者都相當驚訝，因為就算祂再忙碌、地位再高，祂仍是會花時間陪伴小孩子。耶穌曾說：「讓小孩子到我這裡來，不要禁止他們，因為天國是屬於這樣的人的。」（《馬太福音》十九章十四節）

多數成人都已失去純真和玩興，但耶穌在天堂會為我們恢復純真與玩興，而且耶穌會以身作則。寇頓說祂坐在耶穌的大腿上，而當他回到塵世後，一直跟父親說耶穌有多愛小朋友，一直說一直說，可能是要他爸爸陶德（身為一名牧師），能夠提醒人們多多關愛小孩。而我某個醫生朋友的兒子也說，耶穌到醫院接他時，他在田園間與耶穌一起奔跑玩耍。如果耶穌創造了玩樂、冒險、趣味，那祂為什麼不會和我們一起享受呢？就像我們也很喜歡跟自己的孩子玩樂呀。

理查也提到耶穌是如何跟神一樣無所不在，祂可以和天父溝通、和小孩玩樂、和成群成人互動、和你我單獨待在天堂，而一切都同時發生。「稍後離開寶座廳後，我又再次從遠處看到耶穌，到處和不同人群說話，祂似乎無所不在，孩童不斷跑向祂，而祂愛他們所有人。」**8**

讓我非常吃驚的一件事，就是想像一個比太陽更強大的存在，感覺起來卻像是你的摯友！耶穌在地上時曾對門徒說：「我不再稱你們為僕人，因為僕人不知道主人所作的事；我已經稱你們為朋友了。」（《約翰福音》十五章十五節）而最年輕的門徒約翰，也自稱「耶穌所愛的」，在最後的晚餐中，約翰也非常放鬆，還如靠近兄長般貼近耶穌的胸懷（參見《約翰福音》十三章二十三至二十五節）。

學者歐西斯和哈倫森也提到，一名印度基督徒護士表示她在耶穌面前感到多麼友善和舒適：「我覺得往上升，那裡有一座開滿花的美麗花園，我就坐在那，突然間我感覺到亮光，接著耶穌基督走向我，祂坐下來和我說話，四周都是光。」**9**

伊本・亞歷山大在經歷瀕死經驗的當下，似乎沒有認出耶穌（不過他回到人世之後，開始上教會），但他仍證實了聖經所述：「人們想到神時最大的誤解之一，便是想像神不具備人性。沒錯，神隱身在各種數字、宇宙的完美後方……但是同樣也非常『人』，甚至比你我都更像人類，祂理解並同理人類的處境，甚至比我們想像的更為深刻和個人。」10

聖經解釋了伊本的經驗：

孩子們既然同有血肉之體，他自己也照樣成為血肉之體……因為他自己既然經過試探，受了苦，就能夠幫助那些被試探的人……因為我們的大祭司（耶穌）並不是不能同情我們的軟弱，他像我們一樣，也曾在各方面受過試探，只是他沒有犯罪。所以，我們只管坦然無懼地來到施恩的寶座前，為的是要領受憐憫，得到恩惠，作為及時的幫助。

（《希伯來書》二章十四節、十七至十八節、四章十五至十六節）

正常談話

耶穌遠比我們知道的更深入了解我們，事實上，許多人感到震驚，因為發現祂不僅懂我們的語言，甚至懂我們的口語用法。薩瑪回到塵世前，耶穌用她的母語說：「好唷，下次見！」哈莉達也發現耶穌用相當口語的阿拉伯語和她對話：

祂不是在對我傳教，只是像普通人一樣對我說話，不過是以美麗又堅定的聲音……我理解祂真的是聖子，而且祂死在十字架上……我也得知祂也是一位父親，我就是祂的女兒，也是祂所揀選的人。我生命中的所有痛苦祂早已瞭然於心，而且祂也早已相當喜歡我。在耶穌的寶血之下，所有罪債都將獲得赦免……我求祂不要把我拋下，我告訴祂：「我需要祢。」我不想和祂分開，祂用阿拉伯語回答我：「我會回來接妳的。」11

在維琪的人生跑馬燈中，耶穌給她看了一個場景：那時忌妒的維琪將另一名盲人室友時髦洋裝上的鈕扣和蕾絲全都扯下：

維琪：那就像，你知道的，我可以從耶穌那裡感受到（祂）理解和憐憫我的感覺，祂知道我為什麼會那麼做。但你知道，有點像是祂在那段期間跟我說話，祂說：「嗯，這樣很不酷哦。」

訪談者：真的嗎？

維琪：祂傳達到我心中的想法就像是：「哦，這樣很不酷哦。」

訪談者：妳不是在跟我開玩笑吧？

維琪：不是，祂就是這麼說的。12

和上帝合一

神對我們的親密之愛非常難理解，只能用類比的方式來解釋——很像是我們和摯友間的連結、我們和配偶達到的和諧、我們對子女溫柔的愛和渴望——但仍是有種我們在彼此身上尋找，卻始終讓我們困惑的親密。我們永遠不可能像我們靈魂渴望的那般，和另一個人那麼親近、親密、合而為一，這是因為我們渴望的合一，只有在我們透過上帝、和上帝合一時才能得到。對於這一點，上帝以祂和我們所有人的婚姻來比喻：

「因為羊羔的婚期到了；他的新娘也自己預備好了。並且有光潔的細麻衣，賜給她穿上；這細麻衣就是聖徒的義行。」天使對我說：「你要寫下來：被邀請赴羊羔婚筵的人有福了！」（《啟示錄》十九章七至九節）

許多瀕死經驗者都提到他們在天堂體驗到的這種合一，就算那些不信神的人也能感受到這種合一。這並不令人意外，因為「因著他我們可以生存、活動、存在」（《使徒行傳》十七章二十八節）、「他是神榮耀的光輝，是神本質的真象，用自己帶有能力的話掌管萬有」（《希伯來書》一章三節）。世人所謂的合一，很可能是來自於一個很基本的事實，那就是「萬有都是由耶穌掌管」，而且都要在祂之中合一，同時卻又保有獨特性。

或許瀕死經驗者體驗到的現實，就是當下的現實，而且將成為永恆，而這只能透過耶穌被釘上十字架前一晚禱告中的神的合一達成。此外，如同祂的禱告指出的，這種終極的合一仍是需要選擇：

> 我不但為他們求，也為那些因他們的話而信我的人求，使他們都合而為一，像父你在我裡面，我在你裡面一樣；使他們也在我們裡面，讓世人相信你差了我來。……我在他們裡面，你在我裡面，使他們完完全全合而為一，讓世人知道你差了我來，並且知道你愛他們，好像愛我一樣。父啊，我在哪裡，願你賜給我的人也和我同在哪裡，讓他們看見你賜給我的榮耀，因為在創立世界以前，你已經愛我了。（《約翰福音》十七章二十至二十四節）

瀕死經驗者因體驗到神想要的合一，於是感受到一種狂喜。他們是這樣描述的：「我體驗過最奇妙的事物之一，就是在同一刻和所有的事物連結起來。連結起來之後，我就能快速了解在天堂是怎麼一回事，正如同接上了電源之後，就有電力可以運轉了，也如同電腦連上了網際網路之後，就和全世界所有的電腦連結在一起了。同理，神也把祂所有的造物連結在一起。」13

薩瑪也形容了合一和親密代表的意義：「在天堂和祂一起，使我以一種從未想像過的方式，與祂合一。祂所想的就是我的所想，祂所夢的就是我的所夢，而祂感受的我也同有所感。」14伊比醫師則描述了一種很難傳達的親密：「對塵世的人來說，這會很難理解，但我馬上進入了彌賽亞之中、進入祂之中……我知道我還是我，但我還是在彌賽亞之中……祂的愛和我們對愛的概念，處在不同維度，祂的愛無庸置疑……我們在祂之中，祂也在我們之中（參見《約翰一書》四章十二到十三節），但我們也沒有失去自我。」15

要是神造我們，是為了和祂以及和所有人達成「超過一切人類有限親密」的一種親密、一種合一呢？可以的話就想像吧！「天使對我說：『你要寫下來：被邀請赴羊羔婚筵的人有福了！』」（《啟示錄》十九章九節）當所有愛神的人，都永遠與祂合一時，那將會是宇宙舉辦過最盛大的派對！

先知以賽亞便描述了這場派對：

萬軍之耶和華必在這山上為萬民擺設豐盛美筵，
有陳酒、滿髓的肥甘和醇美好酒。
他又必在這山上除滅那遮蓋萬民的面巾，和那遮蓋列國的帕子。

他要吞滅死亡，直到永遠；
主耶和華必擦去各人臉上的眼淚，
又從地上除掉他子民的羞辱。（《以賽亞書》二十五章六至八節）

想像和天堂的榮光合而為一的喜悅和狂喜吧。五歲時，在天堂的瑪麗·奧莉維亞並不想離開那個她稱為「那個人」的人，「（祂的愛）充滿了溫暖、接納、理解，和一個了解你的人在一起，從裡裡外外了解你，從上到下都了解你，這就像你和另一個人合而為一的最大程度，是一種合一的感覺，我無法形容！」16想像一種親密與合一即將出現，這種親密與合一，勝過所有其他親密關係，結合所有人，並消除我們過去所有的悲哀、哭號、痛苦。

只不過，為什麼不要現在就消除呢？為什麼瑪麗·奧莉維亞必須回來面對身為單親媽媽、一個人帶三個孩子的掙扎，還必須努力撐過似乎完全沒有希望的末期疾病？為什麼上帝允許我們現在所有的悲哀、哭號、痛苦？這背後都有個理由，而這就是我們接下來要探討的！

第十四章 不再有悲哀、哭號、痛苦

在她的瀕死經驗發生之前，「神是慈愛天父」這個概念對克莉絲托來說完全沒道理。她三歲起遭到性虐待，神為什麼不來保護她呢？如果神真的愛她，為什麼讓其他男人繼續對她施暴？為什麼祂要允許生父離開、有虐待傾向的繼父、愛開派對的母親將她留給不可靠的陪伴者，帶來的所有痛苦、磨難、混亂？但到了克莉絲托九歲時，對神的愛和存在抱有的疑惑消失了。某件和耶穌有關的事讓小克莉絲托豁然開朗。

「我聽聞了耶穌的事，祂對我變得越來越有吸引力。一方面是因為祂也是人……祂還因我們的罪孽死在十字架上，為了拯救我而死。一段時間後我覺得我愛耶穌，而且我也想要親近祂。所以我九歲時，我跟我媽說我想要受洗……我記得我當時想：『這就是我要的，我想變乾淨。』……而我也真的感覺變乾淨了，我覺得我的靈魂受到洗滌，至今我仍記得受洗後的那個感受，以及那有多神奇。」

不幸的是，那種感覺並未持續，因為虐待沒有停止。「我以為救贖代表著從我身上發生的所有鳥事得救，我不知道這代表的其實是耶穌要拯救我的靈魂。」隨著克莉絲托進入青春期，所有羞恥、傷害、憤怒，感受都成了她身份的一部份，當她母親又和有虐待傾向的繼父復合，她於是依照那個錯誤的身份，而拿出外在的行動。「如果我媽不太在乎我，不想選我而是選了一個暴力的前夫，那我肯定也不會在乎我自己。滲入我靈魂的自厭掌控了一切，我把發生的所有壞事都怪在自己身上……我相信我就是沒有用，而且要是我就是這麼爛，那我就繼續爛吧。」

十六歲時，克莉絲托和一個二十二歲的男子搞上。她和媽媽時常爭吵，到最後媽媽把她趕出家門，克莉絲托在車上住了好幾個月。那年稍晚，克莉絲托自殺未遂，後來又在十七歲時懷孕，生下一個孩子，兩年後她再度懷孕，但這次決定把孩子拿掉。她覺得自己不值得原諒，她搞上已婚男子，破壞別人家庭，還跟一個過去比自己還糟糕的男人結婚，生下兩個小孩，但在丈夫因持續酗酒和用藥出現虐待傾向後，兩人便離婚。

幾年後，克莉絲托交往的一名男子想帶她的六歲兒子JP騎摩托車兜風，克莉絲托說不行，但男子趁著她進屋去照顧另一個孩子，帶走了JP。結果撞上一輛卡車，差點害死JP——他從摩托車飛出去，卡在卡車的車輪底下。雖然保住一命，卻造成腦幹損傷，需要四個月的住院治療。彷彿這樣還不夠似的，克莉絲托三十三歲去醫院治療胰臟炎，引發併發症，期間她臨床死亡九分鐘，發現自己身在天堂。

我馬上察覺前方和左邊有兩個靈，而且我當下就知道祂們是誰，祂們是天使。但不是隨便的天使，而是我的天使，我馬上就認出來了。祂們身上散發強光，所以我辨識不出任何特徵，但祂們不是無形的一團，祂們肯定有形體，和人形很像，又高又苗條，右邊那個似乎比左邊的還大一點……

一股巨大的愛席捲了我，好像祂們是我最棒的摯友……就好像我流下每一滴淚、做出每一個決定、感覺寂寞的每一天，祂們都陪在我身邊一樣……我知道祂們為何在此，祂們是要歡迎我的到來，然後引領我回家……

克莉絲托也察覺到她右邊有個靈，也馬上就知道那是誰。「接著充滿我的是一股深刻無盡的渴望，想要讚美和敬拜這個靈。」她說：「我馬上知道我來到上帝面前，我總是覺得上帝是男的，而我也不會和我們有時在塵世間一樣，去區分上帝、耶穌、聖靈，祂們都是同樣的靈，就是我眼前這一個。」上帝沒有確切的形象，沒有臉或身體，只是一大團令人睜不開眼睛的榮光。克莉絲托說，這個靈出現時，她早已認識祂，祂也認識她。她一輩子都不相信有神，不相信神愛她，但在那一刻，他知道神一直、一直以來都在那裡，都和她在一起……

還有另一種感覺，一種我不只察覺到上帝，而是感受到祂的感覺。祂的亮光並不是某種我能觀察到的東西，而是淹沒我所有感官的事物，在天堂我們不只擁有五感，我們有一大堆感受……

這就是我在上帝面前感受到的，一種接受愛、傳達愛的美麗新方式。我完全充滿在神的亮光和祂的愛之中，而我也想進入祂的榮光，讓自己緊緊纏繞在其內。我覺得和神宛如奇蹟般地親近，但還想要再更親近。

我對神強烈又廣袤的愛，沒有任何其他的愛可以比擬，差得遠了。我在祂面前時，我覺得我非常、非常愛祂，無從想像地愛祂……

我以前常想要問神一堆問題，我會說：「祢怎麼允許某個人在我還小時騷擾我？怎麼會容忍小孩被虐待、有人挨餓、弱者遭欺凌？」……但到了祂面前，我完全理解到，不管從什麼方面來看，神的計畫都是完美的，純然的完美。這代表我現在就能解釋小孩被謀殺怎麼會符合上帝的計畫嗎？並不是，雖然我在天堂時了解，但回到塵世，我們就不被允許擁有這種理解。我能告訴你的，就只有我知道上帝的計畫是完美的，在祂的亮光下，一切都非常、非常合理。

我想問神的所有問題，都得到了答案。然而，站在祂充滿榮光的存在面前，充滿祂無限的智慧，仍然有個問題我必須去問……這其實並不是一個給神的問題，而是給我自己的問題……「我怎麼沒有為祢做更多呢？我怎麼沒有以祢的名成就更多？我怎麼沒有更常談到祢？我怎麼沒有按照祢說的去做？」

並不是說我感到後悔，後悔是種負面情緒，天堂中沒有任何負面的事物，而是我如此地愛神，愛到我覺得我應該為祂付出更多才對。**1**

受苦的神

神和我們一起受苦！這句話，可以大幅改變你對受苦的看法。縱使神有個計劃，在未來「到那時就完全知道了，好像主完全知道我一樣。」（《哥林多前書》十三章十二節），然後我們就會完全明白神的計畫，但這樣並不會使得當下的苦難更容易忍受。不過當我們在這個殘忍、邪惡的世界受苦時，神也不會無動於衷。大衛便說：「我多次流離，你都數算；你把我的眼淚裝在你的皮袋裡。這不都記在你的冊子上嗎？」（《詩篇》五十六章八節）神會做記錄，因為我們所有的失去和苦難，有天都會在天堂失而復得。

約伯經歷過可怕的磨難，失去一切，十個子女全都過世，他有各種問題想質問上帝。但當他終於看見神時，他也和克莉絲托一樣無語，「看見神自己」這個事實，不知怎地便回答了所有問題。但神告訴約伯，祂會加倍補償約伯所有的損失。如同牧師史提夫．史楚普（Steve Stroope）指出，約伯獲得了原先兩倍的羔羊、牛犢、財產，又再生了十個小孩，這樣等到了天堂，他就會有二十個小孩！當你的目的地是天堂時，那眼前的失去，就不算是失去了。**2**

我們受苦時，神也和我們一起受苦。保羅曾迫害基督徒，但耶穌仍問他：「掃羅，掃羅！你為甚麼迫害我？」耶穌感受到我們的痛苦，祂告訴我們，當世界終結的時候，神會說：「因為我餓了，你們給我吃；我渴了，你們給我喝；我作旅客，你們接待我。」而人會反問：「我什麼時候做過這些事呢？」神則會這樣回答：「只要是作在我一個最小的弟兄身上，就是作在我的身上了。」（《馬太福音》二十五章三十五節、四十節）神以一種非常親密的方式和我們共同經歷苦難，而且即便祂允許苦難存在一段時間，也是因為有其目的。

我永遠不會忘記，有次我坐在沙發上，用眼角餘光看見我五歲的女兒艾許麗坐在我妻子肩膀上經過門口，她抓著門框，結果卻往後倒，頭朝下撞上磁磚地板。我跑向她、抱住她時，聽著她痛苦的聲音，我非常心疼。到醫院時，醫護人員在她的血管中注射顯影劑，以便進行電腦斷層掃描。整個過程非常疼痛，我也跟著痛苦，而且我永遠不會忘記，當他們說「喔必須再注射一次」的時候，我心中的感受。

醫生擔心她顱內出血，說如果壓力增加，我們的女兒可能會喪命。她大吵大鬧又尖叫，叫他們不要再用針筒弄痛她，但這是要注射顯影劑，醫生看著我然後說：「爸爸，你必須壓住她。」我壓制著她時，女兒著我的眼睛，邊哭邊懇求：「爸，好痛，不要，叫他們停止，爸爸，你為什麼要這樣對我，爸？他們弄得我好痛。」她在哭，我看著她懇求的雙眼，我也在哭。我知道我有能力可以讓醫生住手，但為了她的健康，醫生必須這麼做。我很想死。如果我不允許這短暫的苦難，可能會造成更嚴重的傷害！但我還是很難過。

也許神和我們一同受苦也是同樣的情況吧。祂知道這是必要的，因為祂知道有更大的危險，但這並不代表祂心裡就很好受。祂能允許這些苦難存在的唯一原因，就是祂已經知道，而且也同時體會到，等到祂永遠消除苦難的那一天到來時，所帶來的喜悅。「我聽見有大聲音從寶座那裡發出來，說：『看哪！神的帳幕在人間，他要與人同住，他們要作他的子民。神要親自與他們同在，要作他們的神。他要抹去他們的一切眼淚，不再有死亡，也不再有悲哀、哭號、痛苦，因為先前的事都過去了。』坐在寶座上的那一位說：『看哪，我把一切都更新了！』」（《啟示錄》二十一章三至五節）神和我們一同受苦，為的是帶領我們穿越苦難，過渡到那邊。

馬克筆

寇頓・伯爾普還在地上玩玩具，他給父親陶德看一隻塑膠馬，並問他知不知道耶穌也有一匹馬。陶德提出了幾個問題，寇頓回答完畢之後，又說了一句耐人尋味的話：「耶穌有馬克筆。」

陶德問寇頓，他說的馬克筆，就是他拿來著色那種嗎？

寇頓回答：「對，就像顏色，祂身上有顏色。」陶德問他是什麼顏色，寇頓又說：「紅色，爸，耶穌身上有紅色。」

陶德突然之間哽咽，因為他瞬間了解寇頓說的是什麼。他問寇頓耶穌的顏色在哪，寇頓站起身，指著雙手，接著是雙腳底部，「耶穌的顏色就在這，爸。」[3]

耶穌是以神「受苦的僕人」降生（《以賽亞書》五十三章），為的是消除罪惡、痛苦、苦難、死亡。耶穌復活後，門徒看見祂，那時多馬剛好不在。滿心疑惑的多馬說：「除非我親眼看見他手上的釘痕，用我的指頭探入那釘痕，又用我的手探入他的肋旁，我決不相信。」下周耶穌來了，「然後對多馬說：『把你的指頭放在這裡，看看我的手吧！伸出你的手來，探探我的肋旁！不要疑惑，只要信！』多馬對他說：『我的主！我的神！』耶穌說：『你因為看見我才信嗎？那些沒有看見就信的人，是有福的。』」（《約翰福音》二十章二十七至二十九節）很顯然，耶穌提醒我們，祂愛我們愛到願意和我們一起受苦，並救贖我們。

蓋瑞在瀕死經驗中站在耶穌面前的時候，也注意到「釘子刺入祂手中的地方，不像某些畫作描繪的一樣是手心，而是手腕」[4]釘子很可能是釘在手心和手腕連接處，以便在十字架上承受人體的重量。人的殘忍很難理解，更難想像的是，耶穌在自己的血肉和肌腱被釘子所釘入之際，竟然還能說：「父啊，赦免他們！因為他們不知道自己所作的是甚麼。」（《路加福音》二十三章三十四節）

相信上帝的猶太人理查在一場車禍中經歷瀕死經驗，回來後說他看見釘子的傷口發出光芒：「（耶穌）在我面前伸出手，我於是看見釘痕，傷口是開放的，散發出美麗的光芒。」[5]

大衛王預見了耶穌將會遭受的苦難，並在事發前一千年，釘十字架這種刑罰甚至還沒發明之前，就描述了彌賽亞被釘上十字架的景象：「我全身的骨頭都散脫了，我的心在我裡面像蠟融化……你把我放在死亡的塵土中。犬類圍著我，惡黨環繞我，他們扎了我的手我的腳……地的四極，都要記念耶和華，並且歸向他。列國的萬族，都要在他面前敬拜。」（《詩篇》二十二章十四至十六節、二十七節）這就是神祝福天下萬國的方式，正如同祂對亞伯拉罕的承諾，祂會成為受苦的僕人，就像個柔道大師，接住惡魔最強的重拳，並將其力道變成最大的善。耶穌在天堂驕傲地亮出祂的傷痕是有理由的，而我們也必須牢記！

為何受苦？

但為什麼要受苦呢？如果祂真的是神，為什麼不創造一個沒有悲哀、哭號、痛苦、受苦的世界就好？我開始相信這個世界和其苦難都是必要的，為了達成神對人類的目標，也就是愛神，以及彼此相愛。為了成為上帝永遠的大家庭，我們必須從善和惡的知識開始（參見《創世記》二章十六至十七節）原因在於，愛必須要是自由的，選擇接受或拒絕神領導的自由，對愛而言是必要的。

想像有個有錢有勢的男人愛上一個正妹，而他也想要她愛他，他可以送她一堆禮物，讓她決定還想不想要更多禮物。但這能代表她是愛他這個人嗎？不！或許是因為他的權勢讓她能夠得到精品，她才想和他在一起。但這能代表她是愛他這個人嗎？不！如果不管多少禮物都無法贏得她的芳心，使他萬念俱灰，因而綁架她，還拿把槍抵在她頭上，試圖強迫她愛他呢？愛是可以強迫的嗎？不！愛是不能用買的，也不能用強迫的，愛必須是自由選擇。

不是自由選擇的愛，根本就不是愛。神為了要創造一個永遠和諧的家庭，選擇創造了「能夠自由選擇是否要接受祂的愛」的生物。祂的祝福、權柄、能力都無法強迫我們去愛，我們可以自由選擇。這是風險很大的賭注，因為背棄神、拒絕祂的愛的人，將會彼此傷害；而當我們受傷時，我們又常常會去怪神，並背棄那個唯一能療癒我們的神，接著受傷的人又會傷害其他人，罪惡因而在人和人之間滋生，但所有人卻都覺得自己有道理。

岔路口

那年我十六歲，坐在房間地上，沉浸在可怕的痛苦中。如果真的有神，祂也愛我的話，祂為什麼要讓我父親死掉？我可以聽見樓下葬禮餐會的聲音，但我才剛失去我的父親、我生命中的磐石、我的摯友。我需要好好想想，感覺就像我來到岔路口，而這個選擇非常沉重。我想要詛咒神，以後按照我自己的方式過活就好，如果祂根本不在乎我，那我幹嘛要在乎祂？但接著另一個想法穿破我的痛苦而來：「如果沒有神，那就沒有任何能從這痛苦中獲得美好事物的希望。人生爛爆了，然後你就完了！如果我相信聖經所說，神真的愛我，或許有天祂會把情況修復。」

我那天的選擇，對我的人生非常重要。神永遠不會讓痛苦消失，但是當我在房間地板帶著信心向祂哭喊，我感覺到一股平靜，並有了個新想法：「好吧，祢現在必須當我父親了。」多年後我讀到：「神在他的聖居所，作孤兒的父親。」（《詩篇》六十八章五節）我現在知道是誰給我那個想法了。

耶穌在被釘上十字架前一夜告訴門徒：「我把這些事告訴你們，是要使你們在我裡面有平安。在世上你們有患難，但你們放心，我已經勝了這世界。」（《約翰福音》十六章三十三節）神從來沒有承諾我們一個沒有痛苦、沒有患難的人生，我們生活在一個多數人追求「自身的意志和旨意」超過「神的意志和旨意」的世界裡，當我們選擇按照自己的意志，就會創造出痛苦、傷害、苦難的漣漪，在人類之中迴響，世世代代傳遞下去。許多人類的苦難都是由人類自身的選擇造成，但我們可以透過神戰勝惡，而且祂也承諾，最終從我們的苦難裡將會出現好事。亞歷山大醫師在他的瀕死經驗中便覺得自己理解了苦難和惡存在的原因：

惡是必要的，因為要是沒有惡，自由意志就不可能存在，而要是沒有自由意志，就不會有成長，不會向前移動，我們也沒有機會成為神渴望我們成為的……造物主理解並允許有時候惡占上風，因為將自由意志賜給我們這樣的生物，這就是必要的後果。但是自由意志伴隨的代價，就是失去或遠離（神的）愛和接納。**6**

生產之苦

神承諾幫助人勝過罪惡，而且當我們回到祂懷中時，祂甚至會補償我們所有的苦難：

我看現在的苦難，與將要向我們顯出的榮耀，是無法相比的。被造的萬物都熱切渴望神的眾子顯現出來。因為被造的萬物服在虛空之下，不是自己願意這樣，而是由於使它屈服的那一位；被造的萬物盼望自己得著釋放，脫離敗壞的奴役，得著神兒女榮耀的自由。我們知道被造的萬物直到現在都一同在痛苦呻吟……

我們知道，為了愛神的人，就是按他旨意蒙召的人的益處，萬事都一同效力。（《羅馬書》八章十八至二十二節、二十八節）

人生的所有事物，都只是通往來生的一個管道。瀕死經驗者都注意到，有一天，所有的受造之物都會以神的生命復活。但是現在，地上仍混雜善的知識（即神給我們的美善禮物，要我們親近祂）；以及痛苦、死亡、敗壞等惡的知識，不斷警告我們有什麼地方出錯了。神不想要我們認為沒有祂也可以，導致錯過我們存在的終極目的，也就是選擇神；神希望我們永遠和祂一起生活，而當我們做出這個選擇時，祂希望我們在信仰中成長，這樣祂才能將永恆的獎賞和責任託付給我們。

霍華德．史東教授在他的瀕死經驗中回憶：

我和耶穌及天使談話時，祂們告訴我……神知道所有將會發生的事，更重要的是，神也知道所有可能發生的事。從這一刻到下一刻之間，神了解所有事件所有可能的變數以及所有結果。神不會控制或主宰所有事件的結果，因為這將侵犯到神的造物……所有活著的受造物都擁有自身的意志，可以表達……不管對我們來說需要多久或有多不可能，所有事件的結果永遠都會符合神的終極目標。7

這就是為什麼，耶穌教我們要禱告：「願你（天父）的旨意成就在地上，如同在天上一樣。」（《馬太福音》六章十節）神個別的旨意不一定總是能在地上成就，不然祂就不會要我們禱告了。但是不論我們是否選擇神個別的旨意，祂的終極旨意都會達成。

可是為什麼神還是如此隱密呢？假如我們能看見神，那我們不就更容易相信神了嗎？不過就算看見神，也不會消除我們對信仰的需求。布萊克機長便反思：「我清楚看見了天堂，而且這經驗對我影響極其重大，但為什麼我仍是一再失敗，無法成為我真正想成為的人呢？為什麼我時常失敗，無法體現我看見、聽見、學到的事物？我猜，看見天堂，並未改變我仍是個人類的事實。」[8]我們的整個人生，就是在無法看見神的情況下，學習愛祂、相信祂，因為這樣我們來生能夠看見祂時，就會永遠選擇去愛祂、跟隨祂。這就是為什麼，我們現在無法面對面看見神。但為什麼神不直接創造可以看見祂、又擁有自由意志的生物呢？

祂當然有這樣做！而如果我們了解這些生物的故事，就能讓我們更理解自己的狀況。

第十五章
關於天使

十一歲的珍妮佛發生嚴重車禍，靈魂出竅，她往下看見自己「了無生氣的鬆垮身體」。有一個靈體的聲音告訴她去協助失去意識的駕駛，「他的鼻子斷了，妳必須回去幫他，他會流血致死。」

珍妮佛回答：「不要，讓其他人去幫他，我不幫他他也會沒事，我不想回去那裡。不！」

那個聲音說：「我會告訴妳該做什麼。妳先把他的鼻子從車裡撿起來，然後脫下他的衣服，鼻子就掉在妳腳邊和他的右腳之間，把鼻子擺在他臉上，往下壓止血，只是血而已，所以不要害怕……再來，珍妮佛，妳會陪他一起走到路面右側，然後就會有一輛車出現，告訴那人載妳到最近的醫院。」

珍妮佛回到自己的體內後，所有事都按照那個聲音說的發生。有輛車停下來，珍妮佛在他們開往醫院期間，還讓焦慮的駕駛及失去鼻子的男子冷靜下來。後來醫生使用皮膚移植物將鼻子重新接上，幾乎看不出任何疤痕，驚訝的急診室醫師表示：「我完全無法解釋，我今天在這間急診室裡，見證了什麼樣的奇蹟。」[1]

罪惡、痛苦、苦難傷害我們的時候，我們會知道，但我們並不知道神有多常精心安排祂的天使來照顧我們。天使是神的僕人，奉派來協助人類。祂們是真實的存在還是只是神話呢？嗯，想像一下神無邊無際的創造力吧，神的創造力似乎沒有盡頭，數十億個銀河中的數十億顆星星，而且僅在那麼一顆環繞恆星的星球上，祂就創造了超過七百萬種生物（科學家估計），而我們只認識其中一百二十萬種而已。神同時也創造了和我們不同、不受時空桎梏的靈性生物，也就是我們稱為天使的物種。天使的意思就是「信使」，在聖經中總共提及一百九十六次。人類不會成為天使，這表示我們不會經過物種改變，但我們可以成為信使。

瀕死經驗者常常提到看見天使。馬文．貝斯曼便說：「我的天使看起來就像一般人，只是一般人通常不會穿白袍，兩人看起來都像是四十五歲左右，身高約一百七十二到一百七十八公分，一個是長棕髮，另一個頭髮比較短……兩人都沒有翅膀（不過他後來曾看見有翅膀的生物）。」[2]天使可以看起來很像人類，也可以散發萬丈光芒——雖然沒有神那麼亮，但還是蠻亮的。多數天使都沒有翅膀，不過有些則有（見《以西結書》一章）。

戴爾．布萊克表示，天使都是成雙成對出現：「我由兩名天使嚮導護送。」[3]馬文和其他瀕死經驗者也注意到同一件事：「我身旁站著兩名總是陪伴著我的天使。」[4]這個情況讓我想起耶穌的話：「你們要小心，不要輕視這些小弟兄中的一個。我告訴你們，他們的使者在天上，常常見到我天父的面。」（《馬太福音》十八章十節）

天使是什麼？祂們的職責又是什麼呢？聖經怎麼說呢？我們這個充滿苦難的世界，如何與天堂的故事連結？「天使不都是服役的靈，奉差遣為那些要承受救恩的人效勞嗎？」（《希伯來書》一章十四節）聖經上說，天使是居住在神的領域的靈性生物，但祂們可以和塵世互動，以服事人類，執行神的旨意。即便是在天堂，神也是透過天使出於自由意志的合作，來行祂的旨意。有些天使是分配給個人的守護天使，有些是分配給教會（《啟示錄》二章），某些則是分配給城市或國家（《但以理書》十二章一節），還有些則是遭到逐出天堂。

墮落天使

並非所有靈性生物都是良善的，加州大學聖塔芭芭拉分校名譽歷史教授傑佛瑞·波頓·羅素（Jeffery Burton Russell）是研究惡魔的權威歷史學家，他認為：「除了激進的相對主義以外，惡魔的問題存在於所有世界觀和宗教傳統中。」[5]羅素指出雖然現代人越來越不相信超自然的邪惡力量，但我們社會中實際的惡魔經驗並沒有減少，甚至反倒還增加了。

希伯來文《舊約》中的先知告訴我們，世界上有看不見的靈體作祟。撒但的希伯來文翻譯意為「魔鬼、控訴者」，魔鬼（diabolos）則代表「分裂者」。耶穌在《新約》中對抗惡魔勢力，而羅素也提到世界上多數文化都記載了惡魔的力量一直在作祟。

這點體現在人們想像出各式各樣荒謬的魔鬼形象，穿著紅色西裝、長著尾巴、拿著乾草叉。但聖經教導的不一樣。惡魔一定很愛我們對它一笑置之，畢竟，最可怕的恐怖份子就是你不知道的恐怖份子。羅素以歷史學家的角度認為：「若我們將『耶穌相信惡魔存在』視為一種原始的世界觀，這會造成很大的問題。若我們認為西元一世紀是個愚昧的年代，不如我們現在這般先進，那這種想法就完全是一種時間的中心主義，也就是轉移到時間上的種族中心主義。」6

前無神論者暨大學教授霍華德．史東，也親身遭遇了惡魔的信差和良善的天使，使他整個人產生了極大的改變。他表示：

> 天使可以穿越時空，物理法則無法束縛天使，天使了解我們不懂或無從想像的力量，並保護我們。我們的天使相當警覺，保護我們免受來自其他未知宇宙維度的惡魔侵擾。我們不需要擔心，只要很開心有祂們保護就好。世上存在追尋混亂的超自然生物，除了我們賜予它們的力量外，它們沒有能力影響我們，這些生物稱為惡魔或惡靈。7

神造天使的目的是要愛祂、服事祂，而且天使也擁有自由意志。早在有人類之前，有些天使選擇了去跟隨最美麗、最強大的天使路西法，這個名字意為「光之使者」。路西法被造時是善良的，祂不是可以和神匹敵的對手，也不是邪惡的唯一來源。路西法擁有神創造的自由意志，而它的墮落是源自它的驕傲。神透過先知以西結說：「你是護衛寶座的、受膏的基路伯；我安置你在神的聖山上……從你被造的日子起，你的行為都無可指摘，直到在你中間有了罪孽為止……你因自己的美麗心裡高傲，又因你的光彩敗壞了你的智慧。所以我把你拋在地上。」（《以西結書》二十八章十四至十七節）路西法墮落後，說服了天堂三分之一的天使跟隨祂（《啟示錄》十二章三至七節）。它想成為神，而如同《以西結書》二十八章指出，神的邪惡天使最強大的謊言，就是說服我們在自身小小的宇宙中扮演神，去行我們自己的意志，而非讓神成為神，行神的旨意。

狡詐的說謊者

耶穌告訴我們：「你們若持守我的道，就真是我的門徒了；你們必定認識真理，真理必定使你們自由。」（《約翰福音》八章三十一至三十二節）但有些猶太人告訴耶穌：「我們不是從淫亂生的；我們只有一位父，就是神。」耶穌回答：「你們是出於你們的父魔鬼，喜歡按著你們的父的私慾行事。他從起初就是殺人的兇手，不守真理，因為他心裡沒有真理。他說謊是出於本性，因為他本來就是說謊者，也是說謊的人的父。」（《約翰福音》八章四十四節）

墮落天使是說謊者和欺騙者，自絕於神的光、愛、真理之外，還想欺騙我們跟隨它們。摩西便解釋，當人不像神尋求指引，反而向靈體尋求的時候，就會發生欺騙：「他們以外族人的神激動了神的憤恨，以可憎之事惹起了他的怒氣。他們獻祭給鬼魔（他們不是神）。」（《申命記》三十二章十六至十七節）聖經警告，如果人追隨偶像或是求問鬼魔，則欺騙的惡魔就真的會帶他們走上錯誤的路。

「有人對你們說：『要求問那些交鬼的和行巫術的，就是那些喃喃細語的人。』一族之民不應當求問自己的神嗎？他們怎能為活人求問死人呢？他們應當求問神的訓誨和法度；他們若不照著這些準則說話，就見不到曙光。」（《以賽亞書》八章十九至二十節）所以神才說：「如果有人轉向交鬼的和行法術的，隨從他們行淫，我必向那人變臉。」（《利未記》二十章六節）聖經教導我們，神想要我們追隨祂的指引，我們才不會遭欺騙。

保羅說：「這並不希奇，因為撒但自己也裝作光明的天使，所以，撒但的僕役裝成公義的僕役，也不必大驚小怪。」（《哥林多後書》十一章十四節）這帶來了一個麻煩的問題：是否有可能，人以為是上帝或耶穌的靈體，其實是騙人的墮落天使呢？是的，這是有可能的，但我不覺得在大多數案例中是這樣。本書前面說過，人們遇見的這個光之靈，符合聖經中先知及耶穌對神的描述，但這也不代表人們不會詮釋錯誤，或把他們的經驗硬是套用在自己的世界觀上，我認為這有可能發生。此外，要是瀕死經驗者宣稱耶穌告訴他們的事，和聖經中矛盾，但真正的耶穌是絕不會做這種事的（參見《馬太福音》五章十七節、二十節、《加拉太書》一章八節）。

不過，有的基督徒仍固執地認為所有瀕死經驗都是惡魔的欺騙。此外，神也允許小孩和信徒——包括祂的牧師——受到欺騙；當然，我們所有人都有可能被欺騙，所以務必仔細檢視所有和聖經不符的宣稱，並且如同耶穌所說，觀察這些人在他們生命中所結出的果實（《馬太福音》七章十六節）。即便過往某些瀕死經驗研究者宣稱瀕死經驗會將人帶離聖經中的神和教會，朝更為東方的觀點而去，撒邦醫師卻不認同這種結論。他非常有理地認為，許多國際瀕死經驗研究協會（International Association of Near Death Studies，簡稱IANDS，*）的早期研究者，研究的都是同一群個案，而這些個案心中早已存有這類世界觀。[8]

*撒邦醫師便是IANDS的創始成員之一，此協會後來蒐集了許多瀕死經驗故事，供早期的研究者使用，撒邦在他《光和死亡》（Light and Death）一書的第七章中，便提供了重要的歷史脈絡，解釋IANDS的研究為何會傾向更為東方的詮釋，撒邦認為這影響了針對真實見證的詮釋。

就連IANDS的研究負責人布魯斯・葛雷森博士，都承認瀕死經驗研究者相當依賴的IANDS研究樣本，「無法推論到一般大眾上」。[9]撒邦也在他的研究中發現，瀕死經驗者會更常去教會，而不是更少。[10]而在薩托里博士的研究中，「所有病患禱告、上教會、讀聖經的頻率都提高了。」[11]

雖然某些人是以更東方的架構去詮釋他們體驗到的合一，撒邦的研究仍發現「相信輪迴和東方的普世性宗教，並非瀕死經驗的直接影響。」[12]穆迪醫師一開始也發現類似的結果。最後，聖經告訴我們：「不要每個靈都信，總要試驗那些靈是否出於神。」（《約翰壹書》四章一節）

但要怎麼試驗呢？那就是要確認那個「靈」和上帝透過先知及耶穌揭示的教導，是相符合的。本書附錄A和先前的章節中，已經提供了幾個上帝在真實的信史中所實現的先知預言，總共有大約六十個，這顯示上帝啟發了聖經的書寫。《死海古卷》則是證明了耶穌實現的預言，是寫於耶穌生活的年代之前，這就是為什麼保羅會說：「但無論是我們，或是從天上來的使者，如果傳給你們的和我們以前傳給你們的福音不同，他就該受咒詛。」（《加拉太書》一章八節）耶穌也說：「如果他們不聽從摩西和先知，就算有一個從死人中復活的人，他們也不會接受勸告。」（《路加福音》十六章三十一節）因為這些原因，我認為深入研究聖經，比研究瀕死經驗更重要。希望這本書能夠啟發你這麼做。

信仰讓你自由

墮落天使會說謊會欺騙，只有在我們相信，並跟隨它們的謊言時，它們才能支配我們，接著我們會以為自己正在做自己想要的事，最後卻只是傷害了自己和他人。神想要治療我們的傷口，消除那些掠劫我們人生的謊言。神在天堂曾用祂的真理，幫助克莉絲托撫平了那些罪惡所造成的謊言和傷口，祂讓克莉絲托看見一位在玩復活節彩蛋的美麗三歲女孩。

每次她一笑，我的靈魂就充滿對她的愛和驕傲，我想看這個小女孩玩耍，直到永遠，我想要跑向她，牽她的手，告訴她我有多愛她。如浪潮般無盡散發的愛是如此深沉又強烈，而且持續不斷，讓我真的、真的以為自己的靈魂即將爆炸……

接著神把這種感覺抽走，幾乎就像我本來罩著某種魔術玻璃，祂猛然將玻璃拿走，而我知道是神抽走了這種感覺，因為感覺一消失後，我回頭看那個孩子，便馬上理解她是誰。

那個拿著金色籃子的小女孩就是我！

我知道神是要讓我用祂看我的方式看自己，而在祂眼中我是個絕對完美的造物，也永遠都會是。在世界上所有發生在我身上的事，所有讓我討厭自己的錯誤決定，那些都不重要了。我曾相信，我身上發生了這麼多糟糕的事，我自己做過這麼多糟糕事之後，神不會愛我了。但這個想法是個謊言，神讓我看見祂對我的愛有多深，破除了這個謊言。那一刻，一輩子束縛我的枷鎖都掉落了，在真理面前掉落。虐待開始時我三歲，所以神帶我回去我三歲時，使我從那個謊言中解脫。數十年來我肩負的重擔都消失了，透過神的眼睛看見我自己，讓我變得完整，也讓我自由。**13**

我們不需要等到天堂降臨才能自由。真理就是我們對抗惡的方式——拒絕謊言，相信神的真理。上帝將你視為祂想修復的作品，而祂也想要你在其他人身上看見這點。

選擇生命

聖經裡提到，世上有很多墮落天使，也就是跟隨路西法的邪惡靈體。它們沒有上帝的愛，充滿自身的慾望，而且它們會告訴我們關於上帝及生命之道的謊話。祂們決定永遠背叛神，所以它們沒有第二次機會。它們的決定是永恆的，我們的卻只是暫時的。

這解釋了為什麼充滿痛苦和苦難的塵世是必要的。路西法和眾墮落天使決定拒絕神的存在，因為它們是永恆的生物，祂們的決定也是永恆的。它們想要統治，不想要神，但它們並不理解這個選擇背後的意義。神尊重它們這個出於自由意志的選擇，所以創造了一個不歸它統治的地方，一個缺少上帝的永恆所在，一個叫地獄的地方。耶穌說，地獄是「為魔鬼和他的使者所預備」（《馬太福音》二十五章四十一節），神給了它們所欲之物：一種自由統治，但缺少神的愛、光、生命。

神創造我們這個時空有限的世界，是為了要創造永遠都會選擇愛神、追隨神，而且永遠自由的人。為什麼呢？因為我們是源自善惡的知識（參見《創世記》二章十七節），我們居住的世界，可以嘗到充滿神的愛和善的天堂，也能嘗到沒有神、沒有神旨意的地獄。這就是為什麼神仍維持隱密。

我們嘗到的天堂和地獄都是極度濃縮的版本。瀕死經驗者告訴我們，靈性的感官，比我們現在擁有的五感還強烈幾百倍。神讓我們從一個時間膠囊為起點，一個叫作世界的地方。即便我們都充滿罪孽，背棄了神，祂仍願意給我們時間，第二次、第三次、第一百次機會，重回祂的懷抱。

在天堂中，我們仍會擁有自由意志，我們必須要有，否則我們無法去愛神。理論上來說，我們在天堂仍可能犯罪，*但我們和天使不一樣之處在於，我們永遠都會選擇

*我說「理論上」，是因為我認為神會在天堂將我們變得完美，這樣我們就不會犯罪，但祂將如何進行此事，是個引起眾多討論的問題。

神，因為我們記得在地上沒有神的生活是什麼樣子。神是在天使服事我們的時候教導它們——神這樣做的目的，是「為了要使天上執政的和掌權的，現在藉著教會都可以知道神各樣的智慧。」（《以弗所書》三章十節）如此我們才會記得背棄神帶來的痛苦和苦難，以及祂為了贖回我們付出了什麼樣的代價。透過地上的苦難，神是在孕育永遠自由、永遠都會選擇去愛祂的子民。這就是為什麼耶穌的傷痕還在——所有天使和人類都需要永遠記住，為什麼苦難是必要的。

迪恩是個為創傷病患提供諮商的心理學家，他談論到自己的瀕死經驗時表示：

你可以看見耶穌手上的釘痕，但仍是由傷痕散發出來的愛，傳達了祂對我的愛……我在過去三十三年中都負責協助孩童和青少年，我協助的孩童常碰到的問題就是來自成人的性虐待。單單是這個問題，對我來說，就已超越其他所有我身為諮商師面對的議題，加起來的傷害……

我問耶穌：「那些虐童者呢？」

耶穌回答：「你把人丟進監獄，他們總有一天會離開監獄，要嘛是服刑期滿出獄，要嘛就是死在監獄裡，終究也是離開了。可是如果我們把人丟進地獄，他們就會永遠待在那。」然後祂用雙眼盯著我，我看見祂眼中充滿盛怒的火焰，彷彿在說：「你憑什麼認為我的作法沒用？」這個想法非常嚴肅地進入了我心中，我同時看見祂的雙臂張開，就像祂被釘在十字架上，償清了所有罪人曾犯下、將會犯下的罪債。這代表我們沒有權力去定任何人的罪，因為耶穌也沒有這麼做。我知道我懂了，祂希望所有人到天堂和祂一起，祂真的想要我們到那裡和祂一起，所有人！14

老實說，神充滿愛，卻允許這麼多痛苦和苦難存在世上，唯一合理的解釋就是，祂知道未來有更好或更壞的事物在等著我們，祂想要拯救所有人類，包括受虐者、虐待者、所有人（參見《路加福音》七章）。我們是永恆的生物，嘗過天堂和地獄，所以我們會選擇神。如同牛津大學學者魯益師說的：「神在我們愉悅時輕聲細語，在我們的良心中使用正常音量，但痛苦時則是大聲疾呼：這是祂喚醒這個充耳不聞世界的擴音器。」15耶穌也說：「你們在天上的父是不願意這些小弟兄中有一個失喪的。」（《馬太福音》十八章十四節）這就帶出了下一個問題：我們該怎麼看待與地獄有關的瀕死經驗呢？

第十六章

去過地獄嗎

十二指腸穿孔時，北肯塔基大學的藝術教授霍華德・史東正帶著學生進行一場巴黎博物館之旅。他並不知道，但通常從穿孔開始算起，存活時間大約只有五個小時。那個周末醫院只有一名外科醫生輪值，所以霍華德和妻子貝佛莉只能乾等。等了十小時後護士告訴他們，醫生回家了，要等到早上才有醫師。霍華德奮力掙扎，想要存活，但現在他已經沒有力氣了。

「我知道我快死了……我盡力忍住即將潰堤的淚水，告訴貝佛莉我很愛她，告訴她一切都結束了，我們彼此道別。我清楚知道沒有來生這種東西，傻子才會相信那種事。我不相信神，也不相信天堂、地獄、童話故事。」霍華德閉上眼睛，昏了過去。他以為自己會失去意識，但卻發現自己站在病床邊，於是睜開雙眼。

「這是夢嗎？一定是。」我一直想，但我知道並不是。我發現自己這輩子從沒這麼警覺、敏銳、生氣蓬勃，所有的感官都極度清晰。我彎下身查看病床上身軀的面貌，害怕地發現那張臉和我自己的多麼像，但那東西根本不可能是我，因為我就站在旁邊看著……我從來沒有這麼警覺、這麼清醒過。我很想跟貝佛莉溝通，於是開始大叫，但她坐在病床邊的椅子上動也不動。我大聲尖叫、生氣了，但她持續忽略我。

他聽見病房外的大廳中有聲音在叫他，「霍華德、霍華德」他們叫著。聲音聽來很友善，有男有女，有老有少，用英文叫著。但巴黎的醫院裡，醫護人員的英文都講得很爛。

他們說：「出來這裡，我們走吧，快點，我們等你很久了。」

我說我沒辦法，我生病了……我需要動手術，我病得很重！

他們說：「如果你快點的話，我們可以醫好你，你不想趕快好起來嗎？你不想得到幫助嗎？」

我身在異國的陌生醫院，在一個極端怪異的情境中，而且我很害怕那些叫我的人。我問他們是誰，他們好像被我的問題激怒了……「你不出來的話我們沒辦法幫你。」

我滿心焦慮走進大廳，大廳看似明亮，但很朦朧，就像飛機穿過厚重雲層似的。那些人很遠，我看不清楚，但我能分辨出有男有女、有高有矮、有老有少……我想靠近點辨認他們的時候，他們又迅速往後退回霧中，所以我越跟越遠，進入厚重的大氣中，我離他們永遠都有三公尺的距離。我滿腹疑問……

每當他猶豫，他們便堅持他繼續往前，不斷重複保證只要跟著他們，他的麻煩就會結束。他們一直走一直走，不管他問什麼都一直遭到回絕……他們已經走了很遠，但他卻又擁有某種詭異的能力，只要一回頭就能看見醫院病房的門口，他太太貝佛莉就坐在那。

我不知經過了多久時間，我已經失去了時間感。我一直問到了沒到了沒，我說我病了，我做不到。他們越發生氣地嘲弄我說：「如果你停止抱怨，我們早就到了，快一點！」他們低聲談論著我光裸的屁股，醫院的袍子根本遮不住，還一直說我有多可悲，我知道他們在講我，但當我試著聽清楚他們到底在說什麼時，他們就會和彼此說：「噓，他聽得到你，他聽得到你……」我越來越了解他們是在騙我，而且我和他們待越久，就越難逃離……他們開始對我大叫和羞辱我，叫我快一點。我變得越悲慘，他們從我的痛苦得到的享受就越多。

我內心升起一股可怕的恐懼感。這個經驗太過真實了，我變得前所未有的敏銳和敏感……當我看向四周時，害怕地發現我們身處全然的黑暗之中。

絕望淹沒了我，我告訴他們我不能再走了，離我遠一點……接著他們開始推我擠我，我也開始反抗，一陣瘋狂的嘲弄、尖叫、毆打隨之而來。我像個野人一樣反抗，我轉身踢他們，他們就咬我、扯我，這段期間他們很明顯相當開心。我在黑暗中看不見任何東西，我仍感覺到周圍有數十或數百人，我反抗的嘗試只是激起更大的娛樂……每一波新的攻擊都帶來更多刺耳的笑聲，他們開始扯下我的血肉。我非常害怕，自己正被扯成碎片、生吞活剝，而且是以緩慢又有條不紊的方式，這樣他們的娛樂才能持續更久……

這些生物曾是人類，我最貼切的形容方式就是，他們像一個最爛的人，而且絲毫沒有同情心。他們是一群完全不受約束、殘忍的人，當他們在那片黑暗中向我湧來時，我和他們有密集的肢體接觸，他們的身體感覺和人體一模一樣。

最終我無力反抗，被扯的稀巴爛，他們也停手了，因為不好玩了。我還沒描述完發生的所有事，還有些我不願記得的事，回想起來都太過噁心和令人不安，我花了好多年想壓抑這些記憶。這次經歷後，不管我何時想起細節，都會出現創傷……

當我躺在地上，折磨我的生物一湧而上時，我的胸口出現一個聲音，聽起來像我的聲音，但這並不是我的想法：「向神禱告」。我記得我心想：「為什麼要禱告？這多蠢啊，根本沒有用，只是在逃避，我也不信神，躺在這黑暗中我是完全沒救了。而且不管我信不信神，都不可能得救。句點。」

那個聲音跟我說了第二次：「向神禱告。」這肯定是我的聲音，但我並沒有說話。怎麼個禱告法？又要禱告什麼？我成年之後就未曾再禱告過，我不知道要怎麼禱告……那個聲音又說了一次：「向神禱告！」

霍華德想不起來任何童年的禱詞，或任何有提到神的東西，所以他只好胡亂拼湊，絕望地禱告：「對，雖然我行在死蔭的幽谷中，我不害怕惡魔，因為祢在我身旁，主啊，我的眼睛已經看見主降臨的大榮光，救我脫離魔鬼……一個信神的國家，上帝保佑美國。」

讓我驚訝的是，那些想要撕碎我的殘忍邪靈，被我這破爛的禱告給激怒了，就像我朝他們潑熱油一樣。他們尖叫著：「根本沒有神！你以為你在跟誰說話？沒人聽得見你！」他們口吐最淫穢的語言，比任何地上的褻瀆都還糟糕，但同時他們也在撤退，我仍能在徹底的黑暗中聽見他們的聲音，但是越來越遠。我發現說出和神有關的事真的能逼退他們，於是益發堅定地禱告。

我知道他們已距離很遠了，但還是有可能回來。在這個可怕的地方我孤身一人、遍體鱗傷、痛苦萬分，完全不知道我在哪……我思索著我過去的所作所為，我這輩子一直覺得努力才是最重要的事，所以一生都是在為自己而活，想留下些什麼。我的家庭、我的雕塑、我的畫作、我的房子、我的花園、我小小的名氣、我對權力的幻覺、這全都是自我的延伸，但這些東西現在全都不在了，所以又有什麼重要呢？

我一輩子都在焦慮、恐懼、害怕、擔憂。如果我能夠成名，就能打敗無力感和死亡……我不喜歡我自己，也不喜歡其他人。我對別人從來沒有什麼真正的同情心，我驚覺自己跟這些折磨我的邪靈其實沒什麼不同……我已經無力抵抗讓自己變成那些邪靈了，我快要變成那些永遠會折磨我的邪靈了。

霍華德隻身一人躺在黑暗中，覺得無比絕望。這時一首他從童年以來就再也沒聽過的歌曲傳入他腦中：「耶穌愛我」他只記得這幾個字，但在絕望中激起了一點希望的火花。

我想要耶穌愛我這件事成真，但我不知道要如何表達，所以我用盡全身僅存的力氣，朝黑暗中大喊：「耶穌救救我！」我這輩子從沒做過這麼堅定的宣示。

我在黑暗的遠方看見一點光線，就像天空中最黯淡的星星……快速變亮，越來越亮……光線比我見過的任何事物都還強烈、還美麗，比太陽更亮，也比閃電的閃光更亮。光線很快照耀在我身上，我知道雖然光線是無可形容地亮，卻不只是光。這是一個活生生的靈，一個光之靈……由橢圓形的光線圍繞，明亮的強光穿透我的身體。狂喜一掃痛苦，有形的手臂溫柔擁抱我、舉起我，我慢慢往上浮，來到光之靈的面前。而我身體遭到撕扯的傷口，奇蹟般在我眼前癒合。

這個擁抱我、充滿愛的光之靈非常了解我，祂比我自己還了解我，祂充滿知識和智慧，我知道祂了解有關我的所有事，祂也無條件愛我、接納我。祂就是萬王之王、萬主之主、救世主耶穌基督。我心想：耶穌真的愛我。我向耶穌求救，而祂前來拯救我，於是我喜極而泣，淚流不止。祂抱著我、安撫我，就像母親照顧嬰兒一般，也像父親找回離家已久的浪子。我一直哭，羞恥於自己先前不相信祂，更因喜悅及得到救贖而哭？我哭得像個嬰兒，而且還無法停止。

祂緊抱著我、輕拍我的背，我們一起往上升，一開始慢慢地，後來就像火箭一樣快，離開了又暗又討厭的地獄，穿越浩瀚的距離，好幾光年，感覺卻只過了一下子……

在很遠很遠的地方，我看見一大片亮光，看起來像銀河，中心是個無比明亮的光源，周遭則是無數光球飛進飛出……我完全無法思考，不能描述發生了什麼事。簡單來說，我知道神愛我，神愛造物，神就是愛。[1]

地獄瀕死經驗

霍華德說從遠處看見這座偉大的光之城時，他在耶穌和幾名天使面前，也看見了人生跑馬燈，這點會在下一章討論。霍華德後來奇蹟般醒來，幾年後不再擔任大學教授和藝術系系主任的職位，成為一名牧師。有什麼事，能促使一名公開的無神論教授，放棄他的終身職和一生的事業，捏造一個到地獄一遊的故事嗎？

一九七〇年代瀕死經驗故事的數量不斷增加，那時地獄瀕死經驗的數量還相當少。事實上，穆迪還大膽認為：「沒有人描述過飾滿珍珠的天堂大門、黃金街道……也沒有人提到充滿永恆之火和拿著乾草叉惡魔的地獄。也就是說，在多數案例中，來生的獎勵和懲罰機制，都被捨棄和推翻。」2

荷蘭的瀕死經驗研究者洛梅爾醫生則是如此總結地獄瀕死經驗：「可怕的是，個案有時會發現自己被拖進無盡黑暗的深淵。瀕死經驗便在這恐怖的氛圍中結束……這類可怕的瀕死經驗通常會產生持續的情緒創傷，毫不意外地也稱為『地獄經驗』。擁有這類可怕瀕死經驗的確切人數未知，因為他們時常因羞恥和罪惡感保持沉默。」3

薩托里則提到：「（研究）的結果強調負面的瀕死經驗就和正面的瀕死經驗一樣真實。」4某些研究中並沒有出現負面的瀕死經驗，但這可能是因為研究的方法：鼓勵人們分享瀕死經驗故事，可能造成人們興奮地想向他人分享正面的經驗。如同霍華德．史東發現的：「這些年間許多人都曾和我分享他們的瀕死經驗，而其中許多都是負面的，很多人都告訴我，因為他們感到羞恥和荒謬，所以並沒有和其他人分享過……這個現象非常普遍。」5

有很多地獄瀕死經驗嗎

即便如此，《瀕死經驗手冊》仍提到在涉及一千三百六十九名個案的十二個不同研究中，共有百分之二十三的個案「提及各式令人心神不寧、可怕或絕望的瀕死經驗」。[6] 第三章的心臟科醫師羅林斯醫生也曾救活一名經歷多次地獄經驗的病患，但該病患事後並不記得任何事。羅林斯推論，這些經驗產生的創傷如此嚴重，使其遭壓抑於潛意識中；而且除非在甦醒後立即訪談病患，我們也不應預期會出現更多類似的見證。[7]

有名十四歲女孩覺得人生無望，選擇自殺，她吞了一整罐阿斯匹靈。醫生提到，她在醫院接受急救過程中，一直喊著：「媽媽，救救我！叫他們放開我！他們想要傷害我！」醫生跟她說抱歉，弄痛了她，但她說並不是醫生害的，而是「他們，那些地獄裡的惡魔……他們不想放我走……好可怕！」醫生提到：「她又睡了一天，而她母親多數時間都抱著她。各種管線拔除後，我請她回憶發生了什麼事，她只記得吞下阿斯匹靈，其他事都不記得了！那些事件很可能仍壓抑在她腦海中某處……幾年後她便成了傳教士。」[8]

在其他文化中，瀕死經驗也同樣並非都是正面的。印度文化中的「Yamdoot」是和天使類似的「信使」，而 Yamdoot 會出現在將死者的床邊，把死者帶到他們的主人閻摩（死神）面前。Yamdoot 的外表則是視死者的業而定，如果死者生前累積大量善行，就會出現慈祥的Yamdoot，但要是生前表現不好，就會出現可怕的Yamdoot。[9]

某個印度教的神職人員則提到：「有個人站在那！他有一台推車，所以一定是Yamdoot，他一定是要來帶走某個人。他在嘲笑我，因為他要帶走的就是我！……拜託抓牢我，我不要去。」[10]這名神職人員在痛苦加劇之後死去。

歐西斯和哈倫森也提到：「出現這種帶走幻覺的印度人中，每三個就會有一個（百分之三十四）害怕Yamdoot來帶走他們。」[11]研究者已蒐集足夠的「地獄」見證，我將其大致分為三類：虛無、塵世的地獄、大坑。

虛無

有些瀕死經驗者的靈魂出竅時，就像人在外太空一樣進入虛無，或是在黑暗中體驗到墜落。年輕的藝術家蓋瑞，在一個下雪的冬夜發生車禍，他的靈魂出竅了，並看著冰水灌進車內：

我看見救護車抵達，也看見有人來幫我，把我弄出車子送往醫院。那時我已不在身體中，我離開了身體，我感覺到試圖幫我的人散發的溫暖和友善……我也感受到這股友善的來源，它非常、非常強大，我很害怕，所以我並沒有接受，我只說了「不」，而且我覺得不舒服，所以我拒絕了。就在那一刻，我離開了地球，我可以感覺到和看到自己往上飛到大氣中，接著穿越太陽系，穿越銀河，穿越所有實質的事物……這一切變得無法承受，很恐怖，時間就這樣流逝，一切感覺和知覺都消失了，也感受不到任何光。我極度恐慌，不斷掙扎、禱告，掙扎著想回去。**12**

有些人會拒絕神的愛和光，或是覺得光帶來痛苦。有些人發現自己身處可怕的虛無，其他人則是體驗到黑暗，伴隨著墜落感。我的朋友保羅．歐傑達（Paul Ojeda）曾因吸食過量古柯鹼差點喪命，他當時發現自己突然清醒，卻身處他從未料想到的情況，他向我解釋發生了什麼事：

我死掉時，並沒有看見光，而是看見一條黑色的隧道，就像有人把我丟進外面的黑暗中，而我正在墜落。我吸了毒，但發現自己不嗨了，我在一個不同的地方，時間感也不同，但我正快速朝下墜落。我心想：「我是好人，我不應該到這的。」但還是一直墜落，這時我發現自己即將前往地獄，而且永遠出不來了，於是開始大哭：「求求主，我不想去那裡，拜託救救我。」我沒有看見臉部或人形，只是感覺到主出現在我身邊，然後在我的靈魂中問：「保羅，你用我賜你的生命做了什麼呢？」

保羅看見他一生的人生跑馬燈，從出生到他當時的三十歲。神還帶他去看只有他自己知道的一切黑暗秘密。保羅對神說：「我知道我這輩子沒做什麼好事，我只配下地獄，但如果祢給我機會，我就會回去，然後告訴其他人這是真的。」

保羅在醫院醒來，醒來後說的第一句話就是：「我看見地獄，而且我再也不要回去了。我想要找到那個從地獄中拉出我的神。」保羅離開他一手建立的賺錢事業，開辦了一間教會，服事德州奧斯汀的西語族群。保羅和其他人是不是經歷了聖經中警告的各種「幽暗的坑」（《彼得後書》二章四節）和「無底坑」（《啟示錄》九章一節）呢？

塵世的地獄

和霍華德．史東相同，第一章的喬治．李齊也觀察到了某種程度的地獄。喬治宣稱耶穌帶他參觀了地獄的不同「層」，看見世上的人在工廠中工作，監督他們的男子不斷咆哮下令，還有一群女子聚在一起抽菸，其中一人還跟其他人要菸，另一名女子拿出一根菸點燃時，要菸的女子飢渴地一把抓住，但她的手直接穿了過去。喬治接著看見一名走在街上的男子，男子已逝的母親就在身旁，不斷逼問他為什麼要娶瑪喬莉，要他好好照顧自己。生者永遠看不見死者，但死者卻永遠糾纏著各種事。李齊驚覺：「不可為自己在地上積聚財寶，你的財寶在哪裡，你的心也在那裡。」他回憶：

聖經裡耶穌「登山寶訓」的字句，就像電擊般出現在我腦中。或許這些沒有形體的人，那個生意人、要菸的女人、碎念的母親，雖然已不再能和塵世接觸，他們的心卻還在。我也是這樣嗎？永遠和那些他們從未停止渴求的事物分離，很顯然也是某種形式的地獄……

若這就是地獄，那為什麼耶穌在我旁邊？為什麼每次我轉向他，心中就充滿喜悅？……不管我往哪裡看，他都是我注意力真正的焦點，不管我看見什麼其他事物，都無法和他相比。

我也覺得很困惑：如果我能看見祂，為什麼其他人不能？……他們怎麼會看不見走在他們之中燃燒的愛和憐憫呢？他們怎麼會錯過距離這麼近、比正午太陽還明亮的人呢？

除非……

那時我第一次理解到，是不是發生了什麼超乎我想像的重要之事？我是不是有可能，以某種真實的方式，真的「重生」了？就跟牧師說的一樣。「你的財寶在哪裡，你的心也在那裡……」只要我一心想著要在某天以前抵達里奇蒙，我就無法看見耶穌。或許只要我們的注意力放在別的事物上面，我們甚至就連耶穌也能阻擋。

李齊似乎又開始移動，仍是在地上的某個地方，但遠離任何城市和任何活人，有一大群無形的人塞得周圍水洩不通。於是他哭喊著：「主耶穌啊！我們在哪裡？」他以為底下是一個大型戰場，所有人都像是在生死鬥，纏在一起，彼此揮拳、相互欺騙……顯然想殺死對方，但又不能，因為他們早就死了……這些生物似乎困在心理和情緒的憎恨、慾望、毀滅。

> 他們彼此啃咬、互踢，或更可怕的，以可怕的動作進行性虐待……而他們彼此之間最常傳遞的想法，都和自身優越的知識、能力、背景有關。「我早就告訴過你了！」「我早就知道！」「不是早就跟你說過了嗎！」這類想法不斷尖嘯著，回聲著……在這些充滿忌妒和受挫自尊心的叫喊中，我也清楚聽見了自己的聲音。
>
> 然而，再一次地，我身邊的靈並沒有定任何人的罪，只是憐憫這些傷透祂心的痛苦生物，顯然這些人身處這個地方，並不是因為祂的旨意。[13]

李齊想，底下這些人為什麼不離開呢？沒有人強迫他們留在這裡承受這種虐待。接著他出現了一個可怕的想法：要是他們想尋求的，其實是和他們自己類似的人呢？物以類聚吧？他驚覺：「也許不是耶穌拋棄了他們，而是他們自己遠離了光。」[14]耶穌曾警告過，有一種「外面的黑暗，在那裡必要哀哭切齒。」（《馬太福音》二十五章三十節）這就是霍華德．史東和喬治．李齊經歷的嗎？

大坑

最後一種地獄瀕死經驗，通常和困在黑暗的坑洞、洞穴、地底有關，而且時常伴隨惡臭，例如糞便、硫磺、屍臭，惡魔和類似生物也常會出現。某些案例是極度寒冷，有些案例則是非常熱，甚至出現火焰（參見《馬太福音》十三章四十至四十二節、《馬可福音》九章四十三至四十四節）。所有瀕死經驗者都提到同樣的超敏銳感官，能讓天堂經驗感覺如此生氣蓬勃，但在地獄則是使這恐怖的經驗比一切更可怕。研究地獄瀕死經驗的南西．布希（Nancy Bush）認為，最後這種地獄瀕死經驗是最少出現的，而且也很有可能最常不受到採信，但這些經驗卻會造成嚴重的情緒創傷。

布希訪談的一名瀕死經驗個案便表示：「地獄是個大坑，充滿黑暗和火焰，我在一個黑暗之地，景象真可怕……這種經驗我根本不想談，不想要其他人知道我曾去過地獄。有些人可能對這種地獄的事一笑置之，但那個地方非常真實。」15

法蘭在二十六歲時因用藥過量差點身亡，但後來成功撿回一命，她回憶：「我接著覺得我的身體往下滑，不是直直往下，而是有個角度，就像斜坡。四周又冷、又暗、又濕，底部則像是洞穴的入口……我聽見哭泣、哀號、呻吟、磨牙的聲音，我看見這些類似人類的人，有頭和身體，但他們非常醜陋又怪異……相當嚇人，而且聽起來像是受到折磨，非常痛苦，沒有人和我說話。」16

被箱型水母螫到的紐西蘭衝浪客伊恩，一開始也發現自己完全失去方向。他回憶，當時非常暗，而且還很冷。他雖然還是他自己，但卻沒有實質的身體。他有知覺，也感覺自己有身體，卻碰不到……逼近的可怕惡魔似乎充滿了他的周圍。

他這時發現身旁還有其他人，而那些人可以知道他的想法，而且回答他的想法。有人跟他說：「閉嘴！」「你活該到這！」他心裡剛剛想：「我在哪？」就聽見第三個聲音喊道：「你在地獄，現在給我閉嘴。」他怕到不敢移動、呼吸、說話……

我死前曾（在救護車中）禱告過，並請求上帝寬恕我的罪孽，現在我淚流滿面，向上帝哭喊：「我為什麼在這，我已請求祢的寬恕，我為什麼會在這？我一心向祢，我為什麼在這？」

接著一道亮光照耀在我身上，把我吸出黑暗。17

伊恩發現耶穌的光拯救了自己，跟霍華德．史東的經驗很像。

這代表什麼？

這些人真的身在地獄嗎？不完全是，因為就和天堂經驗相同，他們後來都返回人間，沒有死，他們只是嘗過死亡的滋味。他們看見的，似乎是下輩子在地獄的不同層次。請記得，許多瀕死經驗者都曾發現一道他們知道不可以跨越的障礙或邊界，否則他們就無法回到塵世，或許這就是為什麼，他們仍擁有選擇的能力——在他們跨越那到障礙之前，他們的決定還不是「永久的」。所以這些人所經歷的，其實是對地獄真實的警告。

耶穌警告地獄的次數，就跟祂教導天堂的次數一樣多。祂告訴我們，神會找到迷途的人，就像牧羊人願意暫時丟下九十九隻羊，去尋找唯一迷失的羊：「照樣，你們在天上的父是不願意這些小弟兄中有一個失喪的。」（《馬太福音》十八章十四節）這便是耶穌犧牲自己的原因，「他（神）願意萬人得救，並且充分認識真理。因為神只有一位，在神和人中間也只有一位中保，就是降世為人的基督耶穌。他捨了自己作萬人的贖價。」（《提摩太前書》二章四至六節）因此，「凡求告主名的，都必得救。」（《使徒行傳》二章二十一節）

那麼為什麼會有人下地獄呢？耶穌說：「世人因為自己的行為邪惡，不愛光倒愛黑暗。」（《約翰福音》三章十九節）從無神論者變成信徒的牛津大學學者魯益師便在他的著作《痛苦的奧秘》（The Problem of Pain）中，深刻探討地獄的概念，並做出結論，認為神並沒有把任何人送到地獄：「我樂意認為，那些受詛咒的人，在某種程度上可說是成功反叛到底。地獄之門是從裡面鎖上的……永遠享受他們（向神）要求的恐怖自由。」[18]

地獄的歡迎委員會

霍華德．史東發現，並非所有「歡迎委員會」都是友善的，雖然一開始看起來像是很友善：

沒有神的愛的人，無法加入這趟天堂之旅，他們將自生自滅。不過他們在來生不會孤單，他們將會有同伴，和他們一樣的人在等著他們。這些同伴就是他們的歡迎委員會，帶著他們展開一場遠離神的愛和榮光的旅程。對每個人來說，前往地獄的旅程也是獨一無二，其複雜和痛苦程度沒有上限，是一趟永遠不會結束的無神之旅。地獄就是和神分離……神不會出手干預，天使也無法干預，因為這是那個人自己的選擇，神尊重我們選擇的自由。**19**

耶穌曾提到存在不同「程度」的地獄，視對象活過的一生而定（《路加福音》二十章四十七節）。我不認為某個人曾一窺天堂或一瞥地獄這件事，將會影響他們最後的去處。某些人出於某種原因，似乎兩個地方都去過，應該是為了可以同時啟發和警告他人。伊比醫生等基督徒便宣稱耶穌為了這個理由，同時帶他們去了天堂及地獄。

哈佛大學的神經外科醫師伊本·亞歷山大也發現，他經歷了「針對看不見的靈性那面，某種雄偉的概覽，而且和所有美妙的導覽一樣，一層不漏」，[20]他從一個他稱為「蚯蚓視角」的地方開始，這聽起來比「地獄」還要雅緻多了，但他所描述的景象，和其他人所謂的「大坑」非常類似：

> 黑暗，不過是種看得見的黑暗，就像淹沒在泥土中，但還是可以看透土堆，不過是以一種朦朧、模糊、幽閉恐懼、令人窒息的方式……（我聽見）金屬敲擊的聲音，就好像地底下有個巨大的鐵匠，在遠處敲打鐵砧，敲得如此用力，使聲音震動穿過泥土……

他在那個地方待越久，就覺得越不舒服。這種深沉、失去時間、無邊無際的沉浸感，後來漸漸轉變成另一種感覺：「一種彷彿我並不真正屬於這個地底世界，卻困在這裡的感覺。」他看見怪異的動物臉龐從汙泥中冒出，呻吟尖叫，接著再度消失。還有低沉的吼聲，時而變成模糊又帶有旋律的可怕吟誦，卻又詭異地熟悉。他已不知自己在這裡待了多久，幾個月？幾年？永遠？遠處帶有韻律的敲打聲現在變得更尖銳、更強烈，是某種巨魔般的地底勞工大軍的工作節奏，好像是正在進行某種極度單調的無盡任務。

> 接著我聞到一種味道：有點像糞便、有點像血、有點像嘔吐物。換句話說，就是種生

物性的味道，不過是生物死亡的味道……我已接近恐慌邊緣，不管我是誰或什麼東西，我都不屬於這裡，我必須離開。**21**

神就是愛？

為什麼一個充滿愛的神，會因人在世上所犯的有限罪過，就永遠懲罰人呢？這對人來說很難理解，但如果我們認為我們只是暫時的生命，會因有限的罪過而遭到永恆的懲罰，那我們就錯了。事實上，我們和天使一樣是永恆的生物，但是不像天使，我們在世間擁有許多有限的暫時機會，可以選擇來生，而非永遠死亡（參見《申命記》三十章十九至二十節）。

為什麼一個充滿愛的神，會允許這個世界存在這麼多邪惡、痛苦、苦難？因為這是個警告，也是個選擇祂的機會！當我們選擇追隨自己，拒祂為神的時候，就會發生更糟糕的事。地獄就是上帝給予自由的永恆生物它們想要的事物，也就是脫離祂的自由。而世間的所有苦難和邪惡，都是為了要警告我們。

神不是為人類創造地獄，地獄是祂為那些做出了永恆決定、選擇自行統治的永恆天使所造。聖靈透過我們的良知和律法在地上阻止我們邪惡的意圖（《約翰福音》十六章八節）。這並不是說我們在來生不會有選擇，而是所有「變成永恆」的選擇，都會帶來永恆的後果，請記得，瀕死經驗者並沒有在過程中死去，他們仍然能夠選擇並得救。但是神為什麼不直接把每個人都帶到天堂，直接改變他們呢？

希特勒的天堂

神要拿希特勒或其他不願服從上帝統治的人怎麼辦呢？不容他們擁有自由意志？但這樣他們就會成為奴隸，是天堂中的囚徒，而不是可愛的子民。可是若留下自由意志，那麼他們永遠選擇遵循自己的意志，而非神的旨意，並且早晚會像墮落天使一樣被驅逐出天堂。神了解這一切，我們要做的，就只有馬上選擇跟隨神。但是在神面前，難道不是每個人都會選擇祂嗎？當然不是！

南西．布希便提到一名猶太女子，她眼前已出現再明瞭不過的選項。她在描述自己的瀕死經驗時表示：「我知道這一切都發生了，但是邏輯上，我仍不能相信，或者也有可能我就是無法完全接受現實，因為我是猶太人，而且我不相信耶穌基督，我只相信神。」某個下雪的冬夜，女子和丈夫及孩子發生嚴重車禍，然後她發現自己靈魂出竅，從上方觀看這起意外：

> 我往下看著意外現場，直接看進撞到我們的那輛車，看見一名年輕女子。我知道她已

經死了。我接著看向我們的車，看見自己卡在裡面失去意識，我還看到幾輛車停下，有一位女士把我的孩子帶到她車上……我聽見我丈夫和我說話，然後看到自己沒有移動，也沒有回答。

有隻手碰到我的手，我轉過身查看這個平靜、寧靜、幸福的感覺是從何而來，然後看見耶穌基督。祂就像祂在所有畫作中出現的樣子，穿著白袍、留著鬍子……而我永遠不想離開這個人和這個地方。

祂帶我到一座井邊，因為我想待在祂身邊，握著祂的手。祂將我從幸福的一側帶往悲慘的一側，我不想看，但祂要我看，而我覺得噁心、恐懼、害怕。那裡非常醜陋，人們都黑黑的、流著汗、在痛苦中呻吟，鏈在自己的位置上，我必須穿過這個區域回到井邊……我知道要是我留下，我就會成為這些生物的一員，只會有悲慘等著我，因為祂不想要我留下。

我靠向井邊，而這個酷似年輕耶穌的靈，也許這是神本人吧，也或許基督徒不如我想像的那麼怪異，在我看向井中時，祂將手放在我背上，井裡有三個孩子喊著：「媽咪，媽咪，媽咪，我們需要妳，拜託回來我們身邊。」有兩個男孩跟一個女孩，兩名男孩比我的兩個小男孩大很多歲，而且我並沒有小女孩……接著突然間我又身處光圈中，祂的手仍放在我肩上，我又再次看見意外現場，我開始大哭，說我永遠不想離開祂（耶穌）身邊，接著我聽見我的孩子在哭，並看見那名女士把他們帶到她車上，於是我知道我必須離開，回到塵世。[22]

女子知道她必須回去養育孩子。幾年後，她生下了一個小女孩，就是她在井中看到的那個女孩，怪異的是，就算親眼看見耶穌也還是不夠，這名女子就算看見了仍是表示：「我是猶太人，我不相信耶穌基督。」[23]照理來說，耶穌應該不想要她留下，因為她拒絕了祂，或許她是得到了第二次機會吧。

耶穌說過：「我實實在在告訴你們，那聽見我的話又信那差我來的，就有永生，不被定罪，而是已經出死入生了……死人要聽見神兒子的聲音，聽見的人就要活了。」（《約翰福音》五章二十四至二十五節）、「棄絕我的，就是棄絕那差我來的（神）。」（《路加福音》十章十六節）

神不想要我們害怕死亡或遭到定罪，祂將「進入天堂」變得如此簡單，任何人在任何地方都能求告祂的名並得救，也就是和神和解（《羅馬書》十章十三節）。唯一能阻止我們進入天堂的，就是我們的驕傲。那麼那些從未聽過祂名號的人該怎麼辦呢？我們不得而知，但我們確實知道神看的是你的心，祂很公正，而且聖經也告訴我們，一個人得救靠的是他的信心，而非他的行為（《以弗所書》二章八至十節）。

除了耶穌，沒人可以拯救我們（《使徒行傳》四章十二節），但是許多從不知道耶穌名號的人，也都能進入天堂。根據《希伯來書》十一章，這些人包括亞伯拉罕、摩西、喇合等等。舊約中的信徒因為耶穌償還了人類的罪債，也能進入天堂，但他們是生活在耶穌之前的年代（《馬太福音》八章十至十二節）。神以某種方式，將耶穌尚未來臨的償還，賜在他們身上。

也許祂對那些從未聽聞祂名的人，也是採用同樣的方式，「耶和華的眼目遍察全地，一心歸向他的，他必以大能扶助他們。」（《歷代志下》十六章九節）神也承諾：「你們要尋找我，只要一心尋求，就必尋見。」（《耶利米書》二十九章十三節）祂想要所有人聽見，這樣他們就不會害怕死亡或審判，而是知道他們現在及永遠都能跟神一起生活（《約翰壹書》五章十三節）。但要是我們只靠信心就能和神和解，那麼善行跟惡行呢？這些重要嗎？當然重要！接下來，我們就來探討人生跑馬燈以及美好一生所能獲得的獎賞了。

第十七章

人生跑馬燈

霍華德·史東從「外面的黑暗」中受到拯救，現在發現自己和耶穌在一起，停在某個位置，看著他認為是上帝之城的地方。耶穌用柔美的聲調呼喚，七道光便從光之城出現，霍華德認出祂們是天使或聖徒，比他所想像的還要明亮美麗，只遜於耶穌本人。

祂們問我想不想看我的一生，我同意了。我一生的記錄是祂們的記錄，而不是我對自己一生的記憶。我們從第三方的角度觀看並體驗了各種事件，祂們給我看的場景（常是我遺忘的事件）以及這些事件對其他人的影響，這我先前從來不知道。祂們也給我看那些事件中對方的想法及感受，事件發生當下我也並不知道。那些事，我真不希望有任何人看見。看著我的一生如此呈現，讓我非常震驚。

霍華德看著自己的早年生活以3D方式重播時，他發現他父親的憤怒是如何也慢慢變成自己的憤怒，並主宰了他人生。「我看見自己學習了壓抑情緒和服從，以贏得我父母的認可……我學會如果要控制別人，憤怒可以是個多麼有效的方法……」

天使讓我看見我父親想要成功的衝動，使他失去了耐心，開始對家人發怒。我也看見我母親、姐妹及我自己，如何發展出不同的方式，來處理他無法預測的情緒波動。我活在一個充滿憤怒和暴力的個人世界……當愛表達出來時，天使與耶穌和我分享了祂們的喜悅感，當我們傷害彼此時，祂們也和我分享了失望和難過。神把我母親、父親、姐妹、我自己放在一起，以讓我們在人生旅程中彼此相愛和支持，並在愛和勇氣中成長，我們卻以不健康的方式，將自己的慾望放進愛中……

在我的人生跑馬燈中，我有好幾次撇過頭不敢看，因為看見自己用缺乏愛的方式對待子女，忽視他們的需求。對那些我對女兒和兒子缺少耐心、殘忍的時刻，我感到非常抱歉。我在人生跑馬燈中看見最令人心痛的行為，就是發生在那段我在乎自己身為藝術家和大學教授的生涯，勝過他們被愛需求的時間，在情感上遺棄我的子女，看來讓人心碎。

我對自己沒有活出充滿愛的一生，感到相當羞恥。我能忍受繼續觀看人生跑馬燈的唯一理由，就只是因為祂對我的愛。不管祂看見我這一生做了什麼，都會對我傳達愛，即便不贊同我的行為，依然如此……隨著我的成年生活在我面前展開，我做的所有事幾乎都是出於自身利益，我自己的慾望比其他人的需求還重要，但這和神的旨意相反，也和愛相反……

天使們讓我看見，我們並不是透過我們做的事得到對上帝的愛，神的愛沒有任何代價，也沒有任何附帶條件。我們活出愛的一生，是因為神非常愛我們。只有愛神的人，才能接受「神會為我們受苦和死亡，以便讓我們和祂一起在天堂生活」的概念。神透過祂對我們偉大的愛，擊退了死亡的力量，耶穌便是神對傾頹世界的救贖……如果某個人不是由上帝的愛統治，就是受對上帝的恨統治，而對上帝最大的恨，就是忽視祂。**1**

蝴蝶效應

瀕死經驗者在神面前看見的人生跑馬燈，時常對他們的人生帶來重大的影響。這個經驗幫助他們釐清了「對神來說什麼才是最重要的」。祂讓我們知道每個微小的行為，都會造成影響，包括在人與人之間，還會往下延續好幾個世代。有些人是在死亡過程中看見人生跑馬燈在面前閃現，蓋瑞則是在撞車當下就看到：「我滑出身體，就像滑出衣物，我在車輛上方，好像車頂移開了一樣，我可以看見我的身體，也能聽見蘇在哭。我的一生就在眼前流過……像是倒帶，所有事瞬間從我面前閃過，我沒有恐懼，也沒有悲傷或困惑。」**2**

多數人都是在上帝面前看見人生跑馬燈，上帝會溫柔引導他們看見真正重要的事物。大多數人生跑馬燈的起點，都是一個來自神的問題，雖然使用的詞彙可能略有不同，但基本上都是在問同一件事：「你用我賜你的生命，做了些什麼？」這個問題不是以評斷的口氣出現，而是充滿愛，以鼓勵反省和學習。

想像你在塵世的人生結束後，再次體驗一生所有時刻。想像上帝讓你看見你充滿信心和愛的服事行為，是如何在神的善中產生漣漪效應。瑪麗．尼爾醫師困在水下的獨木舟時，就在人生跑馬燈裡感受到耶穌的懷抱：

我看見一生中的各種事件，不是個別出現，而是以看不見的漣漪效應呈現。我們的言語或行為對週遭事物帶來的立即衝擊很容易看見，但是看見言語或行為在一段時間後造成的影響，則是個非常震撼的經驗。透過這個經驗，我清楚看見，人的所有行為、所有決定、所有人際互動，都以我們永遠無法理解、而且更為重大的方式，影響了更大的世界。這便是我經驗中極為深刻的部分。**3**

神會記錄所有想法、所有行為、所有動機，祂也承諾賞賜那些愛祂、對祂有信心的人。耶穌也提醒我們該為什麼而活：「人若賺得全世界，卻賠上自己的生命，有甚麼好處呢？人還能用甚麼換回自己的生命呢？人子要在父的榮耀裡和眾天使一同降臨，那時他要照各人的行為報應各人。」（《馬太福音》十六章二十六至二十七節）瀕死經驗者經歷的人生跑馬燈，似乎只是個預告，並不是最終審判，而是個機會，讓你能為真正重要事物而活。**請不要等到看見人生跑馬燈，現在就為重要的事而活吧！**

最棒的感受

我為十八歲的班．布里洛夫（Ben Breedlove）主持葬禮。他在去世前一週，拍了一段講述自身瀕死經驗的YouTube影片，在網路上瘋傳，不僅饒舌歌手基德．酷迪（Kid Cudi）和名人金．卡戴珊（Kim Kardashian）在推特上轉推，《時人》（People）雜誌也刊登相關報導。班的訊息影響了世界各地數百萬人。班和他的家人是我們教會的成員，也是我們的朋友，有時他晚上來我們家玩的時候，我們會吩咐男孩們別玩得太瘋狂，以免他心臟出事。班的心臟很虛弱，但他的心靈卻很堅強。班愛上帝，愛他的朋友，也愛人生，而我永遠不會忘記在他的瀕死經驗後聽聞他的人生跑馬燈故事。

班告訴他姐姐艾莉，他一生經歷過的所有時刻，瞬間都在他面前播放，而且「那是最棒的感受！」艾莉在《天堂何時開始》（When Will the Heaven Begin）一書中表示：「班知道自己準備好迎接一種更重要的事物了。」[4] 對那些有信心的人，神有天將會說：「又良善又忠心的僕人哪，你作得好！你既然在不多的事上忠心，我要派你管理許多的事。進來，享受你主人的快樂吧！」（《馬太福音》二十五章二十一節）

想像有一天你能看見正面和負面的漣漪效應。人生跑馬燈證實耶穌說的這段話顯然是事實：「沒有甚麼掩蓋的事不被揭露，也沒有甚麼祕密是人不知道的。」（《馬太福音》十章二十六節）洛梅爾也提到：「人生跑馬燈通常是在神或神的光面前出現，是全景式的，人們不僅能體驗到他們一生所有的行為或言語，還有他們所有的想法，還體驗了他們想法、言語、行為對他人的影響……雖然心臟病發過程僅持續幾分鐘，但針對人生跑馬燈，人們可以講好幾個小時，甚至好幾天。」5

馬克搭乘的吉普車行經加州太浩湖附近下雪的山路，車輛失控撞毀，他卡在吉普車和電線桿之間，並靈魂出竅看見人生跑馬燈：

很像是「依據我人生中所做過的事」所產生的一連串長長的感受。差別在於我不僅再次體會到當時的感受，也能夠同理那些受到我行為影響的人，他們的感受。我是領養的，從小就是麻煩製造者，常欺負其他小孩，後來藥物和酒精成癮、偷竊、危險駕駛、成績差、破壞公物、對家人殘忍、對動物殘忍等等各種惡形惡狀。這所有行為瞬間重新上演，伴隨著我自己和受影響者的感受。其中最深刻的，是來自我媽的感受：她心都碎了、非常痛苦……我覺得，這輩子這麼早就結束，真是個悲劇，我根本還沒做過任何好事。這個感覺讓我有種人生還有未竟之事的感受。6

秘密終將揭露

不分文化和宗教背景，許多人都報告了人生跑馬燈這個現象。研究非西方、非基督教瀕死經驗的史提夫．米勒便表示：「和西方樣本相比，我並未在非西方樣本的人生跑馬燈部分發現明顯差異。」[7]不同個案也會有不同的描述，有位個案將其形容為「有關我自己和我一生的電影」，另一個人則說是「我一生的全景式回顧」，以及「就像簡報。」所有人都相當震驚，不只是因看見自己一生活生生的3D投射，甚至包括他們的私密想法和動機。這類經驗和聖經預言會發生的吻合：「所以時候還沒有到，你們不要批評，直等到主來；他要照出黑暗中的隱情，顯明人心裡的動機。那時，各人要從神那裡得著稱讚。」（《哥林多前書》四章五節）

芮內在雪梨的街上滑倒，撞到木樁，然後死了：

> 我站在一名男子面前，祂三十幾歲、將近一百八十公分、紅棕色頭髮及肩、短短的鬍鬚非常整齊，穿著簡單的白袍，身上似乎射出光線，我覺得祂相當成熟、充滿智慧。祂用大量的愛、寧靜、平靜歡迎我，沒有言語可以形容。我突然湧現一個想法：「我能永遠坐在祢腳邊，並感到滿足。」這是無法想出來、說出來、感受到的事物。我開始著迷於祂袍子的布料，試著想出光要怎麼編織！

祂站在我身旁，引導我看向左，我人生中比較醜陋的那些時刻在此重播。我不只是感覺到我做過的事，也感覺到我造成的傷害：某些我根本不曾想過的事物，也可能造成傷害。我很驚訝，因為有些我曾擔憂的事物，比如小時候在商店偷巧克力，並沒有出現，但是其他有些「在我不知情的情況下造成傷害的偶然言論」，卻出現了。正當我充滿罪惡感時，神又引導我去看那些為其他人帶來喜悅的事件。雖然我覺得自己不值得，天平似乎朝向我這邊，我獲得大量的愛。**8**

耶穌承諾過，最重要的事並非人們看見的。最終會受到賞賜的，是那些做來取悅神、看不見的事，「你們小心，不要在眾人面前行你們的義，讓他們看見；如果這樣，就得不到你們天父的賞賜……好使你的施捨是在隱密中行的。你父在隱密中察看，必定報答你……不可像偽君子；他們喜歡在會堂和路口站著祈禱，好讓人看見……向在隱密中的父祈禱。你父在隱密中察看，必定報答你。」（《馬太福音》六章一節、四至六節）

並不是每個人都能獲得世俗的成功。多數人並不會發財、成名、有權，而且俗世的成功會隨著死亡消失。但是所有人都能成功完成神造他們到人世的目的，祂最重視的是你的心和動機，「沒有信，就不能得到神的喜悅；因為來到神面前的人，必須信神存在，並且信他會賞賜那些尋求他的人。」（《希伯來書》十一章六節）第一章提到的軍人喬治．李齊，就站在耶穌面前，一生所有景象在眼前重播，包括他所有的秘密想法和動機：

從這個靈散發出來的，是無條件的愛，是一種驚人的愛，遠超我所能想像的。這種愛了解而且接受我所有的缺點，而且愛我如初……我看見繼母彎身親吻我道晚安時，自己別過臉去不理她，也清楚看見那時的想法：「我不會去愛這個女人，我媽媽死了。」我看著十歲的自己站在那同一面餐廳窗戶前，等爸去醫院把媽媽和我們的新弟弟亨利帶回家，看見自己在還沒看見他之前，就決定我絕不要喜歡這個新來的弟弟……二十年人生的所有細節都在那裡供我檢視，好的、壞的、高潮、平淡，而在這所有事物的觀點中，出現了一個問題，就藏在每個場景中，也和場景本身一樣，都是來自我身旁活生生的光。

「你這一生做了什麼？」9

穆迪提到，這個令人反思、涵蓋人生一切層面的問題，在瀕死經驗中相當常見：「個案幾乎立刻接收到一個特定的問題，包含『你準備好要死了嗎？』『你做好死去的準備了嗎？』『你這一生做了什麼值得告訴我的事？』『你這一生做了什麼值得的事嗎？』問題的重點似乎在於讓他們思索自己的人生。」10

耶穌告訴我們：「沒有甚麼掩蓋的事不被揭露，也沒有甚麼隱藏的事不被人知道。所以，你們在暗處所說的，必在明處被人聽見；在內室附耳所談的，必在房頂上宣揚出

物而活吧！

來。」（《路加福音》十二章二至三節）其中的訊息很明白：現在開始為了真正重要的事

關係很重要

這個世界告訴我們金錢很重要、權力很重要、特權很重要，然後我們瘋狂努力，想證明我們夠成功、夠重要、夠有權力。但到了最後，真正重要的事其實是「關係」。若我們想透過各種成就來證明我們值得愛，結果卻錯過接受神的愛，錯過了把神的愛分享給周遭的人，那是多麼諷刺啊。可是對真正的成功來說，這卻是最重要的！

每個人都想改變世界，卻沒人想去愛他們的鄰舍！可是若想要改變世界，神只需要我們去愛祂，這樣我們就能愛鄰如己。我們或許可以在俗世眼光中達成重大成就，比如建立大公司，或領導勢不可擋的政治改革，甚至以神之名帶領大型教會，這些都有可能是好事，但若我們不去愛我們的家人、我們的鄰居、我們的同事，還有那些神放在我們人生道路上，有需要的人，那我們在執行上帝給予我們最基本的任務上，就是失敗了。

耶穌告訴我們，當世界的最後一天來到，神會說：「當你無法去愛、去服事、給衣服穿、給食物吃、去看顧那些最小、遭到遺忘、最不重要的人……你也沒有作在我的身上。當你確實去愛、去服事、給衣服穿、給食物吃、去看顧那些最不重要的人，就是作

在我的身上。現在上前，接受你們的賞賜吧。」（《馬太福音》二十五章，經文由作者改寫）朗醫師提到，瀕死經驗者發現「許多當時看似不重要的事物，比如小小的善行，後來在他們自己或他人的人生中，都變得相當重要。人們也會發現，原來自己竟會對不重要的事發怒，或是過於重視那些不重要的事。」[11]

耶穌說重要的是那些看不見的小事：「你擺筵席的時候，總要邀請那貧窮的、殘廢的、瘸腿的、瞎眼的，那你就有福了。因為他們沒有甚麼可以報答你。義人復活的時候，你必定得著報答。」（《路加福音》十四章十三至十四節）身為大型教會的牧師，我在讀完史提夫．索格倫的人生跑馬燈故事後，也重新調整了想法，我們可以做很多好事，但「沒有愛，我們就算不得甚麼。」（《哥林多前書》十三章一至三節，經改寫）史提夫帶領一間大型教會做了很多好事，但在他的瀕死經驗中，神卻重新為他引領方向：

> 我聽見神說話，祂和我說我的人生，以及所有祂想改變的部分，就好像我們促膝長談似的。神給了我各種改變生命、印象深刻的訊息……我們不僅是以語言溝通，也以回憶和影像溝通。神讓我知道祂多重視我，那份完美接納，幾乎無法形容。但就算是在這非常私密的懷抱之中，有一部分的我都深知，我生命中並非所有事都符合神的計畫。我常犯錯，天使可能都覺得頭痛。儘管我的失敗有一長串，神仍將祂完全的接納和絕對的愛賜給我，並讓我看見祂要給我另一次機會。我有種感覺，知道神會給我一個機會，讓我能夠拋

下我人生中的那些偶像，開始關懷人群。我要成為「我本來應該成為」的丈夫和父親。就在那加護病房中，我才驚覺，我孩子的朋友們，我都不知道他們叫什麼名字！我應該要成為我本應成為的老闆、鄰居、朋友。12

「不愛看得見的弟兄，就不能愛看不見的神。」（《約翰壹書》四章二十節）耶穌說得很清楚：最重要的並不是我們在世俗眼中變得多偉大，或我們成就了什麼，而是我們如何達成這些事，以及我們為何做這些事。驅動我們的，是對神的愛以及服事他人的精神嗎？耶穌告訴我們：「誰想在你們中間為大的，就要作你們的僕役，誰想在你們中間為首的，就要作大家的奴僕。因為人子來，不是要受人服事，而是要服事人，並且要捨命，作許多人的贖價。」（《馬可福音》十章四十三至四十五節）

負責

許多瀕死經驗者都察覺，在神的眼中你不能假裝、隱藏、掩蓋、遮蔽任何事，一切有關我們的事都無所遁形，而且無人可以怪罪、無處可以隱藏、無藉口可以推託。就算我們花一輩子欺騙自己，到最後仍是會完全理解事實。因此我們唯一能做的，就是勇敢負起責任，而神想要我們現在就這麼做，這樣我們才能從所有矯飾中得到釋放。然後，靠著祂的協助，我們就能成長為祂想要的人，某個瀕死經驗者便注意到：

> 面對那些我看不出自己應該負責的事件，我猶豫了。直到最後，我準備好接受責任，對我曾經傷害過（不管有意無意）的每個人，我都想表達誠摯的歉意。沒有人定我的罪，而且我自始至終都感受到這溫暖的支持。這個支持怎麼會愛我呢？祂看不見我在人生中是多麼無知嗎？而且我還受野心、自私、恐懼驅策，還有貪愛享受及留戀逸樂？幸運的是，我也看見並感受到所有我的想法、言語、行為，為我自己與其他人帶來的那些美妙、開心、豐收、愉快的時刻。所有事情都同時顯現，我的一生！[13]

朗醫師也觀察到：「瀕死經驗者通常會提到他們自己才是評斷自己的人。」[14]或許這就是為什麼，耶穌會說：「良善的人從他良善的心發出良善，邪惡的人從他邪惡的心發出邪惡。我告訴你們，人所說的閒話，在審判的日子，句句都要供出來，因為你要照你的話被稱為義，或定為有罪。」（《馬太福音》十二章三十五至三十七節）

有名個案表示：「我看見我有多自私。我也看到，我是多麼願意付出任何代價，只求回到過去並改變。」另一人也回憶：「祂給我看我的人生跑馬燈，看見和感受到從出生到死亡的每一秒，體驗到我自己及其他被我所傷害之人的情緒，感受到他們的痛苦和情感。這一切的目的，就是要讓你改變觀點，看看自己是什麼樣的人，又是如何對待他人。這樣你對自己，就會比任何評斷你的人還更嚴苛。」[15]

審判

我們教會的會友琳蒂告訴我：「我一直很害怕審判，我知道那些信基督的人不會有罪，但是因為我過去犯下的這麼多罪孽，我知道我自己必須負責。所以老實說，我對天堂實在沒有很興奮。可是當我到那裡時，卻不是這樣，我對我的人生跑馬燈感到非常興奮。」

琳蒂聽見一個她認為是來自耶穌的聲音，正要另一個人觀看人生跑馬燈：「現在來看看你為了服事我，為了好好愛其他人，做過的所有事吧，現在來看看你一生中建立的各種關係，你如何好好愛別人，並透過他們來服事我。」琳蒂回憶：「有趣的事情是，這全都是和關係有關，和任何成就、我們的任何『成功』都無關，全都是和你如何愛其他人有關。」

接著就到了琳蒂害怕的部分：「現在來看看你錯過的那些能更愛我的機會，現在來看看你原本能怎麼更愛別人，還有錯過的關係，以及你原本能怎麼透過更愛別人，進而服事我服事得更好。」那聲音接著又說：「歡迎回家，感謝你一生都愛我愛得這麼好。」琳蒂這才了解，真的沒有任何譴責和定罪，而這也促使她不要再錯過機會，她此後便開始努力協助讓女性免遭人口販運。

那些經歷過人生跑馬燈的人也理解到，神對我們的愛和憐憫，並不是根據我們的善行和惡行，而是無條件的，是免費的禮物。「你們得救是靠著恩典，藉著信心。這不是出於自己，而是神所賜的；這也不是出於行為，免得有人自誇。」（《以弗所書》二章八至九節）

我們在下一章將會看見，審判有兩種，一種是要判斷我們是接受還是拒絕了神免費的愛、寬恕、領養、救贖禮物，另一種則是要賞賜我們。《以弗所書》二章繼續提到：「我們原是神所作成的，是在基督耶穌裡創造的，為的是要我們行各樣的善事，就是神預先所安排的。」（《以弗所書》二章十節）神想要我們擁有信心，知道自己永遠不會被從他面前驅逐，我們在基督中是安全的。但這並不代表我們的善行和惡行不算數，仍舊會影響我們在來生的體驗！

人生跑馬燈並不屬於這兩種審判，只是一種釐清，提醒我們神知道和我們有關的所有事，而所有人最後都將為這些事負責。當瀕死經驗研究者宣稱因為有人生跑馬燈，所以沒有審判時，他們就是不了解聖經的教導。但是同樣地，當基督徒說瀕死經驗不可能是神，因為瀕死經驗者沒有面對審判，並引用「按著定命，人人都要死一次，死後還有審判。」（《希伯來書》九章二十七節）時，他們也是不了解聖經。在這個世界結束之前，我們所知的人類歷史終結之前，並不會有審判（參見《啟示錄》十一章十五至十八節）。

如果這個光體就是耶穌，那麼人們不會覺得受到評斷，也令人毫不意外，因為耶穌告訴我們：「因為神差他的兒子到世上來，不是要定世人的罪，而是要使世人藉著他得救。信他的，不被定罪；不信的，罪已經定了。」（《約翰福音》三章十七至十八節）

神想要將我們從證明自己、評斷自己、相互比較之中解放，這樣我們才能自由成就祂造我們要成就的美好事物。到了時間終結的那一天，將會有兩種審判，而如同我們會在下一章中發現的，那即將來臨的審判台審判，並不會像是判刑，比較像是前所未有的巨型宇宙頒獎典禮！

第十八章
賞賜和審判

聖誕假期蓋瑞姐弟倆開車回家邊唱著《平安夜》，突然間蓋瑞聽到一聲尖叫和爆炸，劇烈的痛苦在他臉上蔓延，但也瞬間消失。他的一生在眼前閃現，接著他發現自己正通過一條類似隧道的明亮道路，前往一個意想不到的世界。

「我走在一條青綠蒼翠的青草地毯上，地毯覆蓋著山腰。往下看時，我發現草地直接穿過我的腳，而且我剛走過的地方，也沒有留下任何痕跡。我從山坡上欣賞一座雄偉城市的外圍。」讚嘆完天堂之美後，蓋瑞開始往上走向城門。

有一位天使從城門走出來，祂正在檢查手上拿的書冊，接著祂向另一個巨大的天使點頭，確認我可以進去了。我最好的朋友約翰就站在我面前，我們擁抱時，他的雙眼充滿生命。

約翰告訴我他有很多美妙的事要讓我看，他帶我進入一間看起來像圖書館的巨大建築物，牆壁是純金，閃爍著炫目的金光，延伸至高聳的水晶穹頂。我看見數百萬本書……許多天使在此處閱讀書中的內容。約翰解釋，這些書記載了曾出生過的所有人的一生，歷史上所有人，我們在地上做的所有事，都記載在這些書中，無論好壞，所有事。1

白色的大寶座

當瀕死經驗研究者宣稱人生跑馬燈代表沒有審判時，他們就是天真地忽略了聖經的教誨。聖經舊約裡的先知和耶穌提到兩種不同的審判，白色大寶座的審判是信仰的審判，會決定誰屬於神；審判台的審判則是為所有屬於神的人，舉辦的頒獎典禮。如同聖經中明確表示，這兩種審判要等到人類的歷史終結之時，才會來臨：「世上的國成了我們的主和他所立的基督的國，他要作王，直到永永遠遠！……時候已經到了！死人要受審判！你的眾僕人、先知、聖徒，和所有老幼貴賤、敬畏你名的人，都要得賞賜！你也要毀滅那些敗壞全地的人！」（《啟示錄》十一章十五節、十八節）

瀕死經驗者最奇妙的觀察之一，也就是天堂中有案卷記載著我們所有的行為，這點和聖經的教導相符。馬文·貝斯曼便回憶在瀕死經驗時看見這些事物：「堆在這石頭做成的架子或桌子上的，是一大堆書卷，堆了三到四層，向左右延伸。」2

摩西也曾間接提及，有「生命冊」記載誰屬於神（見《出埃及記》三十二章三十二至三十三節）。一名天使則在先知但以理看見天堂異象時告訴他：「那時你的同胞中名字記錄在冊上的，都必得拯救。必有許多睡在塵土中的人醒過來，有的要得永生，有的要受羞辱，永遠被憎惡。那些有智慧的必發光，好像穹蒼的光體；那些使許多人歸義的必發光，如同星星，直到永永遠遠。」（《但以理書》十二章一至三節）

瀕死經驗證實了聖經中所說，也就是天堂中有案卷記載我們所有的行為，還有記錄那些一生奉獻給神之人姓名的生命冊，兩者在世界終結後，就會在白色的大寶座前揭露：「我又看見一個白色的大寶座，和坐在上面的那位……我又看見死了的人，無論大小，都站在寶座前。案卷都展開了，還有另一卷，就是生命冊，也展開了。死了的人都憑著這些案卷所記載的，照著他們所行的受審判。」（《啟示錄》二十章十一至十二節）

「審判」這件事，在現代並不是個受歡迎的概念。但是在歷史上幾乎所有文化和時代中，都相當普遍。奇怪的是，竟有這麼多瀕死經驗者都曾提到天堂裡的書卷。朗醫師的網站上便有個十三歲女孩的故事，她在一次泳池意外中經歷瀕死經驗，發現自己身在天堂之門，並在那裡看見各種書卷，還有一名老朋友：

> 我在排隊，排在所有人後面，接著就輪到我了。我就站在這個「大」傢伙面前，我覺得應該是天使，祂拿著一本「大」書……這個天使問我姓名，我告訴祂，祂在查找時說：「我很抱歉，但妳時候未到。」所以我跟祂說：「為什麼我時候未到？我準備好死掉

了！我的人生爛爆了！我最好的朋友五年前死掉了！為什麼說我時候未到？」接著祂轉過身，就好像有人在跟祂說話一樣，然後又轉回來對著我說：「有人想跟妳說話。」

祂指著城門和後方的城市……是傑克！就是我最好的朋友傑克，五年前死於車禍，我們當時都七歲。我在那裡看到他時，馬上飛奔到城門前，我們倆都伸出手，然後握著對方的手大哭。他看起來像我的年紀，但我知道就是他，我覺得這樣說好像很蠢，但自從我上次看見他以來，他變可愛了！哈哈哈！然後我們聊了一下天，聊發生的事、聊我們彼此，接著天使說：「是妳該回去的時候了。」[3]

另一個溺水的青少年也在同一個網站解釋他看到書冊：

「我不想要回去下面，很痛苦。」我說。但我的天使們不喜歡我的回答，「你必須回去！你的任務還沒完成！」我們用心電感應溝通，嘴唇和嘴巴不用移動，全是思緒。我的三名天使向上級尋求同意，要讓我看某種東西……看起來像一本一百二十公分厚的「巨」書，和生命有關，我的人生，就像我溺水時一生從眼前閃過一樣，我現在看著我未來的人生。[4]

《詩篇》的作者說：「我未成形的身體，你的眼睛早已看見；為我所定的日子，我還

未度過一日，都完全記在你的冊上了。」（《詩篇》一百三十九章十六節）

記在冊上

我覺得，神在天堂中需要書冊，似乎很奇怪。但或許書冊是為了我們而存在，當成記錄和提醒，就像人間有歷史電影和書籍一樣，天堂似乎也同時擁有全景的視覺重播和書面記錄的書冊。世界各地的瀕死經驗都證實了天堂之書的存在。印度的印度教徒從未體驗到「在梵天之中的輪迴轉世和消亡，即印度教靈性追求的終極目標，神無形的形象。但是業的概念，也就是功過的累積，則是透過一些和『拿著記錄簿的白袍男子』有關的描述，隱約提及。」[5]這份記錄完全錯過了「記錄簿」這點和聖經的連結，不過仍提到有多名印度人提及一名某些人稱為「神」的白袍男子和「記錄簿」。

一名印度醫師表示：「（印度）病患已經死亡，一段時間後，他恢復了意識，他告訴我們，穿著白衣的信使帶他到一個美麗的地方，他在那裡看見一個穿著白衣，拿著記錄簿的男人。」[6]另一名印度人則「看見美麗的風景、漂亮的花朵，他還在那看見一名身穿白衣的男子，坐在打開的書本前。」[7]

在白色的大寶座前，所有人都會清楚看見，他們需要耶穌代替他們償還罪債。神會接受、寬恕、帶回所有想要神的人，神不會拒絕任何人，而是會給他們想要的事物。如果他們不想要神的寬恕和領導，就會因為自己的言行而受到審判，如同耶穌所說：「我告訴你們，人所說的閒話，在審判的日子，句句都要供出來，因為你要照你的話被稱為義，或定為有罪。」（《馬太福音》十二章三十六至三十七節）

不過仍要記住，瀕死經驗者體驗到的並不是審判，因為他們並沒有「死」，沒有完全死！朗醫師表示，有百分之三十一的瀕死經驗者提到某種限制或邊界：「我到達那個我覺得自己必須做出選擇，決定要回去塵世，或是繼續往死亡前進的點。我最好的朋友也在那，她兩年前死於癌症，她告訴我這是我能到的極限了，不然我可能沒辦法回頭。」8

天堂和地獄都會改變

白色的大寶座之後，天堂和地獄都會改變。「死亡和陰間也被拋在火湖裡。這火湖就是第二次的死。凡是名字沒有記在生命冊上的，他就被拋在火湖裡。」（《啟示錄》二十章十四至十五節）死亡和陰間，或說地獄，也就是死者前往之地，還有一切做惡的、拒絕神的人，都會經歷第二次死亡。有些人認為這是一種完全的殲滅，也有些人認為永恆的生物是無法遭到消滅的。但不管怎樣，邪惡、罪惡、痛苦、苦難，都再也不會折磨人類了。

神不允許那些不願服從祂的人進入祂永恆的王國，否則他們將會玷汙此地。「所有不

潔淨的、行可憎的和說謊的，決不可以進入這城。只有名字記在羊羔生命冊上的才可以進去。」（《啟示錄》二十一章二十七節）

如果你不確定你在白色大寶座前會收到什麼樣的判決，你現在就可以馬上確定。因為正如耶穌所說：「我實實在在告訴你們，那聽見我的話又信那差我來的，就有永生，不被定罪，而是已經出死入生了。」（《約翰福音》五章二十四節）

審判台

世界終結之後，還會發生另一次審判，稱為「審判台審判」，這是為神的子女進行的審判。沒錯，信神者還是需要審判：「因為我們眾人都必須在基督的審判台前顯露出來，使各人按著本身所行的，或善或惡，受到報應。」（《哥林多後書》五章十節）「審判」一詞的希臘單字是bema，意思是古代競賽裁判的座位，就像奧運的裁判席，裁判便是在此處為精彩的比賽頒發金牌或銀牌（當時頒發的是桂慣）。因此，審判台的審判，將是一個賞賜的審判。

神熱愛賞賜所有信仰的行動和行為，甚至動機，而這就是在審判台審判會發生的事。為了進入天堂，我們無須努力爭取神的愛或接納，我們只需要選擇接受或拒絕。但是我們的行為將決定我們在天堂的「體驗」，也就是我們能夠從此生帶到天堂的東西，保羅便使用了蓋房子的類比：

只是各人要照著自己的勞苦得著自己的報酬……因為除了那已經立好的根基以外，沒有人能立別的根基。那根基就是耶穌基督。如果有人用金、銀、寶石、草、木、禾稭，在這根基上建造，各人的工程將來必要顯露，因為那日子必把它顯明出來。有火要把它顯露出來，那火要考驗各人的工程是怎樣的。如果有人在這根基上建造的工程存得住，他就要得到賞賜；如果有人的工程被燒毀，他就要受虧損；自己卻要得救，只是要像從火裡經過一樣。（《哥林多前書》三章八節、十一至十五節）

保羅描繪了某些信神的人，他們將一生投注在擁有永恆價值的事物上，而他們用一生所建造的，將可以留存下來，並帶來永恆的賞賜。相較之下，其他人雖然接受了神，卻大都是為自己而活。想像一下，房子著火了，裡面的人逃出來，現在安全無虞，但他們一生努力賺得的事物，卻都化作煙霧而去。你一生所做之事確實很重要，此生的時時刻刻都比你所想的還更重要。

審判台便是耶穌賞賜我們之處，很像為人類歷史上所有神的子民舉行的一場巨型奧斯卡慶典。你若以為紅毯很了不起，那是因為你還沒見識過真正厲害的典禮！神承諾賞賜所有人，而且是分別賞賜。

這將會是你所想過最棒的賞賜。以賽亞便相當期待地表示：「看哪！你的拯救者來到了。他給予人的賞賜在他那裡。」（《以賽亞書》六十二章十一節）耶穌也說過：「人子要在父的榮耀裡和眾天使一同降臨，那時他要照各人的行為報應各人。」（《馬太福音》十六章二十七節）所以我們就來想像那天，並開始為了神將賞賜給我們的事物而活吧！

什麼東西會獲得永恆的賞賜？

若你好好思索一下人生，會發現真的很不公平。世界上有半數人口每天賺不到兩美元，有權者壓迫弱勢者，苦難和不公對多數人來說都是日常。不過神仍承諾將來有一天，那些持續愛神的人，都會受到賞賜。「這值得嗎？為了這樣而拒絕誘惑值得嗎？為了這樣而受到同儕嘲笑、迴避、排擠值得嗎？當我傷得這麼深，仍如此愛神，值得嗎？人如此卑鄙和邪惡，卻仍然去愛他們，這樣值得嗎？這一切都值得嗎？」某天你就會知道，答案都是大聲的值得！

忍耐很重要

「能忍受試煉的人，是有福的；因為他經過考驗之後，必得著生命的冠冕，這冠冕是主應許給愛他的人的。」（《雅各書》一章十二節）神親自承諾將賞賜我們的忍耐，在困難中我們仍緊抓住神，而且不斷忍耐。祂知道、祂看見，而且祂也記錄了一切：「我知道你的患難和貧窮，但你卻是（永恆）富足的。我也知道那些自稱是猶太人所說毀謗的話……你不要怕你將要受的苦……你要忠心至死，我就把那生命的冠冕賜給你。」（《啟示錄》二章九至十節）

肯尼斯．里格訪談了在人生跑馬燈中終於看見真相的盲人卡拉。她在手術中臨床死亡，靈魂出竅，並精確描述了手術室的景象：「手術台位在房間正中央，那些測量的儀器是在天花板上，你知道的，測量儀器的螢幕是在天花板上。」卡拉在她的人生跑馬燈中，看見她忍受霸凌的真相：

訪談者：妳能在那些人身上，看見妳先前從沒看見的細節嗎？

卡拉：對，但我也看見，我自己和我如何待別人，還有我說過的話……我長得很高，所以那些半盲的孩子以前會叫我「大穀倉」。而我覺得透過這次經驗，我看見了自己在遊樂場、在游泳、在做其他事的時候，我都不是他們描述的那樣。實際上那些取笑我的孩子比我更大更肥，而我現在知道了……這聽起來不是什麼大事，但對我來說真的是……我認為我看起來是個非常優雅的人，就像是淑女。9

我想到我的朋友凱特，出生便患有腦性麻痺，她的內心就跟你我一樣，但外在卻被束縛在輪椅中，多數時候都只能透過電腦說話。凱特曾告訴我，她曾因為其他人對她的排拒和傷害，很想自殺。正是在那時，她找到了耶穌，開始為祂而活，於是她的觀點完全改變了。她現在致力於愛人和服事他人，還寫書鼓勵其他殘疾人士。想像凱特會獲得什麼賞賜！當你掙扎、受苦、遇上試煉時，務必記得要對神有信心，忍耐等候，然後祂就會賞賜你！

尋求神很重要

保羅在羅馬監獄裡面臨死刑時說：「從此以後，有公義的冠冕為我存留，就是按公義審判的主在那日要賞給我的；不但賞給我，也賞給所有愛慕他顯現的人。」（《提摩太後書》四章八節）神也承諾賞賜那些努力尋求祂、信祂、渴求祂的人：「沒有信，就不能得到神的喜悅；因為來到神面前的人，必須信神存在，並且信他會賞賜那些尋求他的人。」（《希伯來書》十一章六節）

信就是信任的另一種說法。沒有信任是不可能建立關係的，這就是為什麼，信任對神如此重要。我們透過尋求祂、尋求祂的旨意和意志、相信祂在聖經中所說的話，來表達我們對祂的愛。我們本於信仰而做出的決定，或許其他人看不見，但神卻會記下，並在未來賞賜所有決定。

耶穌承諾：「我實在告訴你們，就算天地過去，律法的一點一畫也不會廢去，全部都要成就。因此，無論誰廢除誡命中最小的一條，又這樣教導人，他在天國中必稱為最小的；但若有人遵行這些誡命，並且教導人遵行，他在天國中必稱為大。」（《馬太福音》五章十八至十九節）我們或許永遠不會發財、有權，或登上雜誌封面，但只要全心尋求神、了解聖經、用愛遵循祂的旨意，有天你就會在天國中稱大，是多麼棒啊！

協助他人成長很重要

協助他人成長，建造他們的靈性，這對神來說非常重要。這點我們應該不意外吧。若我們不愛神的子民，怎麼能愛神呢（《約翰壹書》四章七節至二十一節）。但我們卻都忘了這一點。世界告訴我們要自利，於是我們就照樣去做，這時就是忽略了建造他人。霍華德．史東在他的人生跑馬燈中體會到這點：「天使和耶穌對我在田徑比賽中的輸贏沒有興趣，祂們有興趣的是我們建立的各種關係，以及我們如何鼓勵或傷害彼此。」[10]

若我們願意花時間建造我們的孩子，神就會賞賜我們，這是我們的第一個責任！協助我們自己的孩子成長，相對容易，當我們也願意花時間協助他人找到信仰，或協助神的其他「孩子」成長，祂也會賞賜我們！

耶穌用一個種田的比喻來教導我們這點：「舉目向田觀看，莊稼已經熟了，可以收割了。收割的人得到工資，也積儲五穀直到永生，使撒種的和收割的一同快樂。」（《約翰福音》四章三十五至三十六節）協助他人找到信仰並在靈性上成長，短期來說可能會讓你遭人嘲笑或為難，但總有一天將會帶給你很多、很多的喜悅！你只需要向後伸出手，協助落後你兩步的人，並不需要跑很遠。伊恩．麥考馬克便是在耶穌將他從「外面的黑暗」裡面拯救出來後，得到這則訊息：

耶穌正後方是一個環形的入口，入口通往一個全新的世界在我眼前開展，我覺得自己站在天堂的邊緣……我可以看見一條清澈的溪流，經過草原的中央，蜿蜒繞過整片大地。兩邊的河岸長滿樹木，右邊是遠方的群山，上方的天空又藍又晴朗。

耶穌問我：「伊恩，既然你現在見識過了，你還想回去嗎？」我想：「回去？當然不要。我為什麼會想要回去？那裡只有悲慘和仇恨。我沒什麼好回去的，我沒有老婆，沒有小孩，沒有任何真正愛我的人，祢是第一個真正愛過我的人。」

祂好像沒有動靜，於是我往回看了最後一眼，說：「再見了，那個殘酷的世界，我要離開了！」就在我這麼做的同時，隧道正前方竟然出現一個清晰的景象：我母親站在那裡。一看見她我便理解我錯了。世界上還有一個人愛我，我親愛的媽媽……我嘲笑過她的信仰，但最後她才是對的。上帝存在，天堂存在，地獄也存在。

我開始思考：現在就去天堂，讓我媽媽覺得我下了地獄，這樣太自私了。所以我說：「神啊，只有唯一一個人讓我真正想要回去，那就是我媽媽。」

然後我再次往回看看塵世，看見了我爸、我的兄弟姐妹、我的朋友，還有其他許多人。神是在讓我看，有許多人還不知道，也永遠不會知道神，除非我能回去和他們分享。我告訴神：「我又不愛那些人。」但祂回答：「我愛他們，而我想要他們所有人都來認識我。」接著主又說：「如果你回去，你必會以全新的『光』看待事物。」11

當你協助他人在靈性上成長，或許不會有其他人在乎或者注意到，但神在乎！保羅對那些他在帖撒羅尼迦城協助過的人說：「我們主耶穌再來的時候，我們在他面前的盼望、喜樂或所誇耀的冠冕是甚麼呢？不就是你們嗎？」（《帖撒羅尼迦前書》二章十九節）彼得也對他在靈性上引導、協助的人們說：「務要牧養在你們中間的神的羊群，按著神的旨意看顧他們。不是出於勉強，而是出於甘心；不是因為貪財，而是出於熱誠；也不是要轄制託付你們的羊群，而是作他們的榜樣。到了牧長顯現的時候，你們必定得著那永不衰殘的榮耀冠冕。」（《彼得前書》五章二至四節）當你在靈性上投注在他人身上，神一定會看見，也會賞賜你。有一天你就會看見，一個生命如何改變另一個生命，還有你對人類最重大的影響，是如何透過協助他人成長而來。

服事最小的很重要

人對神來說很重要，祂在乎那些被其他人認為沒用、被忽視、被驅逐、被漠視的邊緣人。神能看透萬事，而當我們無私服事那些無法回報我們的人，我們就會在天堂受到賞賜。

有個瀕死經驗者在人生跑馬燈結束後表示：「我看見我有多自私，以及我願意付出任何代價，只求能夠回到過去做出改變。」朗醫師也提到，有許多瀕死經驗者表示「人生跑馬燈是最棒的改變催化劑，人生跑馬燈讓瀕死經驗者可以重新體驗自己的一生、自己的錯誤以及所有一切的事……許多當時看似不重要的事物，比如小小的善行，後來在他們自己或他人的人生中，都變得相當重大。」[12]這也就是為什麼耶穌告訴我們，當我們服事地上「最小」的弟兄時，就是在服事祂，而我們將會受到賞賜（參見《馬太福音》二十五章三十一至四十六節）。

工作很重要

許多人都討厭他們的工作，這相當可惜。若我們工作是為了求得神的喜悅，那麼所有工作對神來說都是重要的。想像一下，如果你知道你的工作在來生會造成不同，那一定會改變你對於「做出傑出的工作」這件事的認知。「無論你們作甚麼，都要從心裡去作，像是為主作的，不是為人作的，因為你們知道，你們一定會從主那裡得到基業為賞賜。你們應當服事主基督，但那些不義的人，必按他所行的不義受報應。主並不偏待人。」（《歌羅西書》三章二十三至二十五節）

不管我們做什麼，只要動機是為了求得神的喜悅，而去把它做好，那就能夠獲得賞賜。若能理解這點，豈不是會帶來很大的鼓勵嗎？你在任何地方、做任何事，都有可能成功，但如果我們是懶惰、不誠實、偷懶的員工，神也會看見，而我們就將失去祂想給我們的潛在賞賜。

財務很重要

「多給誰就向誰多取，多託誰就向誰多要。」（《路加福音》十二章四十八節）我以前很討厭耶穌說的這句話。以美國人為例，他們是人類歷史上前百分之二富有的人，只要你的年薪超過兩萬五千美元，那就是了，你一生將會賺到超過一百萬美元！我大學畢業，因此我屬於人類歷史上教育程度前百分之一的人。和歷史上大多數人一輩子擁有的相比，我有更多選擇、更多工具、更多娛樂、更多閒暇時間。

所以我要拿神託我的所有事物怎麼辦呢？耶穌非常明確地告訴我們，我們所有的金錢都像是大富翁的紙鈔，而我們所有的財產，也都無法留下。遊戲結束時，全都會回到盒子裡。存留下來的，只有你是怎麼玩這場榮耀上帝的遊戲。

我告訴你們，要用不義的錢財去結交朋友，好叫錢財無用的時候，他們可以接你們到永恆的帳棚裡。在最小的事上忠心的，在大事上也忠心；在最小的事上不義的，在大事上也不義。如果你們在不義的錢財上不忠心，誰還把真實的錢財託付給你們呢？如果你們在別人的東西（即神的東西）上不忠心，誰還把你們自己的東西（永恆的財產）交給你們呢？……你們不能服事神，又服事金錢。（《路加福音》十六章九至十三節）

神熱愛賞賜

若我們將資源投注在建造神的國，讓祂的教會壯大，又將我們的資源接濟窮人，讓他人幸福，並且把上述這些作為，當成是取悅上帝，那麼神說祂將會以真正的富足、真正的財富、永遠不會從我們身邊遭到奪走的東西，來賞賜我們。想像一下那些東西會是什麼吧，因為你永遠不可能給得比上帝更多，祂熱愛賞賜我們！

人之所以不願意投注時間、金錢、服事而換取未來的賞賜，部分原因在於我們根本無法想像「賞賜」會是什麼。有些人依舊擔心天堂會很無聊，無法滿足我們。可是當我們清楚理解，犧牲某些塵世的賞賜以換取永恆的賞賜，會是多麼划算的話，那就根本不需要考慮今生的賞賜。

第十九章
天堂很刺激，並不無聊

有些人擔心天堂會很無聊，但只要想像前方等著你的有趣未來就好，這是上帝為充實的一生準備的賞賜。哈佛大學的神經外科醫師伊本．亞歷山大說，他從黑暗的大坑前往一個生氣蓬勃的世界，也就是天堂的超現實：

我聽見一個新的聲音，一個活生生的聲音，是你聽過最豐富、最複雜、最美妙的音樂。隨著一道純粹的白光降下，音量也越來越大……我開始往上升，非常快，出現呼呼聲，然後瞬間我就通過入口，發現自己身在一個全新的世界，這是我見過最奇異、最美麗的世界。

美妙、生氣蓬勃、令人著迷、頭暈目眩……不管用再多的形容詞來描述這個世界看起來怎樣、感覺起來怎樣，但都還不足。我感覺重獲新生，不是重生，或再次出生，就是……重獲新生。

我下方是鄉間，翠綠、蓊鬱、如同塵世，這是地球沒錯，但同時卻又不是。就像是父母帶你回到你非常小的時候待過幾年的地方，你不知道這個地方，或至少你不覺得自己知道，但是當你往四周看，某個事物會將你拉近……而回到那裡是件非常快樂的事。

我在飛，穿過樹木和田野、河流和瀑布、這邊和那邊、人群，也有小孩，邊笑邊玩耍。人們圍圈唱歌跳舞，有時我還會看見狗兒，在人群中奔跑、跳上跳下，就和人們一樣相當開心，他們的衣著簡單卻美麗，而且對我來說，這些衣著的顏色，似乎就和四周鄉間開滿的樹木和花朵，擁有同樣生氣蓬勃的溫暖。

一個美麗又不可思議的夢想世界……

不過這並不是夢。我非常確定一件事：這個我突然發現自己身在其中的世界，是完全真實的，但真實這個字雖然傳達了某種抽象的東西，卻無法完全表達我試圖想描述的事物。

我不是一個天真又多愁善感的人，我知道死亡的模樣……我了解生物學，而且雖然我不是物理學家，我對物理也是略懂，我知道幻想和現實的差異。而且我也知道，我如此努力，卻仍只能給你最模糊、最不滿意描繪的經驗，是我這一生中最為真實的經驗。[1]

每個瀕死經驗者都說來生是真實的，就像我們現在的人生，只是經驗更為廣博：更美麗、更刺激、更多責任、更重要的任務、更多幸福、更多冒險，沒有人想要回來。所以我們就來想像，獲得永恆的賞賜，會是怎樣的吧，因為我認為，這值得你付出更多的思索、計畫、犧牲、投資。

一件很明顯的事是：在天堂中我們都會受到神同等的愛和重視，但仍會存在差異。神學家約拿單．愛德華茲（Jonathan Edwards）推測，或許神的愛、喜悅、刺激會滿溢我們所有人，但就像不同容量的杯子，我們將會以我們在地上發展出的容量，來體驗神和祂所有的奇蹟。2 神承諾會賞賜那些忠心跟隨祂、服事祂的人，好消息是我們所有人在祂眼中都能達成巨大的成功，並在天堂中獲得大量的賞賜。那這些賞賜會是什麼呢？讓我們來想像看看吧……

你完美的所在

想像你夢想中的房子，在你夢想中的地點。世界上的人努力奮鬥、犧牲、存錢，只想在完美的地方買一幢完美的退休房。這我懂，以前我在聖塔芭芭拉擔任工程師時，有幸認識了一些擁有我夢想之屋的人，沙灘上的美麗豪宅，環繞著蒼翠的花園，還有山景！幾乎就是天堂。

這些朋友熱愛上帝，喜歡和許多人分享自己的祝福，包括我的家人在內。你難道不覺得，神不僅熱愛給予我們非常棒的禮物，甚至還會讓祂的子女變得更幸福嗎？如果神要專門為我設計一棟房子，祂一定有辦法做到最棒！而且祂為了祂的兒女，一定會這樣做的。耶穌說：「在我父的家裡，有許多住的地方；如果沒有，我怎麼會告訴你們我去是要為你們預備地方呢？」（《約翰福音》十四章二節）你我都想給孩子美麗的房子，而你的天父想要賞賜你的，豈不是更多嗎？

在我從許多瀕死經驗蒐集而來的圖景中，常出現鄉間的房子、山上的房舍、古色古香村落中的房舍、上帝之城中的房舍，圍繞著宇宙的中心，也就是上帝的寶座，形成一個半圓形。這全都是一間大房子，一間oikos——這個希臘單字不僅可以指房子，也可以指家庭。想像一下，不管你住哪裡，你都覺得「回家」了，這就是耶穌描繪的圖景。回想一下，當戴爾·布萊克機長由兩名天使護衛，飛越上帝之城時，他便描述了神的寶座和雄偉城牆之間精雕細琢的建築房舍。

> 在城市中央和城牆之間，是古色古香的小鎮，其中充滿明亮無瑕的房屋……這些城鎮間的居所並不是以統一或對稱的方式安排，而是以某種方式完美平衡，每一間房屋都相當獨特、與眾不同，卻能完美融合，某些房屋有三或四層，還有更高的，所有房屋都不一樣，如果音樂可以變成房屋，看起來就會像這樣，建造美麗、完美平衡。3

早在一八九八年，利百加·史賓格在瀕死經驗中，就提到了一百多年後其他基督徒瀕死經驗者也會提到的事，包括房舍。利百加當時身患重病，已經三周沒有吃東西，也沒有補充太多水分。某天晚上，她察覺死亡已不遠，於是向耶穌禱告，祈求寬慰，結果她發現自己站在床邊。她四下查看，然後看見她最喜歡的連襟、已經過世的法蘭克，就站在身旁。歡喜的問候之後法蘭克說：「我們該走了嗎？」利百加回頭，看見「在床上……躺著一具蒼白靜止的身軀，（她）瘦削憔悴的臉上，掛著一抹微笑。我的哥哥輕輕拉著我，我同意了，並和他一起穿過窗戶，來到陽台上，然後從那裡，以某種難以理解的方式，下到街上。」

利百加和法蘭克來到一個現代瀕死經驗者和聖經中都有描述的地方，她解釋說：

> 我站在最柔軟、最美麗的草原上，草原開滿芬芳的花朵，許多都是我在地上認識且喜歡的，還有的則具有我完全不熟悉的特性……在很遠、很遠的地方，遠在我視線所及之外，這片美麗又完美的草原和花朵持續延伸。草原之外則是同樣美妙的樹木……我在樹木之間看見優雅又美麗的房舍，建築風格相當奇特、頗吸引人，我認為那一定是這個美妙所在快樂居民的居所。不管往哪看，都有閃閃發亮的噴泉，我附近則是一條清澈的河流……四處都是金玫瑰色的榮光，而不是陽光。**4**

由於天堂是個豐富的所在，也許我們會有好幾間房屋可以享受，就像這個世界上最好的房地產一定是在最好的地點。想像一下你將能看見宇宙中最美麗、最棒的地方，那就是上帝的寶座！這可能便是上帝給予你的賞賜之一。

你自己的財產

說來好笑，我們為物質而活，名車、遊艇、各種金光閃閃的東西，卻忘了為承諾賞賜我們永恆財產的上帝而活。一方面來說，「我們在天堂時還會想要或需要物質」，這個想法聽來有點膚淺，但是另一方面，或許我們到時候已經不會受到誘惑，不會像我們現在這樣將這些東西視為偶像，我們就只是將這些美好的事務當成禮物享受，而神也和我們一起享受。耶穌告訴我們，如果我們能夠忠心管理我們在世界上短暫的財產，那麼神就會給予我們永遠的財產，他承諾：「我實在告訴你們，到了萬物更新……凡為我的名撇下房屋、兄弟、姊妹、父母、兒女或田地的，他必得著百倍，並且承受永生。然而許多在前的將要在後，在後的將要在前。」（《馬太福音》十九章二十八至三十節）

永久的財產會是什麼？有鑑於來世有這麼多東西似乎和現世是連續的，只不過滿足是一百倍，或許某些財產會是非常類似的。如果宇宙會是我們的遊樂場，那麼或許某些人可能會擁有遠遠超越我們想像的天堂奇蹟或宇宙遊樂場。我完全確定的只有一件事，如果神說天堂有寶藏，那就一定會比我們在地上珍視的東西還要好上非常多。所以，為了天上的寶藏而活吧！

重要的責任

天堂中有件事很確定，那就是你永遠不會無聊！事實上，人們還會擁有重要的角色、責任、要完成的計畫、要譜寫的音樂、要統治的邦國。這樣的生活，是由那些完全遵從神的旨意和意志的人負責掌管。耶穌便曾告訴十二名門徒：「我實在告訴你們，到了萬物更新，人子坐在他榮耀的寶座上的時候，你們這些跟從我的人，也會坐在十二個寶座上，審判（統治）以色列的十二個支派。」（《馬太福音》十九章二十八節）

耶穌曾說過一個和天堂有關的預言，主角是一名將要做王的貴族，他在外出前將財產託付給十名僕人，要他們拿去做生意，當他得了王位回來後，便召集僕人：

第一個走過來說：「主啊，你的一百銀幣，已經賺了一千。」主人說：「好，良善的僕人，你既然在最小的事上忠心，可以有權管理十座城。」

第二個來說：「主啊，你的一百銀幣，已經賺了五百。」主人說：「你可以管理五座城。」（《路加福音》十九章十六至十九節）

但是最後一名僕人拿著這一百銀幣什麼都沒做，因為他痛恨這位貴族，不想要其成王，於是他被剝奪一切，淪落到外面的黑暗中（《路加福音》十九章二十至二十七節）。

神觀察我們，要看我們有多忠心，因為祂在協助我們，準備去擔負更為重大的責任。祂甚至允許地上所有的試煉和難關，因為祂在協助我們，要和祂一起統治。我們經歷苦難和艱難，背後實在是有更偉大的目的：神是在訓練我們，以統治天堂，「我們若能堅忍，就必與他一同作王。」（《提摩太後書》二章十二節）、「你們不知道我們要審判（統治）天使嗎？」（《哥林多前書》六章三節）我們之中的某些人將統治天使，其他人將統治城市，甚至有些人將統治國家。

神不會將最重要的責任，託付給那些一路追逐權力的人。而那些謙卑服事神、遵從神的人，將會擔負更大的責任。耶穌曾說：「得勝的，又遵守我的旨意到底的，我必把統治列國的權柄賜給他……好像我從父領受了權柄一樣；我還要把晨星賜給他。」（《啟示錄》二章二十六節、二十八節）

工作和創意

陶德逐漸開始接受他的四歲兒子寇頓真的去過天堂這件事，他想知道更多，所以他問兒子在天堂做了些什麼。

「作業。」

這絕對不是陶德期待的答案，「你什麼意思？」

寇頓說：「耶穌是我的老師。」

「就像學校嗎？」

寇頓點頭：「耶穌給我工作做，而那是我在天堂中最愛的事。」5

他在天堂中最喜歡的部分，竟然是耶穌給他做的工作？並非所有人都有能力統治一座城市，但我想像每個人都會負責完全適合上帝造我們去做的特別計畫、任務、工作——這是人在墮落之前被造的目的，管理和統治地上的生物（參見《創世記》一章二十六節）。神是造物主、建造者、開發者，而祂熱愛透過我們去進行更多創造。

如果你熱愛創造，那麼想像一下你現在受到獎勵，要負責為美國總統設計和展示一場特別的展覽。現在把想像拉遠一點，創造天地萬物的那位總統，將要賞賜你為祂創造的任務！想像一下會需要多少時間，去創造你在地上沒空創造的音樂或藝術；想像一下你在研究、探索、發掘、建造造物主委託的事物時，進入的狀態會是多麼喜悅！

耶穌讓喬治．李齊見到了他過往的自私之後，又讓他見識了另一個全新的領域，喬治認為這可能是天堂的外圍，那裡都是全神投注在自己計畫中的人。「雄偉的建築矗立在美麗晴朗的公園中，不同的結構之間存在某種關係，令我想起精巧設計的宇宙。只不過……這一切更宏大，就像世界上所有學校和大學，都只是這個現實的零碎複製品。」

耶穌帶李齊進入某棟走道擁有高聳天花板，人們四處來來去去的建築物，空氣中充滿興奮，就像每個人都著迷於發現的喜悅，而且處在某種重大新突破的邊緣。

不知為何，我覺得好像在進行某種偉大的研究，或許有好幾十種這類研究在進行。

「耶穌，他們在做什麼？」我問。

神是全知的，但面對眼前的情景我的腦中則是沒有出現任何解釋。神傳回來給我的訊息就像先前一樣，是愛：對我無知的憐憫，願意包容我所有的無知。

還有更多……儘管祂很明顯對我們周遭正在發生的事感到很高興，我感覺到就連這也不是終點，祂還有更厲害的事物要讓我看，假設我能看到的話……我們進入一間錄音室，我無法理解的複雜音樂正在此處譜寫……

接著我們走過一間和整個里奇蒙大學一樣大的圖書館……我的心中出現一個想法：「這裡集結著宇宙中重要的著作。」我馬上知道這是不可能的，書籍要怎麼在塵世之外的地方寫成？但這個想法依舊持續，「宇宙中的重要著作」。**6**

想像一下，假如在天堂中我們能夠繼續學習、成長、發現、創造，因為祂無限奇蹟的榮光，我們需要花上永恆才能探索。耶穌告訴我們天堂會有生活，那麼我們為何還一直把天堂想像成是「比現在這個世界更無聊」的生活呢？或許在天堂中，我們就會完全知道和理解我們世界所有的謎團，但我們仍永遠無法完全探索到神無邊創造能力的深處。而我想像天堂有一部分的賞賜，就包含各類計畫、角色、責任、創造嘗試、宇宙探索，還有神將給予祂忠心僕人各式無從想像的刺激任務。

我最大的賞賜

「有一件事我求過耶和華，我還要尋求；我要一生一世住在耶和華的殿裡，瞻仰他的榮美，在他的殿中求問。」（《詩篇》二十七章四節）、「在你面前有滿足的喜樂，在你的右手中有永遠的福樂。」（《詩篇》十六章十一節）當初寫下《詩篇》的大衛王或許和我們有不同的理解，可是宇宙中最棒的賞賜，就是和神親近，祂就是最大的賞賜，沒有任何人想離開祂。再聽聽看瀕死經驗者是怎麼描述和神待在一起的吧：

哈莉達：「祂的出現深深吸引我，我跪下仰望著祂，祂充滿榮光、如此美麗，光中之光。」7

蓋瑞：「在祂美麗的存在前，我充滿敬畏。」8

薩瑪：「看見主的權威和無法形容的美麗，讓我啞口無言……我在祂面前時，別無所求。」9

匿名荷蘭瀕死經驗個案：「這是那裡所有事物的頂點，充滿能量，特別是充滿愛、充滿溫暖、充滿美麗。」10

麥奇：「這個人的偉大就像雷射一樣刺穿我……所有力量、所有智慧、所有光輝、所有愛……除了留在祂身邊外，其他事都不重要。」11

如同穆迪總結的：「這個靈向垂死之人散發的愛和溫暖，言語完全無法形容……他感受到這光線無法拒絕，宛如磁鐵的吸力，他無可避免受到吸引。」12

想像最雄偉、最美麗、最受敬畏的靈，祂擁有的力量如此強大，只要說一個字，就能創造整個宇宙。想像那唯一真神，所有的美麗、喜悅、愉悅都是源自祂。現在接著想像與那位造物主擁有獨特的親密感，那種堪比父子、摯友，甚至配偶的親近，那就是你能想像最大的賞賜。我深信神把一種親近、一種親密，連地上最深的親密都無法比擬，儲存在我們內心。這種的合一與狂喜，讓人間的性相較之下顯得瑣碎又無聊。神將祂的子民稱為新娘時，說的不就是這件事嗎？

不同的賞賜

所有人在天堂都會看見主，體驗到許多瀕死經驗者描述的愉悅幸福，但我不確定每個人都會跟神一樣親近。有人認為，我們在地上對主的愛和信心，將決定我們在天堂體驗主的能力。深愛神的人在祂面前將受到深深撼動，沒那麼愛祂的人，則不會體驗到同樣深的愛。至於那些拒絕神的人，會發現神的存在非常痛苦，這和無神論者艾爾在他的瀕死經驗中體驗到的相符。

但我同時也注意到，有某些瀕死經驗者知道自己還不能進入上帝之城。喬治・李齊在他的旅程中，便拜訪了似乎存在於塵世的不同層地獄，還有天堂的外圍，接著耶穌帶他經過一條「隧道」，他發現自己身處一個截然不同的維度中。他們停了下來，而靠著他全新的望遠視覺，李齊看見一座城市。

> 接著我看到，在無限遠的地方有一座城市，一座閃閃發亮，似乎無窮無盡的城市，亮到能夠從所有無從想像的距離之外看見。光亮似乎是來自這個地方的牆壁和街道，還有來自我無法辨認的靈，這些靈就在城市中移動。事實上，這座城市和其中所有東西，似乎都是以光做成的，就連我身旁的人物也是以光做成。

當時我還沒讀過《啟示錄》，在這個極遠的奇觀面前，我只能瞠目結舌、滿心敬畏，並思索其中所有建築和所有居民，究竟要多麼亮，才能在好幾光年外的遠處看見。我驚訝地想著，這些發光的靈，會不會就是那些在世時將耶穌擺在人生中心的人呢？就在我問這個問題時，兩個明亮的生物似乎正從城中離開，以光速飛越無垠的距離，朝我們而來。就算祂們以這麼快的速度朝我們而來，我們仍是以更快的速度離開……祂讓我見識了祂所有能耐。[13]

李齊當時很顯然已不能再更靠近，許多瀕死經驗者都提到類似的事情，讓我覺得非常驚奇，也就是從某個非常遠的地方，或是某個包含我們空間的維度，觀看上帝之城，新耶路撒冷。這點我們下一章會更深入討論。而就像李齊無法繼續接近天堂，剛從地獄受到拯救的霍華德・史東也沒辦法。

> 我們一起往上升，一開始慢慢地，後來就像一座火箭一樣快速飛出了又黑又討厭的地獄。我們穿越浩瀚的距離，好幾光年，感覺卻只過了一下子……
>
> 在很遠很遠的地方，我看見一大片廣袤的亮光，看起來就像銀河，中心是個無比明亮的光源，周遭則是無數光球飛進飛出……朝強光的存在、所有存在的中心前進途中……我知道神愛我，神愛造物，神就是愛。這個愛的經驗完完全全從裡到外改變了我的人生，無論發生什麼事，我永遠都知道神愛我。
>
> 我開始察覺到自己有多矛盾，並變得非常羞恥和害怕，我這輩子拒絕和嘲笑我眼前的現實多少次？我以神之名咒罵了幾千次？以神之名侮辱別人，是多麼傲慢啊，又是多麼歪曲了所有的神聖，我非常羞恥，無法往前。從那座城市散發出的美妙又極度強烈的善和

愛，我可能無法承受。

在那神聖的唯一面前，霍華德感覺自己像個垃圾和骯髒的破布。而與他在一起的耶穌，也察覺到他的恐懼、不願、羞恥。霍華德心想：「我是個適合回去下面水溝的人渣，祂們一定搞錯了，我不屬於這裡。」祂以年輕的男性嗓音直接在我腦中說話：「我們不會搞錯，你確實屬於這裡。」這時他們停了下來，距離天堂還有無數光年遠，「我因羞恥而哭泣，而耶穌安慰我……接著耶穌以音樂般的語調，呼喊某些從偉大中心射出的發光靈體，有些過來了，並圍繞在我們身旁。」14

另一名天堂的旅客也推測，對我們地上行為的賞賜，將決定我們能分享多少上帝的榮光，以及我們能和祂多親近。「有各種不同的榮光，所謂不同的榮光，意思是指發出不同的亮光，祂們實際上會更亮，所以那些在天堂外圍的人，無法看見最神聖所在的存在，一個人如果進入最為神聖的所在，對外圍的人來說，就會太亮。」15他還認為人們在天堂中可以學習和成長，甚至提高和神的親密，「但是有些他們無法突破的障礙，我相信就是因為他們沒有做任何工作，所以得不到任何賞賜……但是一個擁有更多榮光、更亮的人，就能待在上帝面前更久。」16

明亮的晨星

耶穌承諾：「得勝的，又遵守我的旨意到底的，我必把統治列國的權柄賜給他……我還要把晨星賜給他。」（《啟示錄》二章二十六節、二十八節）我們為什麼會想要「晨星」當作賞賜呢？因為「就是我耶穌……我是明亮的晨星。」（《啟示錄》二十二章十六節）祂想要賜給我們最大的賞賜，就是祂自己！所有信徒都會看見神，並體驗祂身前愛的奇蹟，但你難道不想爭取最大的賞賜嗎？你需要的，就只有簡單、單純、信靠與順服，而我們所有人都能做到。

珊是我的好朋友，她成年的孩子尚恩患有自閉症和嚴重的心理發展遲緩，尚恩無法理解抽象的事物，例如天堂。但有個週六早上，尚恩走下樓並宣布：「我週日要在教會受洗。」

這激起了珊的興趣，因為她擔心尚恩不理解受洗的重要性，她說：「也許之後吧，但我不覺得你必須受洗。」

「不，我需要！耶穌告訴我，我星期日會在教會受洗。」尚恩堅持。

珊相當擔心：「尚恩，耶穌沒有跟你這樣講！」

這輩子從沒提過自己做夢的尚恩卻說：「不，我昨晚做了個夢，耶穌帶我到天堂去，阿嬤（尚恩已逝的祖母）在那，耶穌在那，上帝也在那。」

珊知道，應該是發生了奇蹟，因為尚恩不可能捏造抽象的概念，比如夢或天堂。好奇的珊繼續追問：「嗯，天堂是什麼樣子呢？」

尚恩興奮地解釋：「耶穌為我蓋了一間房子，有紅色的門，祂讓我看我的房子，並告訴我明天就要受洗。」

珊甚至根本不知道隔天會不會舉辦受洗儀式。她不知道該怎麼辦，於是問：「祂給你看你的房子？那尚恩，我會住在你隔壁嗎？」珊知道尚恩喜歡和她一起做所有事。

「不會！」尚恩的答案相當出乎意料。

「嗯，為什麼呢？」珊問，對尚恩的反應相當震驚。

「因為我住在神隔壁。」

隔天尚恩在我們教會受洗，就跟他說的一樣。

如果世上像尚恩這樣的人，能在上帝之城擁有最特別的位置，那對我來說將非常合理，因為耶穌說過：「內心清潔的人有福了，因為他們必看見神。」（《馬太福音》五章八節）想像一下在天堂和上帝之城的生活會是怎麼樣的吧，就讓我們來看看！

第二十章
找到天堂

在本書的最後，我將把討論範圍延伸至瀕死經驗的核心經驗之外，目的是要想像天堂和上帝之城會是多真實、多美好。我將描述幾位基督徒看見的異象，他們的說詞和聖經符合，但加上了一些細節。我希望可以激發你的想像。

我不知道天堂會不會完全和這些人描述的相符，但每個人的說法，合起來就會形成一幅圖景。如果有十個人去了紐約市，然後回來述說他們的見聞，每個人都有不同的角度和細節，但漸漸就開始組成一幅圖景。就算天堂不僅如此，我也非常有信心，天堂會比你我所想像的更好。宇宙萬物的造物者，創造了地上的各種驚奇，沒道理在創造天堂和祂的天上之城時，做出較為失色的產品吧？使徒約翰沒有經歷瀕死經驗，而是由天使直接帶往天堂，想像一下約翰和某些現代瀕死經驗者宣稱看見的地方吧：

> 我又看見聖城，新耶路撒冷，從天上由神那裡降下來，預備好了，好像打扮整齊等候

丈夫的新娘。我聽見有大聲音從寶座那裡發出來，說：「看哪！神的帳幕在人間，他要與人同住，他們要作他的子民。神要親自與他們同在，要作他們的神。他要抹去他們的一切眼淚，不再有死亡，也不再有悲哀、哭號、痛苦，因為先前的事都過去了。」

坐在寶座上的那一位說：「看哪，我把一切都更新了！」

我在靈裡被那天使帶到一座高大的山上，他把從天上由神那裡降下來的聖城耶路撒冷指示我。這城有神的榮耀，城的光輝好像極貴的寶石，又像晶瑩的碧玉。有高大的城牆，有十二個門，門口有十二位天使，門上寫著以色列十二支派的名字。東邊有三個門，南邊有三個門，西邊有三個門，北邊有三個門。城牆有十二座根基，根基上有羊羔的十二使徒的名字。

那對我說話的天使拿著一根金的蘆葦，要量那城、城門和城牆。城是四方的，長寬都一樣。天使用蘆葦量那城，共有二千四百公里，城的長、寬、高都一樣；又量了城牆，約有六十公尺。天使用的標準，就是人量度的標準。城牆是用碧玉做的，城是用明淨像玻璃的純金做的。城牆的根基是用各樣寶石裝飾的：第一座根基是碧玉，第二座是藍寶石，第三座是瑪瑙，第四座是綠寶石，第五座是紅瑪瑙，第六座是紅寶石，第七座是黃璧璽，第八座是水蒼玉，第九座是紅璧璽，第十座是翡翠，第十一座是紫瑪瑙，第十二座是紫晶。十二個門是十二顆珍珠，每一個門是用一顆珍珠做的。城裡的街道是純金的，好像透明的玻璃。

我沒有看見城裡有聖所，因為主全能的神和羊羔就是城的聖所。這城不需要日月照明，因為有神的榮耀照明，而羊羔就是城的燈。列國要藉著城的光行走，地上的眾王要把他們的榮華帶到這城來。城門白天決不關閉。在那裡並沒有黑夜。列國的榮華尊貴都被帶到這城。所有不潔淨的、行可憎的和說謊的，決不可以進入這城。只有名字記在羊羔生命冊上的才可以進去。（《啟示錄》二十一章二至五節、十至二十七節）

新耶路撒冷

以前我聽聞天堂的上帝之城——在《啟示錄》中稱為新耶路撒冷——擁有珍珠的城門和純金的街道時，覺得頗為俗氣，有點像是三流電視劇的佈景。由於我貧乏的想像力，我認為《啟示錄》都是末世的隱喻，或是不應按照任何字面意思解釋的異象。但即便《啟示錄》大部分都是末世的隱喻，我卻慢慢發現，或許聖經的古老作者，真的看見某些真實的事物，他們已盡力將無法描述的瑰麗天堂及城市化為地上的語言和圖景。瀕死經驗者也描述了類似的現實，不過我不認為他們每個人所描述的都是新耶路撒冷。天堂中還存在其他城市，這點耶穌在《路加福音》十九章十七至十九節有提及。

有一天，新耶路撒冷和新的地球將會以約翰所見異象中的方式結合。在天堂中新耶路撒冷已經準備好了，正在等待結合那天來臨，「因為他（亞伯拉罕）等待那座有根基的城，就是神所設計所建造的……這些人都是存著信心死了的……但是現在他們所嚮往的，是一個更美的、在天上的家鄉。所以，神不以他們稱他為神而覺得羞恥；因為他已經為他們預備了一座城。」（《希伯來書》十一章十節、十三節、十六節）神「已經」為他們預備了一座城，這裡用的是動詞過去式，所以我們就來憑著信心想像，你第一次前往上帝之城的旅程吧！

進入另一個維度

無論你是瞬間抵達天堂，或是先穿過一條隧道，每個人的旅程似乎都是獨一無二的。也許你會從很遠的地方啟程，就像上一章的個案所描述；或許現在的天堂是位於我們空間的隱藏維度，如同科學家所假設，也可能是在太空深處的暗物質中，也有可能是我們的空間位於其中。[1]我撰寫本段時，我的岳父正在和末期腦癌搏鬥，他是管理NASA太空站計畫的創始成員之一，我想像要是他的旅程是從太空深處前往天堂空間展開，那該會有多麼刺激。

另一名個案艾德並沒有死掉，但宣稱看見了天堂異象，他優美的言辭描述了聖經和其他瀕死經驗者都提到的許多景象。想像你第一次飛回家的刺激吧！

我們飛越佈滿星辰的天堂，在一條道路，或說梯子，或階梯上，我們以極快的速度前進……我詢問天使：「我們為什麼要停下來？」天使回答：「轉過去看看。」我轉過身，看見最壯觀的景象……我的雙眼正見證著一顆巨大的球體，我將汙濁的雙眼聚焦在神的房舍壯觀的全景風景，那是我們的產業，是我們本已消失的樂園。整顆球體都明亮飽滿，神聖的美麗充滿了我的靈魂……

天使對他說：「球體是純金的。」天使早在艾德提問之前便已回答了。那不像是錶上的黃金或婚戒上的黃金，天堂的黃金是純淨的，卻有金色的外觀，可以清楚看透金色的球體，那是一種透明的金色……雖然是以黃金製成，球體上方卻有不斷變換的各色效果，彷彿是一場壯麗多彩的燈光秀，色彩就像大片閃電般變幻，在金色球體周圍閃爍。

艾德的眼睛可以看透球體，看見其上最蒼翠美麗的土地。土地的中央是個耀眼奪目、多采多姿、金光閃閃的四方體城市，看起來就像鑲嵌著一顆耀眼的鑽石！色彩無法形容的美妙彩虹流過、流經、流進這個四方體城市，比他看過的任何日落和日出都還迷人。金色球體本身並不會發亮，光線是源自一座巨大又多采多姿的四方體城市。

天使向我解釋：「你看見的城市是新耶路撒冷，是天堂中心，天父和主耶穌就坐在那裡的寶座上，周遭的土地則叫作天堂。」城市的形狀是多采多姿的明亮四方體，色彩非常明亮，色澤比春天的彩虹還複雜，和地上的彩虹不同，其他顏色也讓人目眩神迷，我從未看過的顏色，這些新的顏色言語無法形容！

球體的直徑相當巨大，我從球體的中心往外數（到邊緣），應該可以裝得下二十座新耶路撒冷，因此從城市到球體外圍的距離應約為四萬八千公里，而球體的直徑則是九萬六千公里……相較之下，地球的直徑只有一萬兩千八百公里。2

宇宙之外

我第一次讀到艾德的見證時，聽起來就像科幻小說的狂想，或許真的是狂想吧。後來我讀過一個又一個見證，講的都是相互吻合的類似情景，這就使我開始認真思考。有名個案說：「這些顏色便是天堂有趣之處，讓我用天空來比喻，你已經習慣看見天空改變顏色，你知道的，永遠沒有兩次日落是一樣的，永遠都在變幻……所以這就是這些顏色在天堂做的事，讓天空變得多采多姿，但大多數時候是金色的。」3某些人確實看見天藍色的天空，天空變幻的方式似乎和我們的大氣層很像。還有許多人看見壯麗的金色天空。而且請記得，那些從天堂的大氣層內觀看天堂精彩燈光秀的瀕死經驗者，比如馬文・貝斯曼，其描述也和艾德從球體外看見的燈光秀吻合。

和耶穌一同穿過一條黑暗的隧道後，喬治・李齊表示：「我看見，在無限遠的地方，在對任何我所知的視力來說，都遠到看不見的地方，有一座城市，一座閃閃發亮，好像無窮無盡的城市，亮到能夠從所有無從想像的距離之外看見，光亮似乎是來自這個地方的牆壁和街道。」[4]霍華德·史東也發現自己和耶穌一同身在某種深處，「在很遠很遠的地方，我看見一大片廣袤的亮光，看起來就像銀河，中心是個無比明亮的光源。」[5]他知道這就是上帝的居所。

蓋瑞·伍德也發現：「走在道路上時，本能就知道我是在朝北方前進（這點和艾德、戴爾·布萊克、其他人相同），接著盤旋的大團漏斗狀雲朵豁然開朗，我便看見一顆巨大的金色衛星掛在天堂上。」[6]戴爾·布萊克機長則是「穿越深邃的空間，就像噴射機在夜間飛過暴風雪一樣……快速接近一座金碧輝煌的雄偉城市，充滿各式燦爛的色彩。」[7]

聖經並未提到任何內有天堂和新耶路撒冷的透明金色球體。因此，在某種程度上，這些基督徒瀕死經驗者看見的共同景象又變得相當耐人尋味且可疑。但另一方面，上帝也告訴我們，祂並沒有在聖經中向我們顯露祂所有奧祕（參見《申命記》二十九章二十九節）。而且，又是什麼東西，能促使醫師、教授、商務機師捏造或說抄襲同樣奇幻的景象呢？這聽起來很瘋狂，他們何必拿自己的名聲冒險？

當然，上帝之城並非上帝唯一的居所，聖經告訴我們：「他在萬有之先；萬有也一同靠著他而存在。」（《歌羅西書》一章十七節）所以上帝充滿所有事物，透過聖靈在各處顯現，讓所有事物存在，但也能讓自己顯現在某處，也就是那座祂所創造，讓那些愛祂的人居住的城市。

樂園

耶穌釘十字架的時候，告訴祂身邊同被釘十字架但是信祂的盜賊說：「今天你必定同我在樂園裡了。」（《路加福音》二十三章四十三節）不少人描述的天堂是美麗又類似這個世界的田園景象，圍繞著上帝之城，對多數人來說似乎是進入的通道，看起來和地球非常像，有樹木、各種動物、高聳的山、湖泊。

艾德不知道為什麼，發現自己往球體接近，接著突然就進入球體，站在天堂之中。

我站在無法形容的美麗地毯上。遠處森林可見到樹木生長，樹枝粗壯，樹葉鮮豔……我的雙眼相當興奮，各式各樣色彩奔放的花朵盡收眼底，點綴著青翠的草原，而且也和樹葉一樣，從內部發亮，我看見每片樹葉和花瓣都閃閃發亮，彷彿是由電燈點亮一般。

我不冷也不熱，溫度相當完美，清澈的空氣非常清新、純粹、帶有芳香，這是天堂中完美的一天……天堂之美令人讚嘆，我看不到任何死去的草或凋謝的花瓣，多采多姿的無限光線充滿所有事物，就像我看見的所有美麗事物，都是從內部發亮，色彩刺激我的雙眼，我的雙眼四處搜索新的顏色，就像在逛糖果店的小孩！

我深深吸了一口氣，空氣生氣蓬勃，就像春日雨後的新鮮空氣，整片天空又亮又金，彷彿太陽剛剛落下，天空便是巨大金色球體的內側，彩虹的色彩在天空中恣意綻放，但並沒有打雷，這比我記憶中的任何日落都還要美麗……

草地似乎是半透明的綠色，半透明代表光線可以穿透，但你無法完全看透……接著花草變得像是風鈴一樣，連在一起叮叮咚咚、叮叮噹噹，風撥動了看不見的琴弦，活生生的花草合唱團以甜美的合一奏起，完美和諧，喜悅音樂的聲響從我腳邊升起。[8]

你或許會想，這是不是維琪和其他許多人說他們聽見了風鈴的聲音，其實就是這種聲音。穆迪的一名瀕死經驗個案便表示：「我聽見鈴響叮叮噹噹的聲音，在遠處，就像從風中飄送而來，聽起來就像日本風鈴。」[9]艾德問天使他們身在何處，天使回答：「你正站在天堂裡，抬頭往前看，你就會看到新耶路撒冷，這座城市是所有上帝之光閃耀的源頭。」艾德可以看見所有事物都在發光，但城市本身是最明亮的，很顯然是在球體內部反射，創造出天堂美妙的大氣層，[10]「因為有神的榮耀照明（這座城），而羊羔就是城的燈。」（《啟示錄》二十一章二十三節）

山丘之城

天使說：「讓你的喜悅隨著新耶路撒冷的景象上升吧，這就是你的產業，你將走在其上，並和耶穌一起生活。」艾德注意到：「城市是個巨大的四方體（參見《啟示錄》二十一章十六節），我認為我所站之處，正好能直接看見其四角之一，這產生一種錯覺，好像四方形的城市擁有尖屋頂。城市無比明亮，但光線的強度不會傷到你的眼睛……土地朝城市往上傾斜，這幅美妙的景象也不受山丘或林線干擾。」[11]

想像天堂郊區的廣袤之美，如果艾德的估算是正確的，那麼此處比地球的陸地面積還大上超過四十倍，[12]而在這中心是一座高聳雄偉的城市（參見《啟示錄》二十一章十六節至十七節），就連一座聖母峰大小的山脈，都無法遮住這個景象。上帝之城是四方形的，就像摩西製作的會幕中的至聖所，也像所羅門王建的聖殿。或許這就是為什麼，神都告訴他們應該要這樣建造會幕及聖殿——因為這是天堂的副本（《希伯來書》八章五節、九章二十四節）。天使和艾德開始慢慢飛往城市，兩人經過時，天使將艾德未來將在天堂擁有的房舍指給他看，雖然艾德在拜訪城市前就必須回到現世了，但讓我們在想像中繼續這趟旅程吧，往山上前往新耶路撒冷。

我發現，聖經上從未說過新耶路撒冷是一座建造在山丘上的城市，但艾德曾提到過，有這麼多瀕死經驗者也提到過，這點非常神奇。蓋瑞便回憶：「我實際上是站在城市外，站在一座山丘上的翠綠草毯上，我開始往山上走（朝城市走）。」羅林斯醫師訪談的一名瀕死經驗病患也這樣描述：「明亮美麗的光線照耀這整片區域，我從未見過像這樣的事，我發現自己站在一片起伏的綠色草原上，草原微微向上坡傾斜。我看見我的兄弟，他還活著，但我卻仍記得他是什麼時候過世的。」[14]

貝蒂·摩茲也發現自己往上走向城牆：

> 我沿著一座美麗的綠色山丘往上走，山丘相當陡峭，但我腿部毫不費力，而且深深的狂喜沖刷我全身。我往下看，我仍走在草地上，這是我所看過最栩栩如生的綠色。每根草或許都有二點五公分長，質地像精緻的天鵝絨，每根都生氣蓬勃地擺動……我四周圍繞著一片雄偉的深藍色天空，萬里無雲……我抵達的是我一直以來夢寐以求的地方。我右邊的城牆現在更高，是由多采多姿、層次豐富的石頭建成，城牆另一側的光線，從我頭上幾十公分處一長排琥珀色的寶石透出。[15]

城牆和城門

想像我們走近了雄偉的城牆和城門，內心深處升起高度的興奮和期待，我們即將進入上帝之城。生來全盲的布萊德·貝羅斯，便描述了不太可能是他捏造出來的細節，因為他可是盲人。聽聽他的描述是如何和聖經以及其他人的說法吻合吧。隨著布萊德接近黑暗隧道的盡頭，他感覺到一片「廣袤的原野」，在他面前延伸了好幾公里，「不知為何，我發現自己可以感覺到，並真正看見我周遭的所有事物。」他注意到葉片碩大的巨型棕櫚樹，還有非常高的草等等。

當我發現自己正走上這片原野時，我高興極了，如此不可置信地獲得新生，我根本不想離開，我想永遠待在這裡。所有事物，甚至連我踩上的草地，都沐浴在這光線之中；就好像光線能夠穿透那裡的所有事物，包括樹上的葉片。那裡沒有陰影，不需要有陰影，光線包圍萬物。但我仍懷疑我怎麼會知道這點，因為在此之前我根本沒有視覺。一開始我有點退縮（因為視覺）……我覺得如果是在發生在地球上，我一定無法理解，但在我身處之處，我幾乎馬上就能接受。

隨著布萊德接近城市，背後閃耀著《啟示錄》二十一章二十三節所說的神之光，他聽見音樂和數千個聲音「以一種我不懂的語言歌唱，或是以許多許多語言同時歌唱，音樂完全不像我在人世體驗過的東西。」布萊德並沒有描述出一座城市、城牆、城門，或許是因為他靠得太近，根本看不出是城牆。不過他的描述仍是和《啟示錄》中的描述以及其他瀕死經驗者的說法吻合：

隨著我往山丘上爬，我來到一個大型石頭構造前。我甚至都還沒碰到，就知道這是石頭，我可以用我當時擁有的某種視覺和視野辨別，我知道，就像寶石一樣（指城牆的基部嗎？），似乎閃爍著自身的光芒，但是光線本身其實是直接穿透石頭，就好像石頭實際上是在增強那道光線，光線本來就在，非常強烈，我害怕到不敢碰觸那些石頭。我覺得石頭可能非常燙，但另一方面，我又相當好奇，我進入的構造是個大型的管狀構造，我會說管子的直徑起初似乎至少有三十公尺長，管狀頂部也距離我頭上超過三十公尺高（指城門的拱門嗎？）。一直到管狀構造前，都有棕櫚樹和青草，還有這片廣袤的原野，似乎一直延伸到管狀的入口。**16**

我覺得很驚訝的是，至今依然全盲的布萊德，清晰描述了走過天堂陡峭的草原，直到城牆的寶石基部，並進入城門的拱道。但他甚至似乎還是不知道，他所描述的究竟是什麼事物。布萊德描述的就是：「這城有神的榮耀，城的光輝好像極貴的寶石……城牆的根基是用各樣寶石裝飾的……十二個門是十二顆珍珠，每一個門是用一顆珍珠做的。」（《啟示錄》二十一章十一節、十九節、二十一節）

朗醫師研究中的數名瀕死經驗者也提到了類似的事物：「那裡如此美麗，無法形容的美麗，遠處也有一座明亮的城市，或某種類似城市的事物。」另一名個案也注意到了同一道城牆：「我左側直至視線可及之處，是一大片美麗的鬱金香，擁有所有想像得到的顏色，右側則是一座和天空一樣又藍又美的城牆。」**17**

穿越拱門

還記得那名和天使一起朝城市東南邊飛的機師戴爾．布萊克嗎？聽聽他怎麼描述準備好進入上帝之城的城門吧：

城市的城牆並不是只有一道，而是一連串緊鄰的城牆，城牆共有三層外層、三層內層，中央還有一座較高的城牆……城牆最高處有數十公尺高，而且令人驚訝的是，城牆的厚度和高度相同（《啟示錄》二十一章中說有六十公尺厚），城牆相當雄偉，往我左右兩側延伸，直至視線盡頭。

他看見的外牆是綠色的，混有少許藍色和黑色，完全是由半透明的石頭所造，城牆基部中嵌有多采多姿的大顆寶石，層次分明（《啟示錄》二十一章中說有十二種基石）。城牆充滿強大的光芒，有彩虹的所有顏色。他發現，奇怪的是，只要他一移動，顏色也會跟著他稍稍移動，就好像感應到他的動作而調整一般。

在他身邊，兩位護衛的天使仍在帶著他移動，直到城牆基部。他們不再是在上方盤旋，而是站在一個令人為之驚嘆的入口前，這是一座拱道，約有十二公尺高，九到十點五公尺寬。

他看見一名充滿威嚴的高大天使站在城門右側。這座城的入口，或說城門，是乳白色的，彷彿是用液化的珍珠所建，然後再凝固在城牆上。入口完全是由這種非常吸引人的物質建成，視線所及之處都是這種物質。入口附近的裝飾包含非常精細、驚人的細節景象。他注意到入口上方刻著巨大的金色字母，似乎生氣蓬勃地震動著，這一行字母在入口上方形成一道拱形，這些字母拼出的文句不知道是什麼，但內容一定跟其他任何事物都一樣重要。此時他全身充滿即將進入這美麗城門的興奮期待。

> 我沉浸在音樂、光、愛之中，所有事物都散發蓬勃的生命力，不僅是圍繞著我，也進入我之中，而且這非常美妙，比我曾經體驗過的任何事都還美妙，感覺就像我屬於這裡，我不想離開，永遠也不想，就好像這是我花了一輩子在尋找的地方，而現在我找到了。[18]

想像你接近天堂的城門時，那種興奮遠遠超過小時候期盼的聖誕節。雖然不同個案對城牆大小的估算都不一，但他們的描述都彼此吻合。而且即便聖經從未提到所有事物都會發光，但神的榮光和光線從所有事物散發出來也頗為合理。聖經也從未解釋珍珠城牆的樣子，所以我們想像的是精雕細琢，以珍珠裝飾的鍛鐵城牆。

不過瀕死經驗者不斷提到某種更為吸引人，也更為貼近《啟示錄》描述的事物，那就是一道以華麗石頭建造的城牆，十二座基部以各種寶石製成：「第一座根基是碧玉，第二座是藍寶石，第三座是瑪瑙，第四座是綠寶石，第五座是紅瑪瑙，第六座是紅寶石，第七座是黃璧璽，第八座是水蒼玉，第九座是紅璧璽，第十座是翡翠，第十一座是紫瑪瑙，第十二座是紫晶。十二個門是十二顆珍珠，每一個門是用一顆珍珠做的。」（《啟示錄》二十一章十九至二十節）

珍珠城門

貝蒂·摩茲回憶接近城市時驚奇的回家感：

我的情緒有各種感受的組合：年輕、平靜、滿足、健康、覺察、寧靜……我抵達的是我一直夢寐以求的地方。

我右邊的城牆現在更高了，是由多采多姿、層次豐富的石頭建成。城牆另一側的光線，從我頭上幾十公分處一長排琥珀色的寶石透出，我心想：「是十一月的誕生石紅璧璽。」這是我在研究珠寶學到的知識。**19**

貝蒂感受到了「回家」的期待感，看見石頭閃耀同樣的光，並注意到紅璧璽，新耶路撒冷第九座城牆的基石，就在她頭上幾十公分處，如果每一層寶石都有三十公分厚，那紅璧璽就會是在她頭上大約九十公分處。隨著貝蒂接近一座珍珠城門，和你先前想像過的任何入口都不同，她聽見了音樂和歌聲：

我不僅聽見歌聲、感受到歌聲，也加入了歌聲中，我雖擁有女性的身體，嗓音卻如男性般低沉。突然間，我發現自己正以我一直想要的方式歌唱：音調很高又很清脆，還很甜美的嗓音……聲音不只是以超過四個聲部的音量炸開，還是以不同的語言。語言的飽滿及完美融合令我敬畏，而且我還能理解！我不知道這是如何達成的，只知道我是這共同體驗的一部分。

天使和我一起行走時，我察覺我們可以去任何想去的地方，而且馬上就能抵達……天使走向前，把手掌放在我先前沒有注意到的一道城門上，城門大約有三百六十公分高，完全由珍珠建成，沒有任何門把，哥德式結構的頂部有些可愛的漩渦形裝飾。珍珠是半透明的，所以我幾乎可以看見裡面，但又不是很清楚，裡面的空氣以某種方式流到外面。一想到就要進去，我就感到狂喜和期待。

當天使走向前，把手掌放在城門上時，珍珠鑲板的中央出現了一個入口，慢慢變寬變深，彷彿半透明的材質正在溶解。我在裡面看見一條似乎是黃金的街道，地上鋪著一層玻璃或水，金光讓人目眩神迷，言語根本無法形容。[20]

天使問貝蒂她想不想進去，雖然她非常非常想進去，她卻聽見父親的聲音，他父親正在禱告讓她能活下來。貝蒂問天使，能不能回去看看父親，然後「城門又慢慢融化成一大片珍珠，我們開始往下走回同一座美麗的山丘。」

對我來說，針對城牆大小的估算不一，反而使這些見證更為可信。這代表故事之間沒有衝突，他們並非只是在複述同一個故事，更像是在提供不同的角度、估算、觀點，就像針對耶穌復活的不同見證。我有一位哈佛大學畢業的律師朋友還告訴我，在法律上，稍微有些歧異的同一個故事反而還更站得住腳，因為這代表人們是從他們略有不同的觀點講述事實。

從這些瀕死經驗見證和聖經中，我們開始得到一幅圖景，有關這道雄偉的城牆，十二座基部由寶石建成，兩千兩百四十公里長，約六十公尺高，六十五公尺厚，還有十二座以珍珠材質建造的半透明城門，你可以從中進入雄偉的上帝之城。

但天堂為什麼需要城牆呢？而且如果城牆只有六十公尺高，城市怎可能是兩千兩百四十公里的長度呢？這些問題讓我很困擾，我只能猜測答案。《啟示錄》告訴我們：「城門白天決不關閉。」（《啟示錄》二十一章二十五節）所以城牆應該是裝飾作用大於保護作用，而那兩千兩百四十公里高的側面很顯然也是以同樣透明的黃金建成，你可以看見，也可以看透：「城是用明淨像玻璃的純金做的。」（《啟示錄》二十一章十八節）城牆之所以在那，是為了歡迎，而非將人們逐出。

唐．派普則是這樣解釋珍珠城門：

隨著我們接近城門，音樂也變大了……隱約可見之處矗立著一座驚人的城門，截斷兩側隱沒至視線盡頭的城牆。和巨大的城牆本身相比，實際的入口這麼小，讓我相當驚訝（或許這解釋了不同的大小，某些人描述的是整座城門，某些人描述的則是只有入口？）。我努力看，但仍無法看見兩側的城牆盡頭，我往上看時，也看不見城牆頂部。

有一件事確實讓我非常驚訝。生活在地球的時候，每當我想到天堂，都預期有天我會看見珍珠做成的城門，因為聖經中曾提到珍珠城門。但現在的城門不是珍珠做的，而是散發著光芒，或許「燦爛」會是更適合的描述。看起來就像有人在蛋糕上撒了珍珠糖衣，城門閃閃發光，我停下來，看著耀眼的色澤和閃爍的濃淡，光采使我幾乎睜不開眼睛。21

這很顯然是通往你最棒、最興奮經驗的來生入口！想像一下隨著你穿過珍珠材質的雄偉走道，經過城牆，進入充滿榮光的上帝之城，全新的感官開始活躍起來，景象、味道、顏色、音樂、光線，全都和愛一起，讓你的靈魂充滿狂喜，這會有多有趣啊！

第二十一章 上帝之城（允許寵物進入）

唐・派普正要進入城門。不妨想像一下，你也正在經歷這種狂喜的高潮：

我看見的所有事物都非常亮，這是我雙眼見過最明亮的顏色。如此強大，沒有塵世的人類可以承受。在這強大的景象之中，我繼續接近城門，我的親友全在我前方，呼喊、催促、邀請我跟隨他們。

接著場景轉換，我唯一的解釋方式，就是只能說他們現在已不再我前方，而是在我身旁……我們逐漸接近城門，音樂也越發變大，更為清晰，就好像在一段距離外聽見微弱的聲響、看見一切後，走進一個盛大的活動。我們越靠近，一切就變得越強烈、越生氣蓬勃、越清晰。就在我抵達城門時，我的感官更為敏銳，而且感受到一股狂喜。

我停了下來，不確定為什麼，就在城門外，前方的景象讓我相當興奮，想要進去，我知道一切都會比我至今體驗過的更為刺激，在那一刻，我就要理解所有人心渴望的事物了，我身在天堂，準備要穿過散發光芒的城門，進入城內。1

想像這種場景：走進了城門，進入上帝之城，在城門歡迎你的天使充滿威嚴，但你仍能感受到天堂的溫暖和愛。今天，你的名字就記載在案卷中，你是天堂期盼已久的尊貴訪客。想像看著珍珠材質在你周圍融化，你和親友組成的歡迎委員會，帶著聖誕節早晨的期盼，走進雄偉的長長走廊，令人欣喜若狂的旋律讓你渾身充滿狂喜。

有名個案注意到「城門內看起來像是一條巨大的廊道……城門厚度將近六十五公尺，使得廊道頗長。廊道兩側則另有拱道，就是塵世中辦公室的所在，記錄也都保存在這。所以我們和城門的天使打招呼時，祂才在那裡歡迎我們。」2戴爾．布萊克則注意到走廊內層的珍珠物質：「入口完全是由這種非常吸引人的（珍珠）物質建成，這種物質同時也覆蓋著我視線所及的整個入口內部。」3

這聽起來很像瑪麗．尼爾在泛舟時經歷的瀕死經驗中，描述的同一條雄偉廊道：「我們走下一條走道，通往一個巨大明亮的廳室……散發出充滿所有色彩的美麗光芒，我感覺入口吸引著我的靈魂……就是那道每個人類都必須穿過的城門。」4這也很可能是布萊德．貝羅斯試圖想要描述的地方，但由於他生來全盲，之前又從來沒看見過任何東西，所以將半圓形的走廊稱為「管子」：「我開始能夠清楚聽見我先前聽見的音樂，就好像人們用好幾種不同的語言同時歌唱……當我看向管子中時，我可以察覺我將要踏上某種石頭，也就是我在管子四周看見的同樣那種明亮石頭，那是非常滑順的石頭，非常、非常滑順。」5

不妨想像一下，穿越雄偉廊道的那種興奮感覺，首度經歷到你所想像最偉大城市中的景象和聲音。你進入城市後，第一個看到的事物便是生命樹：「天使又指示我一道明亮如水晶的生命水的河流，從神和羊羔的寶座那裡流出來，經過城裡的街道。河的兩邊有生命樹，結十二次果子，每月都結果子；樹葉可以醫治列國。」（《啟示錄》二十二章一至二節）

生命樹

生命樹是生長在伊甸園中的樹木，也是人類始祖犯罪後，神將伊甸園隱藏起來的理由。神在我們能知善惡之後便下令：「現在恐怕他伸出手來，摘取生命樹上的果子吃，就永遠活著。」（《創世記》三章二十二節）神是在保護我們，免得我們因為已經知道了罪惡，導致永遠和祂隔絕。但現在到了天堂，我們過去在地上的生活中已經累積了關於罪惡的意識，也了解到神為了重建人與神之間的關係而付出了極大的大價，因此我們將能在祂的城市中和祂一起生活，並永遠自由選擇去愛神、跟隨神。我們進入了祂的城門，就能吃生命樹上的果子，並永遠活著。

有一位個案觀察到，生命樹不只一棵：「我們看見的第一個事物便是生命樹。我以前認為生命樹只有一棵，不過其實是一整排結著果子的樹，長在生命之河邊……現在這些果實照約翰在《啟示錄》中說的那樣生長，每個月結出不同的果子，而且只要有人摘下一顆，另一顆就會馬上出現在樹上，因為很多人都在吃這些果子。」[6]想像一下，你走近並且品嘗了一顆果子，你發現自己不是真的在「走」，雖然你可以走沒錯，但更像是滑行。

「我們可以用思緒的速度來移動。你只要想著要去某個地方，然後你就在那了。不過也有較慢的移動方式，會有移動的感覺，這本身就是愉悅的，當你在天堂走上一條風景優美的道路，可以欣賞風景。但若以思緒的速度移動，就看不到風景了，因為你馬上就會抵達。」[7]想像一下，當你朝樹木移動，樹木屬於一條美麗花園大道的一部分，旁邊是一條沿著山丘蜿蜒而下的河流，流經城市的中心，生命之河兩側林立成排飽滿的果樹、花園和街道，河岸開滿了花朵。

精金的街道

我們繼續這趟想像之旅吧。你開始注意到，街道看起來是金色的，但不像我們時常想像的那種俗氣的金黃色。街道的材質是我們從未見過的，貝蒂・摩茲便注意到「一條似乎是黃金的街道，地上鋪著一層玻璃或水，金色的光讓人目眩神迷，言語根本無法形容。」—[8]沒有人提到我腦中那種俗氣的黃磚道，而是一條超脫塵世般透明、水晶一樣的道路，閃耀著生氣勃勃的金光。

蓋瑞提到：「我們走在透明的街道上，而我可以完全看透，後來一名NASA的科學家告訴我黃金裡面有雜質，除去雜質以後，黃金就不再是黃色的，而是如水晶般清澈。」[9]太空人的頭盔就鍍了一層薄薄的金，可以反射陽光，但也能讓他們望出鍍金的面罩。

但古人怎麼知道黃金可以變透明的呢？答案便在《啟示錄》中，只是我先前從未能想像：「城裡的街道是純金的，好像透明的玻璃。」（《啟示錄》二十一章二十一節）我從未見過這樣的物質，不過許多瀕死經驗者都宣稱他們看見了《啟示錄》中描述的街道。所以想像一下，你穿過街道，去品嘗河邊的果樹，某些人便宣稱嘗過果子，不過不是從生命樹，而是來自天堂的其他樹：

我沿著黃金街道前進時，注意到了天空，天空是玫瑰粉色的，但同時也是澄澈的藍色……那裡有座公園，公園裡有長椅，你可以坐在上面和其他人聊天……人們在聊天，享受愉快的時光。精雕修整的公園裡隨處可見參天巨樹，至少有六百公尺高，各式各樣，某些我認得出來，其他則認不出來……我走向一棵我認為是胡桃的樹，有人告訴我可以摘果子來吃，果子是紅銅色梨形的。我摘下一顆後，另一顆又馬上在原位長出來，果實碰到我的嘴唇時，馬上蒸發，並融化成我所嘗過最美味的東西，吃起來就像蜂蜜、桃子汁、梨子汁，甜而不膩。[10]

神童藝術家艾綺雅娜也提到天堂的水果有多好吃：「比你吃過的所有東西都好吃……神說很多人都需要吃水果，新天新地永遠都會有果樹。」[11]果子和樹葉都會療癒你，也讓你補充力量。我想過，天堂裡會有冒險、刺激、風險嗎？或許仍然是有療癒的需求，但在天堂中神永遠都會療癒我們，滿足我們的需求，擦去我們的眼淚。我唯一確定的是，在那裡的生活一定會很棒。

宇宙的文化中心

嘗到全新的力量後，你便準備好可以去參觀神創造的文化中心了。上帝之城非常巨大，所以有很多事物可以探索，某些人認為新耶路撒冷的大小純屬隱喻，或許是吧，但約翰確實說過：「天使用的標準，就是人量度的標準。」（《啟示錄》二十一章十七節）根據天使的丈量，上帝之城實在非常巨大，每一側都有兩千兩百四十公里長，大約等於半個美國大，所以真的有很多事物可以探索。但這並不難，因為假如瀕死經驗者是對的，你可以用望遠視覺看見許多事物，並用思緒瞬間移動，也可以漫步走過花園和古色古香的山村，或到城市中心一覽所有吸引人的事物。

而上帝之城有許多景點可以前往。公園、河流、噴泉、湖泊、圖書館、藝廊、博物館、音樂會、運動賽事。等等，運動賽事？藝廊？我只是這樣猜測：神是一切人類創意、文化、趣味的源頭，等到祂的子民終於回家時，祂怎會把這一切都沒收呢？蘭迪・愛爾康便提到：「我們可以相信，我們在今生此處享受的活動、遊戲、技能、興趣，在那裡也都會有。」[12]神沒有說祂要毀滅所有事物，而是說祂要更新萬物（《馬太福音》十九章二十八節、《啟示錄》二十一章五節）。

如果「萬物」指的真的是世上的一切，那麼我們在地上最棒的文化、創意、樂趣、刺激，也將會在天堂復活，甚至超越我們想像的極限。所以盡情作夢吧！我想像我們在地上出於對神的愛所創造的許多事物，也能在天堂永遠享受。

上帝之城的刺激永遠不會結束，只要想想看，這座城市的高度，也達兩千兩百四十公里！我一直在想，會不會也有不同的樓層及高度，就像地球的地形和大氣層一樣，一層疊一層？這很有可能，因為我們可以四處移動，包括任意上下移動。只要想想，新耶路撒冷可能擁有我們地上的大氣層，還有某種類似天空和雲朵的東西，組成我們十一公里高度對流層的事物，而且高度還達到兩百個大氣層那麼高。光是城市內部的表面積就是地球的兩倍，這還不包括天堂的鄉下，還有那等待我們探索的整個宇宙。天堂就會是無盡的刺激、享受、探索……而且，神還會更新、重造、重新結合新天，並以某種方式重塑新地，使新天新地完美無瑕的整合起來！

蓋瑞在天堂的城門前遇見他最好的朋友約翰，約翰在地上因一場可怕的意外身首異處。但現在約翰有了生命，全人完整。約翰帶著蓋瑞參觀了整座城市：

> 約翰告訴我他有很多美妙的事要讓我看。他帶我進入一間看起來像圖書館的巨大建築物，牆壁是純金，閃爍著炫目的金光，隱約延伸至高聳的水晶穹頂，我看見數百萬本書……
>
> 我們離開圖書館，他帶我到一座雄偉的禮堂中，每個人都穿著耀眼的袍子，我發現自己也穿著袍子。我往上看見一座美麗高尚的螺旋梯，蜿蜒直入大氣層的高度（就像《列王志上》六章八節中所羅門的聖殿）。一條美麗清澈的河水直接流經我面前，我的視線跟著這條從上帝寶座流下的河流！河水的源頭是非常美妙的景象，也就是全能上帝的寶座！
>
> 清澈的河流兩旁是長滿果樹的果園，園中果樹結實纍纍……我們面前的高聳山丘和山脈美得令人屏息，山坡上有一群人，他們正在觀察地上發生的事。[13]

蓋瑞注意到上帝之城的風景多彩多姿，畢竟其面積是半個美國大。他也看見天堂的人在觀察塵世，聖經便暗示天堂的人們仍然知道地上發生了什麼事（《路加福音》十五章七節、《啟示錄》六章十至十一節）。在天堂的喜悅之前，地上所有的悲傷都會在上帝完美計畫的知識中，獲得新的意義。

踏進這條河流

戴爾注意到這條「從城市中央人群聚集的區域流向城牆，似乎也在城牆處結束」的河流，[14]蓋瑞也相當讚嘆這條從上帝的寶座流下的生命之河：

約翰叫我喝這河的水，我發現味道非常甘甜。約翰接著引領我踏入水中，一進去我發現深度只到腳踝，然後水面開始上升，淹過我的大腿和肩膀，直到淹沒我整個人……美麗的河水其實是在洗去我身上的碎片，碎片一定是在我從地上過渡到榮光中時，黏到我身上的。在水裡時，約翰和我不用開口就能和彼此溝通……水退了，我們從河岸另一側上岸。[15]

蓋瑞上岸時全身都是乾的！這條生命之河的特質，和你體驗過的任何水都不同。共有四個瀕死經驗個案提到了他們在生命之河中游泳，有了同樣神秘的發現：「我們走入河中時，河水越變越深，直到水面最終淹過我們的頭頂，但我們仍在呼吸。所以我突然理解，這是聖靈的水流，這是聖靈的顯現。」[16]

神透過先知耶利米說：「因為我的子民作了兩件惡事，就是離棄了我這活水的泉源。」（《耶利米書》二章十三節）難道這就是為什麼，耶穌將聖靈視同為活水嗎？「耶穌站著高聲說：『人若渴了，可以到我這裡來喝！信我的人，就像聖經所說的，從他的腹中要湧流出活水的江河來。』他這話是指著信他的人要接受聖靈說的。」（《約翰福音》七章三十七至三十九節）這會不會不只是天堂的比喻？我不知道，但當天使引導艾德到河中時，他發現了同樣令人驚喜的特質，這非常有趣：

「我可以呼吸！」我驚訝地說，我和水中的天使說話，聲音非常清楚，聽起來沒有任何泡泡。

「你站在生命之河裡，這就是聖靈，將洗去罪惡的傷痕……在這水中你永遠不會渴，這水是從聖靈而來，灌溉生命樹。」

我們離開生命之河時，我發現我身上一點都沒有濕！[17]

一八九八年經歷瀕死經驗的利百加．史賓格，也驚奇地提到同樣的洗滌特質。當時她已逝的連襟法蘭克，領著她進入天堂之水中：

讓我又驚又喜的是，我發現我不僅能夠呼吸，還能大笑、說話、觀看、傾聽，在水中就和在陸地上一樣自然。我坐在五顏六色的鵝卵石中間，雙手抓起一大把，就跟孩子一樣，我的兄弟就躺在石子上……愉快地和我聊天、大笑。

「試試這樣。」他說，用雙手摩擦臉部，並用手指梳過黑髮，我照他說的做，感覺非常愉悅……隨著我們接近岸邊，我的頭部再次浮出水面，空氣撲向我的臉和頭髮的那一刻，我發現我不需要任何毛巾或梳子。我的血肉、我的頭髮，甚至是我美麗的衣著，都和碰到水之前一樣乾爽……

我回頭凝視靜靜流著的閃耀河流，並問：「法蘭克，那水對我做了什麼？我覺得自己好像能飛。」他用最真誠、最溫柔的眼神看著我，然後緩緩回答：「水洗去了塵世生活最後的點滴，讓你能夠適應你進入的新生。」

「真是神聖！」我輕聲說。

「沒錯，非常神聖。」他回答。[18]

雖然我相信我們在那裡依舊會記得在地上學到的教訓，而且神的寬恕會洗去我們的罪孽，但或許有些罪惡的傷痕，在那邊仍然要進行療癒，如同那四人所述。《啟示錄》二十二章二節便說生命之河灌溉果樹的樹葉，可以醫治列國。有趣的是，地球上的水也是一種獨特又特殊的液體，擁有特別的洗淨作用，而且水也支持著所有生命，組成我們身體的百分之六十五，並覆蓋地球百分之七十的表面。這會不會是天堂的副本呢？或許我們的太陽和地球上的水，和天堂的光和生命之水比較起來，只是短暫的生命支持，而天堂的光和水則提供永恆的生命支持。

孩童和寵物歡迎入內

隨著我們繼續探索這座新城市，我們會發現各種年紀的人，而地上年輕生命殞落的悲劇，也會獲得拯救，因為他們在來生將會成長茁壯。對視寵物為子女的人來說，也有好消息，因為在這座城市中，寵物似乎也獲准進入！

約翰接著帶著我（蓋瑞）來到一個看起來像是學校遊樂場的地方，有金色的噴泉和大理石長椅，到處都開著花，產生如同好聞香水的芳香。我讚嘆於花朵鮮豔的顏色，每一朵都和其他不同，而且沒有兩朵是一樣的……我看見一名留著棕色長髮的小女孩，波浪狀的頭髮從她背上流洩而下，她穿著一件白袍，袍子閃耀著我主的榮光，小腳上則穿著涼鞋。

看到耶穌時，她張開手臂跑向祂，耶穌彎下身子，抱住朝祂臂彎中跑來的小女孩，接著所有地方的孩子都跑來看耶穌，各種種族、各種膚色，全都穿著白袍和涼鞋……耶穌照顧他們時，各種動物也陪伴在孩子身邊，雄偉的獅子像小貓一樣和孩童嬉戲，還有優雅美麗的鳥類站在孩子的肩膀和頭上，真是個美妙的景象。我也看見太早離開這個塵世的青少年，他們在清澈的水池中玩耍，邊笑邊唱歌。[19]

以賽亞預見神在天堂中會修復所有造物：「豺狼必與綿羊羔同住，豹子要與山羊羔同臥，牛犢、幼獅和肥畜必同群；小孩子要牽引牠們。」（《以賽亞書》十一章六節）常有人在想，在天堂會不會見到自己的寵物呢？天堂很顯然會有動物，而且如果上帝用動物來教導孩童，甚至成人如何去愛，你難道不覺得祂更新的萬物也會包含我們同樣深愛的動物嗎？我覺得會是如此。洛梅爾也提到經歷瀕死經驗的「兒童確實比成人更常遇見死去的心愛寵物」，[20]在柔道意外中「死去」的十歲小孩也說：「我的寵物狗史基皮也在那，史基皮幾年前死掉了，而且也是唯一一個我擁有真正連結的死去『家人』，我全身充滿喜悅和愛，擁抱我的狗狗。」[21]我認為摯愛的寵物也獲准進入上帝之城，因為所有愛都是神的愛。

天堂是和諧的地方，所有過去的關係，所有樂趣，甚至所有工作，都會蓬勃發展，並完成上帝的目的，自塵世衰敗和毀滅的詛咒中解放出來。研究者P. M. H. 艾特瓦特博士便提到，十歲的瀕死經驗個案克拉拉描述在天堂的人辛勤工作：

> 我似乎是在走路，但我的腳沒有碰到地面，突然間我聽見歡笑和玩耍的聲音，聽起來

像是來自有整座城市這麼大、充滿小孩的遊樂場。聽見他們的聲音讓我平靜下來，另一個人來見我們，引導我走向人行道，前往擁有許多巨大門扉的大型建築物。我走進去，然後看見四周的人在做事……（耶穌）穿著長度及地的白色長袖袍子，中段繫著寬大的金色腰帶，祂穿著涼鞋，深棕色長髮及肩，有一張長臉……而祂的雙眼就像液態的愛，祂看著我就能溝通。22

天堂的派對

天堂將是個刺激、愉快、歡慶的地方。親友們一起工作，然後為盛宴和派對齊聚一堂，和造物主一起慶祝和享受生命。我們和神一起享受，將帶給祂無比歡樂。你也會常常看見天堂的耶穌，邀請祂時，祂甚至會成為你家中的座上賓，因為祂同時是第一個復活的人，也是天父無所不在的顯現。「那看見了我的就是看見了父」（《約翰福音》十四章九節），祂可以在寶座上、在孩子身邊、在你身邊，全部同時。

一名心臟病發的女子事後告訴朗醫師：「我來到一個光線非常美妙的地方，就像陽光，但更美麗、更金黃……這裡似乎是個社區，我在四周看到了所有我愛和想念的人，而且他們都如此開心。」23或許你從未想過天堂的社區和慶祝，但神享受我們享受祂和彼此，各個先知也滿心期待天堂的派對。

萬軍之耶和華必在這山上為萬民擺設豐盛美筵，有陳酒、滿髓的肥甘和醇美好酒。他又必在這山上除滅那遮蓋萬民的面巾，和那遮蓋列國的帕子。他要吞滅死亡，直到永遠；主耶和華必擦去各人臉上的眼淚，又從地上除掉他子民的羞辱；這是耶和華說的。到那日，必有人說：「看哪！這是我們的神；我們信靠他，他必拯救我們。」（《以賽亞書》二十五章六至九節）

被釘上十字架前一晚，在最後的晚餐上，「耶穌接過杯來，感謝了，說：『你們拿這個，大家分著喝。我告訴你們，從今以後，我決不再喝這葡萄酒，直到神的國來臨。』……叫你們在我的國裡坐在我的席上吃喝。」（《路加福音》二十二章十七至十八節、三十節）上帝之城將充滿慶祝，而神本人將是慶祝的焦點！

所有在地上活著服事那王的人，有天將會換成主親自服事他們，這是個驚人的想法。耶穌便告訴我們：「主人來到了，看見僕人警醒，這些僕人就有福了。我實在告訴你們，主人（耶穌）必親自束腰，招待他們吃飯，進前來侍候他們。」（《路加福音》十二章三十七節）

當你理解我們在地上曾享受過的所有好事，都只不過是天堂奇蹟的副本，你終將看見神充滿多少生命力和樂趣。天堂就會是個充滿創意和藝術的神之慶典，你已經聽過天堂的音樂是如何讓眾人驚奇，有些人會寫歌，有些人會跳舞，其他人則會帶來創意的禮物或頌揚造物主的發現。

在那裡，你將永遠不會想念以前在地上的文化創意、學習、探索，因為那些都只是天堂的試吃而已。而現在當你在天堂探索各種學習、創意、工作、享受的文化中心時，你最終也將會一路抵達這一切的中心，也就是上帝的寶座。

上帝的寶座

想像一下，如聖經裡所記載的，使徒約翰在上帝寶座旁見證到的大型慶祝中，我們和來自列國的人們齊聚一堂：

這些事以後，我觀看，見有一大群人，沒有人能數得過來，是從各邦國、各支派、各民族、各方言來的。他們都站在寶座和羊羔（耶穌）面前，身穿白袍，手裡拿著棕樹枝。他們大聲呼喊，說：「願救恩歸給那坐在寶座上我們的神，也歸給羊羔！」……他（二十四名長老之一）告訴我：「這些人是從大患難中出來的。他們用羊羔的血，把自己的衣袍洗潔白了。

因此，他們可以在神的寶座前，並且日夜在他的聖所裡事奉他……因為在寶座中間的羊羔必牧養他們，領他們到生命水的泉源那裡。神也必抹去他們的一切眼淚。」（《啟示錄》七章九至十節、十四至十五節、十七節）

上帝之城的中心是宇宙的建築奇蹟，其實質之美令人驚奇，還有聖父、聖子、聖靈的存在創造的奧祕、奇蹟、敬畏，令你再也不想去別的地方。神寶座是人類藝術、敬拜、舞蹈、創意最壯觀的展示，全都獻給最偉大的存在，在所有人類面前慶祝，榮耀上帝。

保守的銀行總裁馬文曾從非常遠的地方，透過望遠視覺一窺城門之內。他「看見寶座是令人目眩神迷的明亮白色，在這個黑暗的世界很難想像，但在那裡，我的雙眼可以看得更加清楚也更遠。我看見巨大的白柱環繞寶座，還有一大群人，男人女人、男孩女孩，一同跳舞歡唱，彷彿大型合唱團，敬拜兩個坐在寶座上的靈。」

馬文出身荷蘭改革宗傳統，他在禮拜時都是正襟危坐，但他說：「在天堂中，你根本無法克制自己。」神存在的景象、奇蹟、情緒，使人根本無法克制，只能喜悅地大叫。馬文回憶：「對，我看見兩個靈，真的是無法形容的景象，但看起來像是兩個人坐在那裡，我總是認為那兩個人就是上帝和祂的兒子耶穌。」**24**

《舊約》的先知以賽亞、以西結與但以理，也以類似的清晰描述，提到看見神坐在祂的寶座上：「在活物的頭頂上面，有穹蒼的形狀，好像閃耀的水晶，十分可畏，在活物的頭頂上面張開……在牠們頭頂的穹蒼上面，有寶座的形狀，好像藍寶石的樣子。在寶座的形象上面，有一個樣子像人的形象……我又看見好像有火，光芒環繞著他。下雨的日子，雲中彩虹的樣子怎樣，環繞他的光芒的樣子也怎樣。」（《以西結書》一章二十二節、二十六至二十八節）

理查也回憶上帝寶座純粹的能量和美麗：

> 天堂的一切都從寶座流進流出。寶座所在的建築物非常巨大，超越我理解的能力，有好幾百公里寬，至少八十公里高，還擁有一座穹頂……數千級階梯通向寶座。我們開始往階梯上爬時，我看見成千上萬人，或是數百萬人在寶座進進出出，他們在敬拜上帝……
>
> 進入的區域，或說城門，有柱子……寶座是以某種天堂的材質建成，非常清澈，不過應該是由黃金、象牙、銀構成。這是天堂最美麗的地方。[25]

年幼的艾綺雅娜也注意到了同樣的事物，她前往「光之屋……如此美麗又如此巨大，神就住在這裡，牆壁像玻璃，但不是玻璃，還有很多我在這裡找不到的色彩。」[26]

當你進入這個充滿無法理解能量的巨大處所時，你會注意到，在上帝寶座的前方有一片廣大的區域，看起來好像一大片水晶的藍色海洋。有人在上面跳舞、表演、敬拜。這是沐浴在唯一真神的榮光、旋律、敬畏狂喜之中的人們，正在舉行巨型演唱會。「立刻，我在靈裡，就看見有一個寶座，設立在天上，有一位坐在寶座上。那位坐著的，看來好像碧玉和紅寶石，又有彩虹圍繞著寶座，看來好像綠寶石……寶座前有一個看來好像水晶的玻璃海。」(《啟示錄》四章二至三節、六節)我們來聽聽看，某個瀕死經驗的個案是怎麼描述這水晶海的吧：

寶座前方是一大片橢圓形區域……以藍寶石製成，我也在《以西結書》中讀過(一章二十二至二十八節)，描述上帝寶座下方的藍寶石，並將其稱為海洋，因為是藍色的，同時也閃閃發亮。之所以稱為玻璃，是因為真的是以代表玻璃的藍寶石製成，因此稱為「玻璃海」，換句話說，這並不是水，並不是聖靈的流動，而是一處可以站立的穩固所在。**27**

戴爾·布萊克機長也回憶看見人們聚集在這城市中央的水晶「海」平台上：

有一大群天使和人，數百萬人，無限多人，他們聚集在直徑似乎超過十六公里的中央區域，廣大的人群更像是一片海洋，而不是演唱會場地。人群組成的浪潮在光中隨著音樂擺動，敬拜上帝……天堂中的音樂以某種方式凝聚萬物……到處都是音樂，音樂的中心和焦點是敬拜上帝，而所有地方都能感受到音樂帶來的喜悅。我打從心底最深處和這些音樂共鳴，讓我想永遠成為其中的一部分，我永遠不想要音樂停止……我有種感覺，是一種最為滿足的感覺，覺得我是為音樂所造，好像我身體的每一條肌肉都是某種精細調音樂器繃緊的弦，是為了要演奏有史以來最美妙的音樂。我感覺自己是音樂的一部分，和音樂合一，充滿喜悅、驚奇、敬拜，如果用音樂表達愛，聽起來或許就會是這樣吧……我感受到這一切，每一個狂喜的時刻，而我永遠不想要結束。[28]

永不結束的生命！

而好消息就是……這一切永遠不需要結束！這只是開始。在你參觀完天堂的上帝之城後，你就會理解，地上所有的歷史，只是即將開始的真正生命故事第一章的序曲。而充滿所有奇蹟、現在的天堂，也只是上帝生命故事的第一章而已。伴隨著新天新地合而為一的新故事，還有更棒的事物即將來臨。

你將發現在這個世界上所有的辛勞、所有苦難、所有痛苦的挑戰、所有信心的行為、服事、犧牲，都是要為我們成就「極大無比、永遠的榮耀。」（《哥林多後書》四章十七節）你一直都知道你應該去活的人生，這真正的人生就要展開，你所能想像最美妙的經驗，就在你面前，想像天堂！現在就為天堂而活吧！

「看哪，我必快來！賞賜在我，我要照著各人所行的報應他。我是阿拉法，是俄梅格；我是首先的，也是末後的；我是創始的，也是成終的。」

那些洗淨自己袍子的人是有福的！他們可以有權到生命樹那裡，也可以從門進到城裡。在城外，有那些狗，那些行邪術的、淫亂的、殺人的、拜偶像的，以及所有喜愛說謊的和實行說謊的人。

「差遣了我的使者，為眾教會向你們證明這些事的，就是我耶穌。我是大衛的根，又是他的後裔，我是明亮的晨星。」

聖靈和新娘都說：「來！」聽見的人也要說：「來！」口渴的人也要來！願意的人都要白白接受生命的水！（《啟示錄》二十二章十二至十七節）

附錄A

相信的理由

身為一名擁有科學思維、抱持懷疑論的工程師，我以前曾思考過：「怎麼知道耶穌真的是彌賽亞，真的是上帝之子呢？」畢竟，我就是無法知道我不知道的事啊！自此之後，我發現了許多可供驗證的理由來支持我的信仰，我相信這些理由確實提供了外部證據，以協助我們詮釋瀕死經驗。雖然瀕死經驗讓來生和基督教的宣稱更為可信，但反過來也說得通：假如上帝真的透過生、死、耶穌復活等可供驗證的方式，介入了歷史發展，這就能為瀕死經驗見證的合理性提供理性基礎。我在這裡將分享一些我覺得最為可信的證據。

許多人都會對上帝、神祇、成神，做出各種荒謬的敘述。然而上帝告訴我們，可以用這個方法分辨祂真的是造物主：「耶和華說：『呈上你們的案件吧！』……或者向我們宣告那要來的事。把以後要來的事告訴我們，好叫我們知道你們是神。」（《以賽亞書》四十一章二十一至二十三節）上帝說，只有祂能告訴我們以後要來的事，所以祂透過先知來預言彌賽亞的降臨，如此我們便能知道祂就是唯一真神。「我是首先的，我是末後的；除我以外，再沒有真神。誰像我呢？讓他宣告，讓他述說，又在我面前陳明吧！……未來的事和將要發生的事，讓他們把它們述說出來吧！……我不是老早就說了給你們聽，告訴了你們嗎？」（《以賽亞書》四十四章六至八節，這段記錄寫於約西元前六八〇年）許多懷疑論者都會宣稱，所有先知預言都是騙局，是耶穌誕生後的編輯，來讓經文「看起來」像耶穌實現了預言。但假如你仔細檢視，歷史和《死海古卷》講述的，卻是和懷疑論者完全不同的故事。

我們在《死海古卷》中，發現了《以賽亞書》的完整抄本，年代早於耶穌誕生的一百五十年至三百五十年前。所以我們可以得知這些預言是在事實發生前便寫成，而不是事後竄改，以讓耶穌看起來實現了預言。《亞利桑那每日星報》（Arizona Daily Star）也報導：「國家科學基金會（National Science Foundation）的科學家已對《死海古卷》進行了新的放射性碳定年檢測……碳定年檢測顯示，著名的《以賽亞書》卷軸年代介於西元前三三五年至西元前一二二年間，古文書學家則認為此卷軸年代介於西元前一五〇年至西元前一二五年間。」[1]以賽亞預言了彌賽亞降臨的時間地點，以及神派遣彌賽亞到地上的理由，這樣祂降臨時我們就會知道，聖經以外的歷史也驗證了以賽亞的預言。*

上帝在《以賽亞書》九章中，告訴我們祂將在何處顯現，祂會以人子的形象來到加利利：

神日後卻要使它們在沿海之路、約旦河外和外族人的加利利，得著榮耀。行在黑暗中的人民，看見了大光；住在死蔭之地的人，有光照耀他們……因為有一個嬰孩為我們而生，有一個兒子賜給我們；政權必擔在他的肩頭上；他的名必稱為「奇妙的策士、全能的神、永恆的父、和平的君。」他的政權與平安必無窮無盡地增加。（《以賽亞書》九章一至二節、六至七節，這段記錄寫於約西元前六八〇年）

以賽亞說全能的神將以人子的形象顯現，來到加利利，名為「全能的神」，並在神和所有願意的人之間，建立永恆的平安。他是在耶穌於加利利海畔走動和講道的前六百八十年寫下這些事，《新約》的作者和聖經外的歷史，也證實了耶穌大部份都在加利利講道。

受苦的僕人

神提前六百多年向人類預告了祂的臂膀、祂的僕人彌賽亞，會做什麼事，以便為人類帶來平安：

> 耶和華的膀臂向誰顯露呢？他在耶和華面前如嫩芽生長起來……他被藐視，被人拒絕……原來他擔當了我們的病患，背負了我們的痛苦……然而他是為了我們的過犯被刺透，為了我們的罪孽被壓傷；使我們得平安的懲罰加在他身上，因他受了鞭傷，我們才得醫治。我們眾人都如羊走迷了路，各人偏行己路；耶和華卻把我們眾人的罪孽，都歸在他身上。（《以賽亞書》五十三章一至六節，約西元前六八〇年）

以賽亞接著說，彌賽亞會為我們的罪孽而死，但「他受了生命之苦以後，必看見光明，並且心滿意足；我的義僕必使許多人因認識他而得稱為義，他也必背負他們的罪孽。」（《以賽亞書》五十三章十一節）耶穌在加利利的生活、祂的死亡、祂的復活，全在祂降臨好幾世紀前便已寫下。

就連耶穌降生的時機都預言到了。比如但以理便預言彌賽亞會遭殺害，接著耶路撒冷和聖所會被摧毀（參見《但以理書》九章二十四至二十六節），《死海古卷》再次顯

*參見蓋瑞．哈伯瑪斯（Gary Habermas）的著作《史實上的耶穌：基督一生的古代證據》（The Historical Jesus: Ancient Evidence for the Life of Christ）Joplin, MO: College Press Publishing, 1996）

示，但以理撰寫經文的時間早於耶穌誕生。神將要展示祂有多愛我們，愛到足以為我們償還所有犯下的罪債，這樣假如祂寬恕我們、帶我們回家，就能顯出祂的義。祂如此愛你，因而付出了你所想像最大的代價，神去除了我們和祂之間所有的阻礙，除了我們自己的驕傲以外！祂所需要的，就只有一顆願意、謙卑的心，想要尋求祂透過基督提供的寬恕和指引。

十字架預言

耶穌的手腳被釘在羅馬人的十字架上，他們還把祂掛在兩個盜賊中間，為什麼？因為耶穌說自己是神，是彌賽亞降世，還指出宗教領袖的腐敗，他們只對自己的權力和地位有興趣。《以賽亞書》五十三章也預言了這件事：「他像羊羔被牽去屠宰，又像羊在剪羊毛的人面前寂然無聲，他也是這樣不開口……有誰想到從活人之地被剪除，被擊打，是因我子民的過犯呢？雖然他從來沒有行過強暴，他的口裡也沒有詭詐，人還是使他與惡人同埋，但死的時候與財主同葬。」（《以賽亞書》五十三章七至九節）

耶穌誕生前，長達一千五百年之間每年的逾越節每個猶太人家庭都必須帶一隻獻祭的羊羔到耶路撒冷的聖所去。羊羔必須是無瑕疵的公羊，當作代價以求得過去一年的罪債獲得寬恕（也就是相信神有一天會為我們付出代價，寬恕所有的罪債）。這所有犧牲，都預言了上帝偉大的犧牲。

請思考一下這件事，記載將耶穌釘上十字架的宗教領袖歷史事蹟的《塔木德》中提到：「逾越節前夕，他們吊死了拿撒勒人耶穌……因為他行巫術，並讓以色列誤入歧途。」（《塔木德》，43a）耶穌的敵人無法否認祂在醫治人群和行神蹟，但因為他們害怕失去權力，便宣稱耶穌的力量來自邪術，而不是來自神。「啞巴就說話了。眾人都很驚奇，說：『這樣的事，在以色列從來沒有見過。』但法利賽人說：『他（耶穌）不過是靠鬼王趕鬼罷了。』」（《馬太福音》九章三十三至三十四節）所以他們將耶穌定罪，認為祂褻瀆神，也就是將上帝等同於彌賽亞，並叫本丟．彼拉多將耶穌釘死在十字架上，這正是在逾越節前夕。

耶穌便是最後一隻逾越節獻祭的羊羔。所有獻祭，在耶穌被釘上十字架約四十年後就全部終止。請思考一下這件事，持續了一千五百年，每一年所有猶太家庭都會獻祭一隻羊羔來償還前一年的罪債，然後突然之間這個習俗就停止了！我找到一個叫「Judaism 101」的網站，解釋了答案：「大多數獻祭的習俗在西元七十年，羅馬軍隊摧毀耶路撒冷的聖殿後停止，《妥拉》特別命令我們不要隨便在我們想要的地方進行獻祭……（只能）在耶路撒冷的聖殿，但聖殿已遭摧毀。」[2]所有獻祭都終止了，因為這些獻祭只不過是預示了神偉大的犧牲。神為所有人獻祭，一次完成所有工作，這就是為什麼耶穌也叫「神的羔羊」。

耶穌被釘上十字架那天，掛在兩名盜賊中間，其中一人要求耶穌證明自己是神。「你不是基督嗎？救你自己和我們吧！」另一個就應聲責備他說：「你是同樣受刑的，還不懼怕神嗎？我們是罪有應得的。我們所受的與所作的相稱，然而這個人並沒有作過甚麼不對的事。」他又對耶穌說：「耶穌啊，你得國降臨的時候，求你記念我。」耶穌對他說：「我實在告訴你，今天你必定同我在樂園裡了。」（《路加福音》二十三章三十九至四十三節）

兩個人，兩種出於自由意志的反應，哪個反應代表了你的心聲呢？這個透過耶穌顯現的神，正是瀕死經驗者描述的憐憫之神，當經學家和法利賽人將一名行淫的婦人帶到耶穌面前，想要定她的罪，對她處以石刑時，耶穌對他們說：「你們中間誰是沒有罪的，他就可以先拿起石頭打她。」所有人都放下石頭離開，耶穌挺起身來，問她：「沒有人定你的罪嗎？」她說：「主啊！沒有。」耶穌說：「我也不定你的罪。走吧，從現在起不要再犯罪了。」（《約翰福音》八章二至十一節）就像耶穌告訴哈莉達說的：「只要相信我、信任我、知道我愛你就好。」我們會愛祂嗎？我們會承認我們需要祂的寬恕和領導嗎？祂只需要這些。

列國的徵兆

有個無庸置疑的證據和徵兆，在耶穌被釘上十字架前一周出現。當時祂預言了耶路撒冷和聖所的毀滅，以及各地的猶太人流離失所：「耶穌走近耶路撒冷的時候，看見了城，就為城哀哭，說：『巴不得你在這日子，知道關於你平安的事，但現在（你的仇敵）……沒有一塊石頭留在另一塊石頭上面，因為你不知道那眷顧你的時期……他們（以色列）將倒在刀下，被擄到各國，耶路撒冷必被外族人踐踏，直到外族人的日期滿足。』」（《路加福音》十九章四十一至四十四節、二十一章二十四節，寫於西元六十四年以前）

耶穌預言不僅耶路撒冷和聖所將因猶太人拒絕祂、將祂釘上十字架，而遭夷平，猶太人也會被擄到各國，失去家園，直到「外族人的日期」滿足。我們可以將「外族人的日期」是看成外族人佔領以色列的時間，或是非猶太人歸向上帝的時間。

但耶穌是如何在西元三十二年，便預言西元七十年（也就是祂被釘上十字架四十年後），羅馬人將夷平耶路撒冷和聖殿，終結猶太人一千五百年的獻祭，使猶太人失去家園、沒有政府、在世界各地流離失所將近兩千年呢？

在我父母出生的年代，猶太人仍在全球流離失所，以色列尚未建國。和今日相比，巴勒斯坦地區也是一片荒蕪。但先知以賽亞、耶利米、以西結預言了一九四八年發生的奇蹟事件，那年也是《死海古卷》出土之時。寫於西元前六八〇年的《以賽亞書》，便預言了一九四八年的事件：「到那日，耶西（彌賽亞）的根必豎立起來，作萬族的旗幟；列國的人必尋求他，他安息之所（耶路撒冷）必大有榮耀。到那日，主必再用自己的手……召聚以色列被擄去的人，又從地的四方聚集分散了的猶大人。」（《以賽亞書》十一章十至十二節）

以賽亞寫道，彌賽亞的「安息之所」，也就是耶路撒冷，將會為人所知，且列國將歸於彌賽亞耶穌。接著，分散了的猶太人將第二次從地的四方重新聚集，以賽亞在以色列人第一次重新聚集，也就是巴比倫人在西元前五八六年摧毀第一座聖殿，並驅逐猶太人以之前，便寫下此事。耶穌說，這第二次的猶太人重新聚集將會是個徵兆，代表外族人的日期滿足了。請思考一下，就在一九四五年，邪惡的大屠殺消滅了六百萬名猶太人後，德國猶太人、俄國猶太人、衣索比亞猶太人、美國猶太人、歐洲猶太人，都回到了他們將近兩千年前遭到放逐的土地！就像上帝透過以賽亞預言的一樣。

一九四八年，一個國家在一夕之間誕生，《紐約時報》宣布：「大衛・本—古里昂（David Ben-Gurion），以色列重生之後的第一任總理，在下午四點簡單莊重的典禮中，宣布了一個新國家的建立。」[3]上帝透過以賽亞預言了這一切，這是對世界的徵兆：「一地之民能在一天之內就產生嗎？一國的人能在一時之間就生下來嗎？但錫安一絞痛，就生下了兒女……他們要從萬國中用馬、用車、用轎、用騾子、用獨峰駝，把你們所有的兄弟都送到我的聖山耶路撒冷來。」（《以賽亞書》六十六章八節、二十節，西元前六八〇年）

你要怎麼解釋：當代的世界歷史，在西元前六八〇年便由以賽亞當成神的徵兆說出，在西元三十二年由耶穌預言，並在一九四八年實現？這不是神話，也不是宗教，這是歷史，祂的歷史，有關祂對你我不間斷的愛。宗教是我們嘗試接觸神，彌賽亞耶穌則是神嘗試接觸我們——我們所有人！祂需要的只是一顆謙遜有意願的心，說著：「我想要祢的寬恕和愛，前來引領我的生命吧！」

耶穌一生實現了大約六十個重大的、他誕生前一千五百多年前由先知所說的預言。針對耶穌一生、死亡、復活等祂確實顯現看不見的神的歷史證據，可參見以下資源：

書籍：

- 《重審耶穌》（The Case for Christ），李・史特博（Lee Strobel）著
- 《耶穌復活的案例》（The Case for the Resurrection of Jesus），蓋瑞・哈伯瑪斯著
- 《史實上的耶穌》（The Historical Jesus），蓋瑞・哈伯瑪斯著

附錄B
瀕死經驗的替代解釋

多年來已有許多替代的假設和研究，想要解釋瀕死經驗並不是來生的實際體驗。由於許多醫生和研究者已撰寫專章或專書深度探討這類解釋，我在此只會提及洛梅爾醫師的研究，並分享他的結論。若有進一步興趣，我在下方也附上了這些專書和專章。

洛梅爾醫師討論了瀕死經驗的所有可能解釋，包括缺氧（戰鬥機飛行員症候群）、二氧化碳過量、腦部化學反應、迷幻藥（DMT、LSD、迷幻蘑菇Psilocybin、麥司卡林Mescaline）、腦部放電活動（癲癇發作和腦部電擊刺激）、對死亡的恐懼、人格解離、思覺失調、幻想和想像、騙局、出生記憶、幻覺、夢境、藥物引發的妄想。

探討完所有替代解釋的價值和問題後，洛梅爾醫師的結論是，「瀕死經驗是一種特殊的意識狀態，會在生理、心理、情緒死亡即將逼近或實際發生時產生，人口統計學、心理學、生理學都無法解釋人們為何會出現瀕死經驗。」

針對不同的瀕死經驗要素，已有各種不同的解釋。洛梅爾醫師認為，「各種生理和心理因素，在瀕死經驗中都能扮演程度不一的角色，但上述探討的各種瀕死經驗理論，無法解釋更敏銳的意識經驗，伴隨著清醒的思維、情緒、童年最初期的記憶、預知未來，以及從身體外部和上方的位置擁有知覺的可能性」。

這些理論同時也無法解釋，為何在瀕死經驗中體驗到的一切，似乎都比每天意識清醒的日常生活中發生的事，還更生氣蓬勃，也更真實。此外，瀕死經驗伴隨思考加速並擁有更多知識的這個事實，也尚無法解釋。目前的科學知識也無法解釋為何這所有瀕死經驗的元素，可以在一瞬間之間體驗到，況且許多案例的腦部功能都無法正常運作。洛梅爾醫師說，「意識清醒和腦部功能喪失之間，似乎出現了反向的關係」。

不同年紀、不同文化的人們，也都提到基本上類似的經驗，這點也無法解釋。同樣沒有答案的，還有為什麼某些人能夠擁有瀕死經驗，但多數人（如果沒有經歷瀕死經驗）在危及生命的危險過後，卻都無法想起失去意識的期間，發生了什麼事。還有，經過誘發產生的經驗，通常不會和瀕死經驗完全相同，這主要是因為某些瀕死經驗的元素，在用藥或腦部經過刺激後，幾乎不曾出現，另外也是因為這些經驗從未引發後續的生命改變過程。[1]

以下列出其他醫生和研究者進行的深入分析專章及專書，其中解釋了替代假設為何無法完全說明他們所研究的共同經驗：

- 《科學和瀕死經驗》（Science and the Near-Death Experience），克里斯・卡特

（Chris Carter）著，Rochester: Inner Traditions, 2010.

- 《超越生命的意識》（Consciousness Beyond Life），皮姆・范・洛梅爾著，New York: HarperCollins, 2010. 頁105–135
- 《瀕死經驗作為上帝和天堂存在的證據：好讀版概論》（Near-Death Experiences as Evidence for the Existence of God and Heaven: A Brief Introduction in Plain Language），史提夫・米勒著，Wisdom Creek Press, LLC. Kindle Edition, 2012. 第四章
- 《死後的世界》（Life after Life），雷蒙・穆迪著，San Francisco: HarperSanFrancisco, 2001. 頁162–65
- 《死亡回憶錄》（Recollections of Death），麥克・撒邦著，New York: Harper & Row, 1982. 頁151–78
- 《加護病房病患的瀕死經驗》（The Near-Death Experiences of Hospitalized Intensive Care Patients），潘妮・薩托里著 Lewiston, Queenston, Lampeter: The Edwin Mellen Press, 2008. 頁59–120

註解

第1章

1 George G. Ritchie and Elizabeth Sherrill, Return from Tomorrow (Grand Rapids: Spire, a division of Baker Publishing Group, 1978), 36. Used by permission.
2 Ibid., 36–55.
3 Ibid., 86.
4 Ibid., 93.
5 Ibid., 20.
6 Raymond Moody Jr., Life after Life (New York: HarperCollins, 2001), 5.
7 Ibid., 21–22.
8 "Hazeliene M's NDE," NDERF.org, http://www.nderf.org/NDERF/NDE_Experiences/hazeliene_m_nde.htm.
9 C. S. Lewis, Mere Christianity (San Francisco: HarperSanFrancisco, Harper edition, 2001), 134–35.

第2章

1 Pim van Lommel, Consciousness Beyond Life: The Science of the Near-Death Experience (New York: HarperCollins, 2010), Kindle edition, 24.
2 Kenneth Ring and Sharon Cooper, Mindsight: Near-Death and Out-of- Body Experiences in the Blind (Bloomington, IN: iUniverse, 2008), Kindle edition, locations 441–68, 706–7.
3 British Broadcasting Company, The Day I Died: The Mind, the Brain, and Near-Death Experiences, film (2002), last accessed April 28, 2015, http://top documentaryfilms.com/day-i-died/; also reported in Van Lommel, Consciousness Beyond Life, Kindle edition, 25.
4 Adapted from Ring and Cooper, Mindsight, locations 469–74.
5 Adapted from Ring and Cooper, Mindsight, locations 476–499, 905–15.
6 Van Lommel, Consciousness Beyond Life, 26.
7 Ring and Cooper, Mindsight, locations 900–953.
8 Ibid., locations 888–948.
9 Ibid., locations 3076–79.
10 "Near Death Experiences Illuminate Dying Itself," NYTimes.com, October 28, 1986, last accessed April 28, 2015, http://www.nytimes.com/1986/10/28/science/near-death-experiences-illuminate-dying-itself.html.
11 Van Lommel, Consciousness Beyond Life, 9.
12 Michael Sabom, Light and Death (Grand Rapids: Zondervan, 2011), Kindle edition, locations 110–21.
13 Ibid., locations 83–90, 122–25.
14 Penny Sartori, The Near-Death Experiences of Hospitalized Intensive Care Patients: A Five-Year Clinical Study (Lewiston, NY: Edwin Mellen Press, 2008), 212–15.
15 Jeffrey Long and Paul Perry, Evidence of the Afterlife: The Science of Near-Death Experiences (New York: HarperCollins, 2009), Kindle edition, 26.
16 Ibid.
17 Ibid., 26–30.
18 Ibid., 44.
19 Ibid., 72–73.
20 Ibid.
21 J. M. Holden, "Veridical Perception in Near-Death Experiences," in J. M. Holden, B. Greyson, and D. James, eds., The Handbook of

Near-Death Experi- ences (Santa Barbara, CA: Praeger/ABC-CLIO, 2009), 185–211.

22 J. Steve Miller notes The Index to NDE Periodical Literature collects these articles: http://iands.org/research/index-to-nde-literature.html; Near-Death Expe- riences as Evidence for the Existence of God and Heaven: A Brief Introduction in Plain Language (Acworth, GA: Wisdom Creek Press, 2012), Kindle edition, 8.

23 Holden, Greyson, and James, eds., The Handbook of Near-Death Ex- periences, 7.

第3章

1 Miller, Near-Death Experiences as Evidence, 46–47.

2 Van Lommel, Consciousness Beyond Life, 72.

3 Long and Perry, Evidence of the Afterlife, 6–7.

4 Ibid., 57–58.

5 Van Lommel, Consciousness Beyond Life, location 164.

6 Ibid., 71–72.

7 Ibid., 74.

8 Maurice Rawlings, Beyond Death's Door (Nashville: Thomas Nelson, 1978), 2–5.

9 Ibid., 8.

10 R. C. Sproul, Now, That's a Good Question! (Wheaton: Tyndale House, 1996), 300.

11 Crystal McVea and Alex Tresniowski, Waking Up in Heaven: A True Story of Brokenness, Heaven, and Life Again (New York: Howard Books, 2013), Kindle edition, locations 263–67.

12 Gary Wood, A Place Called Heaven (New Kensington, PA: Whitaker House, 2014), Kindle edition, location 430.

13 Van Lommel, Consciousness Beyond Life, 32.

14 Miller, Near-Death Experiences as Evidence, 86–87.

15 Moody, Life after Life, 26.

16 Miller, Near-Death Experiences as Evidence, 47.

第4章

1 Mary C. Neal, To Heaven and Back: A Doctor's Extraordinary Account of Her Death, Heaven, Angels, and Life Again: A True Story (Colorado Springs: Waterbrook, 2012), Kindle edition, locations 633–791.

2 Marvin J. Besteman and Lorilee Craker, My Journey to Heaven: What I Saw and How It Changed My Life (Grand Rapids: Baker, a division of Baker Publishing Group, 2012), Kindle edition, 12–14. Used by permission.

3 Bill Wiese, What Happens When I Die? True Stories of the Afterlife and What They Tell Us about Eternity (Lake Mary, FL: Charisma House, 2013), Kindle edition, 59–60, 79–80.

4 Randy Alcorn, Heaven (Carol Stream, IL: Tyndale House Publishers, 2004), 45.

5 Moody, Life after Life, 50.

6 Ibid.

7 Long and Perry, Evidence of the Afterlife, 98–99.

8 Richard Eby, Caught Up into Paradise (Old Tappan, NJ: Revell, 1978), 203–4.

9 Besteman and Craker, My Journey to Heaven, 75.

10 Neal, To Heaven and Back, locations 756–61.

11 Sid Roth and Lonnie Lane, Heaven Is Beyond Your Wildest Expectations: Ten True Stories of Experiencing Heaven (Shippensburg, PA: Destiny Image, 2012), Kindle edition, 2–3.

12 Ring and Cooper, Mindsight, locations 942–43.

第5章

1 McVea and Tresniowski, Waking Up in Heaven, locations 117–32, 500–535.

2 Ibid., locations 250–62.

3 Van Lommel, Consciousness Beyond Life, 46.

4 Ritchie and Sherrill, Return from Tomorrow, 58–65.

5 Roth and Lane, Heaven Is Beyond Your Wildest Expectations, 146–49.
6 Dean Braxton, In Heaven! Experiencing the Throne of God (Chambersburg, PA: Divine Design Publishing, 2012), Kindle edition, locations 427–29.
7 Roth and Lane, Heaven Is Beyond Your Wildest Expectations, 86.
8 Long and Perry, Evidence of the Afterlife, 24–25.
9 Ibid., 185–86.
10 Ibid., 61–62.
11 Howard Storm, My Descent into Death: A Second Chance at Life (New York: Doubleday, 2005), Kindle edition, 33–34.
12 Steve Sjogren, The Day I Died (Bloomington, MN: Bethany House, 2006), Kindle edition, locations 1126–33.
13 McVea and Tresniowski, Waking Up in Heaven, locations 239–78.
14 Jeff Olsen, I Knew Their Hearts: The Amazing True Story of Jeff Olsen's Journey Beyond the Veil to Learn the Silent Language of the Heart (Springville, UT: Plain Sight Publishing, © 2012), Kindle edition, locations 484–87. Used by permission of Cedar Fort, Inc. Available on Amazon and Booksandthings.com (emailcontact@booksandthings.comfor20%offBooksandthings.com coupon code while available).
15 Bodie Thoene and Samaa Habib, Face to Face with Jesus: A Former Mus- lim's Extraordinary Journey to Heaven and Encounter with the God of Love (Bloomington, MN: Chosen, a division of Baker Publishing Group, 2014), Kindle edition, locations 2157–65. Used by permission.
16 Don Piper and Cecil Murphey, 90 Minutes in Heaven: A True Story of Death & Life (Grand Rapids: Revell, a division of Baker Publishing Group, 2006), Kindle edition, locations 387–91. Used by permission.

第6章

1 Olsen, I Knew Their Hearts, locations 442–523.
2 Piper and Murphey, 90 Minutes in Heaven, locations 233–75.
3 Besteman and Craker, My Journey to Heaven, 151.
4 Neal, To Heaven and Back, locations 752–55.
5 Moody, Life after Life, 55.
6 E. W. Kelly, "Near-Death Experiences with Reports of Meeting Deceased People," Death Studies 25 (2001): 229–49.
7 Erlendur Haraldsson and Karlis Osis, At the Hour of Death (Guildford, Great Britain: White Crow Books, 1977), 184.

第7章

1 Taken from Todd Burpo, Sonja Burpo, and Colton Burpo, Heaven Is for Real: A Little Boy's Astounding Story of His Trip to Heaven and Back (Nashville: Thomas Nelson, 2010), Kindle edition, locations 1339–48.
2 Ibid., locations 1810–11.
3 Ibid., locations 1442–81.
4 Wood, A Place Called Heaven, locations 305–14.
5 Besteman and Craker, My Journey to Heaven, 76–77.
6 Ibid., 146.
7 Long and Perry, Evidence of the Afterlife, 11.
8 Ibid., 127.
9 Van Lommel, Consciousness Beyond Life, 33.
10 Dale Black and Ken Gire, Flight to Heaven: A Plane Crash . . . A Lone Survi- vor . . . A Journey to Heaven—and Back (Minneapolis: Bethany House, a division of Baker Publishing Group, 2010), Kindle edition, 107–8. Used by permission.
11 Storm, My Descent into Death, 28.
12 Miller, Near-Death Experiences as Evidence, 80.
13 Long and Perry, Evidence of the Afterlife, 125.
14 McVea and Tresniowski, Waking Up in Heaven, locations 586–92.
15 Braxton, In Heaven!, locations 535–44.
16 Betty Malz, My Glimpse of Eternity (Bloomington, MN: Chosen, a division of Baker Publishing Group, 2012), Kindle edition, locations

925– 37, 931–35. Used by permission.

17 Black and Gire, Flight to Heaven, 109–10.

18 Olsen, I Knew Their Hearts, locations 548–57.

19 Piper and Murphey, 90 Minutes in Heaven, locations 425–30.

20 Eben Alexander III, Proof of Heaven (New York: Simon & Schuster, 2012), Kindle edition, 45–46.

21 Black and Gire, Flight to Heaven, 109.

22 Ibid., locations 1162–210.

第8章

1 Black and Gire, Flight to Heaven, 28–29, 98–106.

2 Alcorn, Heaven, 54.

3 Van Lommel, Consciousness Beyond Life, 291.

4 James Jeans, The Mysterious Universe (Whitefish, MT: Kessinger Publish- ing, 2007), 137.

5 Moody, Life after Life, 31.

6 Ibid., 32–33.

7 Ring and Cooper, Mindsight, locations 500–565.

8 Miller, Near-Death Experiences as Evidence, 10–11.

9 Besteman and Craker, My Journey to Heaven, 56.

10 Taken from Mally Cox-Chapman, The Case for Heaven: Near Death Experiences as Evidence of the Afterlife (Windsor, CT: Tide-mark, 2012), Kindle edition, locations 433–94.

11 Eby, Caught Up into Paradise, 204–5.

12 Richard Sigmund, My Time in Heaven (New Kensington, PA: Whitaker House, 2009), Kindle
edition, locations 225–59.

13 Jenny Sharkey, Clinically Dead—I've Seen Heaven and Hell (Amazon: CreateSpace Independent Publishing, 2013), Kindle edition, locations 660–69.

14 Besteman and Craker, My Journey to Heaven, 116.

第9章

1 Alexander, Proof of Heaven, 8–9, 29–32, 38, 48–49, 143.

2 Piper and Murphey, 90 Minutes in Heaven, locations 283–91.

3 Dallas Willard, The Divine Conspiracy (San Francisco: HarperSanFrancisco, 1998), 392.

4 Long and Perry, Evidence of the Afterlife, 59–60.

5 Moody, Life after Life, 51–52.

6 Long and Perry, Evidence of the Afterlife, 90.

7 Ibid., 60.

8 Ibid., 131–32.

9 Roth and Lane, Heaven Is Beyond Your Wildest Expectations, 151.

10 Black and Gire, Flight to Heaven, 101–2.

11 Burpo et al., Heaven Is for Real, locations 1587–92.

12 Braxton, In Heaven!, locations 507–23.

13 Van Lommel, Consciousness Beyond Life, 23.

14 Besteman and Craker, My Journey to Heaven, 55–57, 60–61, 65–66.

15 Long and Perry, Evidence of the Afterlife, 12–13.

16 Patrick Doucette, Is Heaven for Real? Personal Stories of Visiting Heaven (Kindle Publishers, 2013), Kindle edition. 124–25. (Available on Amazon: www.amazon.com/dp/B00BXKG41U.) Rebecca Springer, in Intra Muros, written in 1898, also discusses a kind of twilight rest.

17 Roth and Lane, Heaven Is Beyond Your Wildest Expectations, 139.

18 Scientists propose eleven dimensions in string theory, including multiple dimensions of time.

19 McVea and Tresniowski, Waking Up in Heaven, locations 243–50.

20 Burpo et al., Heaven Is for Real, locations 1561–67.

21 Roth and Lane, Heaven Is Beyond Your Wildest Expectations, 149–50.

22 Doucette, Is Heaven for Real?, 121.

23 Braxton, In Heaven!, locations 490–91.

第10章

1 Jenny Sharkey, Clinically Dead: I've Seen Heaven and Hell (n.p.: Gospel Media, 2013), Kindle edition, 16.
2 Ibid., 16–17.
3 Ibid., 25–31.
4 Long and Perry, Evidence of the Afterlife, 130.
5 Haraldsson and Osis, At the Hour of Death, 37.
6 "Simran W NDE," survey, NDERF.org, last accessed April 29, 2015, http:// www.nderf.org/NDERF/NDE_Experiences/simran_w_nde.htm.
7 Haraldsson and Osis, At the Hour of Death, 176.
8 Ibid., 190–91.
9 Ibid., 152–53.
10 Ibid., 50.
11 Ibid., 181.
12 Ibid.
13 Miller, Near-Death Experiences as Evidence, 83–85.
14 Bruce Greyson, quoted in Long and Perry, Evidence of the Afterlife, 169.
15 Faisal Malick, 10 Amazing Muslims Touched by God (Shippensburg, PA: Destiny Image, 2012), Kindle edition, 81–82.
16 Moody, Life after Life, 78.
17 Alexander, Proof of Heaven, 70, 96.
18 Moody, Life after Life, 62–63.
19 Ibid., 58–59.
20 Miller, Near-Death Experiences as Evidence, 11–12.
21 Alexander, Proof of Heaven, 46–48.
22 Malick, 10 Amazing Muslims Touched by God, 81, italics mine.
23 Sabom, Light and Death, locations 1673–78, 1664–72, italics mine.
24 Nancy Botsford, A Day in Hell (Mustang, OK: Tate Publishing, 2010), Kindle edition, locations 201–8, italics mine.
25 Sjogren, Day I Died, locations 255–59, 250–52, italics mine.
26 Thoene and Habib, Face to Face with Jesus, locations 2157–65, italics mine.

第11章

1 Moody, Life after Life, 96.
2 Ibid., 100–101.
3 Ibid., 101.
4 Braxton, In Heaven!, locations 1254–58.
5 Roth and Lane, Heaven Is Beyond Your Wildest Expectations, 136–37.
6 Long and Perry, Evidence of the Afterlife, 116.
7 Miller, Near-Death Experiences as Evidence, 83–84.
8 Ibid., 86–87.
9 C. S. Lewis, The Abolition of Man (New York: HarperCollins, 2009), Kindle edition, 81.
10 Long and Perry, Evidence of the Afterlife, 114–15.
11 Thoene and Habib, Face to Face with Jesus, 176–80.
12 Jaya sent this to me to explain where in the Vedas he came across these ideas: The main theme in the Rg Veda and the Upanishads is the nature and purpose of only one supreme sacrifice known as the Purush Prajapati. This name is translated from Sanskrit as "the Lord of all creation who became Man" (Sathpathbrahmana 10.2.2.1_2; Rg Ved Purushasukta 10:19). . . . This Purush Prajapati is the one and only way to eternal life (". . . Nan- yah pantha vidyate-ayanaya": Yajur Ved 31:18). ThisSupremeCreator tookaperfecthumanbody(NishkalankaPurusha)andofferedituasa self_sacrifice (Brihad Aranyak Upanishad 1.2.8). He was symbolized by a spotless lamb which was the animal most commonly sacrificed in those days (Maddyandiniya Sathpathbrahmana III). He is the only sinless human being, and only in knowing Him does one obtain immortality (Chandogya Upanishad 1.6:6, 7). Acknowledging the sacrifice of the perfect Purush Prajapati imparts eternal life (Kathopanishad 1, 3.8, 11). After giving Himself as the supreme sacrifice, He resurrected (not reincarnated) himself (Brihad Aranyak Upanishad 3.9.28.4_5; Kathopanishad 3:15). By his resurrection, the Purush Prajapati

conquered death and released sin's stranglehold on mankind. He will return to earth only once more. At this point in its ac- count, the Vedantic history of Purush Prajapati ends. . . .To summarize, the only purpose of the Purush Prajapati is to sacrifice His lifeblood to pay our penalty for sin and to impart to us eternal life. It is the only way to Heaven and the only way of escape from eternal Hell (Rg Ved 9:113.7_11; Rg Ved 4.5.5; 7.104.3). [Author's note: use of underline instead of hyphen in original text] "From Darkness into the Glorious Light," Global Evangelical Missionary Society, 2004, last accessed May 5, 2015, http://www.gemsworld.org/ Literature/For_Hindu_Friends/for_hindu_friends.html.

13 Neal, To Heaven and Back, 149.

第12章

1 Akiane Kramarik and Foreli Kramarik, Akiane: Her Life, Her Art, Her Poetry (Nashville: Thomas Nelson, 2006), 7–12, 34, 37.

2 Roth and Lane, Heaven Is Beyond Your Wildest Expectations, 2–4.

3 This idea comes from a book by Edwin Abbot called Flatland: A Romance of Many Dimensions (New York: Classic Books, 2009).

4 Van Lommel, Consciousness Beyond Life, 18.

5 In the Dead Sea Scrolls, copies of the book of Daniel were carbon dated before Jesus's birth, indicating Daniel's writings were not edited after the fact to look like Jesus fulfilled them.

6 "Muhammad A Probable NDE," survey, NDERF.org, last accessed May 1, 2015, http://www.nderf.org/NDERF/NDE_Experiences/muhammad_a_probable_nde.htm.

7 "Katie A's NDE," survey, NDERF.org, last accessed May 1, 2015, http:// www.nderf.org/NDERF/NDE_Experiences/katie_a_nde.htm.

8 A. J. Ayer, "What I Saw When I Was Dead," National Review (October 14, 1988): 38–40.

第13章

1 Braxton, In Heaven!, locations 409–19.

2 Ibid., locations 728–33.

3 Ring and Cooper, Mindsight, locations 904–32.

4 Long and Perry, Evidence of the Afterlife, 15.

5 Taken from Burpo et al., Heaven Is for Real, locations 200–201, 1069–72.

6 Rita Bennett, To Heaven and Back (Grand Rapids: Zondervan, 1997), 44–46, italics mine.

7 Roth and Lane, Heaven Is Beyond Your Wildest Expectations, 84–85, ital- ics mine.

8 Ibid., 118.

9 Haraldsson and Osis, At the Hour of Death, 177.

10 Alexander, Proof of Heaven, 85–86.

11 Malick, 10 Amazing Muslims Touched by God, 82–83.

12 Ring and Cooper, Mindsight, locations 871–80.

13 Braxton, In Heaven!, locations 561–64.

14 Thoene and Habib, Face to Face with Jesus, locations 2206–8.

15 Roth and Lane, Heaven Is Beyond Your Wildest Expectations, 147, 150.

16 Cox-Chapman, The Case for Heaven, locations 488–90.

第14章

1 Taken from McVea and Tresniowski, Waking Up in Heaven, locaAons 540–59, 574–600, 820–50, 1257–1301, 2079–84.

2 I heard this insight in December 2014 from Steve Stroope, pastor of Lake Pointe Church in Rockwall, Texas.

3 Taken from Burpo et al., Heaven Is for Real, locations 1030–67, 1100–10.

4 Roth and Lane, Heaven Is Beyond Your Wildest Expectations, 84–85.

5 Sigmund, My Time in Heaven, locations 824–25.

6 Alexander, Proof of Heaven, 48, 83–84.

7 Storm, My Descent into Death, 38.

8 Black and Gire, Flight to Heaven, 12–14.

第15章

1 Taken from Long and Perry, Evidence of the Afterlife, 142–43.
2 Besteman and Craker, My Journey to Heaven, 31.
3 Black and Gire, Flight to Heaven, 98.
4 Besteman and Craker, My Journey to Heaven, 31.
5 Jeffrey Burton Russell, The Prince of Darkness: Radical Evil and the Power of Good in History (Ithaca, NY: Cornell University Press, 1988), 7.
6 Ibid., 260.
7 Storm, My Descent into Death, 140–41.
8 Chapter 7 of Sabom's Light and Death gives great insight into what Sabom claims to be biased research among some of his early colleagues.
9 Sabom, Light and Death, locations 2107–9.
10 Michael Sabom, Recollections of Death: A Medical Investigation (New York: HarperCollins, 1981), 129–30.
11 Sartori, The Near Death Experiences of Hospitalized Intensive Care Pa- tients, 244.
12 Sabom, Light and Death, locations 2161–62.
13 McVea and Tresniowski, Waking Up in Heaven, 164–65.
14 Braxton, In Heaven!, locations 394–95, 737–46.
15 C. S. Lewis, The Problem of Pain (New York: MacMillan, 1962), 93.

第16章

1 Storm, My Descent into Death, 9–27.
2 Moody, Life after Life, 92.
3 Van Lommel, Consciousness Beyond Life, 29–30.
4 Sartori, The Near-Death Experiences of Hospitalized Intensive Care Pa- tients, 18.
5 Storm, My Descent into Death, 94.
6 Holden, Greyson, and James, eds., Handbook of Near-Death Experiences, 70, cited in Miller, Near-Death Experiences as Evidence, 170. Miller gives many other studies on hellish NDEs in notes 30–31 on p. 170.
7 Rawlings, Beyond Death's Door, 8.
8 Ibid., 94–95.
9 Haraldsson and Osis, At the Hour of Death, 90.
10 Ibid., 90.
11 Ibid., 67.
12 Nancy Evans Bush, Dancing Past the Dark: Distressing Near-Death Experi- ences (n.p.: Nancy Evans Bush, 2012), Kindle edition, locations 605–19.
13 Ritchie and Sherrill, Return from Tomorrow, 68, 73–76.
14 Ibid., 76.
15 Bush, Dancing Past the Dark, locations 676–79.
16 Ibid., locations 682–88.
17 Sharkey, Clinically Dead, 24–25.
18 Lewis, Problem of Pain, 127.
19 Storm, My Descent into Death, 51–53.
20 Alexander, Proof of Heaven, 69.
21 Ibid., 29–31.
22 Bush, Dancing Past the Dark, locations 706–35.
23 Ibid., locations 706–7, 743–44.

第17章

1 Storm, My Descent into Death, 30–37, 50–51.
2 Wood, Place Called Heaven, locations 209–13.
3 Neal, To Heaven and Back, 57.
4 Ally Breedlove, When Will the Heaven Begin? (New York: Penguin, 2013), 185.
5 Van Lommel, Consciousness Beyond Life, 35–36.
6 "Mark J's NDE," NDERF.org, last accessed May 5, 2015, http://www.nderf. org/NDERF/ NDE_Experiences/mark_j's_nde.htm.
7 Miller, Near-Death Experiences as Evidence, 83–85.

8 "Rene Hope Turner NDE 10041," NDERF.org, last accessed May 5, 2015, http://www.nderf.org/nderf/1rene_hope_turner_nde.html.
9 Ritchie and Sherrill, Return from Tomorrow, 58–61.
10 Moody, Life after Life, 51–52.
11 Long and Perry, Evidence of the Afterlife, 111.
12 Sjogren, Day I Died, locations 280–308.
13 Van Lommel, Consciousness Beyond Life, 207.
14 Long and Perry, Evidence of the Afterlife, 113.
15 Ibid., 14.

第18章

1 Gary Wood, A Place Called Heaven (Kingwood: RevMedia Publishing, 2008), Kindle ediAon, locaAons 226–62.
2 Besteman and Craker, My Journey to Heaven, 103.
3 "Barbara J NDE," NDERF.org, last accessed May 5, 2015, http://www.nderf.org/NDERF/NDE_Experiences/barbara_j_nde.htm.
4 "Mark's NDE," NDERF.org, last accessed May 5, 2015, http://www.nderf. org/NDERF/NDE_Experiences/mark_nde.htm.
5 Haraldsson and Osis, At the Hour of Death, 190–91.
6 Ibid., 152.
7 Ibid., 181.
8 Long and Perry, Evidence of the Afterlife, 16.
9 Ring and Cooper, Mindsight, locations 1435–48.
10 Storm, My Descent into Death, 33, 35.
11 Sharkey, Clinically Dead, 32–34.
12 Long and Perry, Evidence of the Afterlife, 14, 110–11.

第19章

1 Alexander, Proof of Heaven, 38–41.
2 Jonathan Edwards, The Works of Jonathan Edwards, vol. 2 (Bath, Avon, UK: The Bath Press, 1974), 902.
3 Black and Gire, Flight to Heaven, 104–5.
4 Rebecca Springer, Intra Muros (Elgin, IL: David C. Cook Publishers, 1898), 3–7.
5 Burpo et al., Heaven Is for Real, locations 1156–62.
6 Ritchie and Sherrill, Return from Tomorrow, 80–83.
7 Malick, 10 Amazing Muslims Touched by God, 81.
8 Wood, A Place Called Heaven, location 695.
9 Thoene and Habib, Face to Face with Jesus, locations 2147–54, 2199.
10 Van Lommel, Consciousness Beyond Life, 34.
11 Mickey Robinson, Falling to Heaven (Cedar Rapids, IA: Arrow, 2003), 97.
12 Moody, Life after Life, 50.
13 Ritchie and Sherrill, Return from Tomorrow, 84–86.
14 Storm, My Descent into Death, 26–28.
15 Doucette, Is Heaven for Real?, 168.
16 Ibid., 166–67, 165–66.

第20章

1 Scientists'observationsindicatethathiddendimensionsinourspace-time fabric could explain the discrepancies between quantum physics and general relativity. They've also found that most of our universe is composed of "dark matter." We can't see it, but science knows it's there.
2 Ed Gaulden, Heaven: A Joyful Place (n.p.: Ed Gaulden Publishing, 2013), Kindle edition, locations 381–481.
3 Doucette, Is Heaven for Real?, 118.
4 Ritchie, Return from Tomorrow, 84.
5 Storm, My Descent into Death, 26.
6 Gary Wood, cited in Roth, Heaven Is Beyond Your Wildest Expectations, 78.
7 Black and Gire, Flight to Heaven, 99.
8 Gaulden, Heaven, locations 517–42, 630–39.
9 Moody, Life after Life, 30.
10 Gaulden, Heaven, locations 552–56.

11 Ibid., locations 563–72.
12 If Ed's estimation is correct, 20 New Jerusalems x 1,400 mi. = radius of Paradise = 28,000 mi. Area = 3.14 x 28,000 x 28,000 = 2,460,000,000 square miles. Earth's land area = 57 million square miles. Paradise is about 43 times the size if mostly land. Of course this may all be totally off, but one day we will know.
13 Roth, Heaven Is Beyond Your Wildest Expectations, 78, italics mine.
14 Rawlings, Beyond Death's Door, 102–3, italics mine.
15 Malz, My Glimpse of Eternity, 97, italics mine.
16 Ring and Cooper, Mindsight, locations 542–61, 1102–10.
17 Long and Perry, Evidence of the Afterlife, 14.
18 Black and Gire, Flight to Heaven, 105–7.
19 Malz, My Glimpse of Eternity, 97.
20 Ibid., 97–99.
21 Piper and Murphey, 90 Minutes in Heaven, 38–39.

第21章

1 Piper and Murphey, 90 Minutes in Heaven, locations 416–27.
2 Doucette, Is Heaven for Real?, 108.
3 Black and Gire, Flight to Heaven, 106–7.
4 Neal, To Heaven and Back, locations 795–803.
5 Ring and Cooper, Mindsight, locations 1111–14.
6 Doucette, Is Heaven for Real?, 110–11.
7 Ibid., 121.
8 Malz, My Glimpse of Eternity, 98–99.
9 Sigmund, My Time in Heaven, locations 236–59.
10 Ibid., 113–15.
11 Kramarik and Kramarik, Akiane, 10.
12 Alcorn, Heaven, 426.
13 Wood, Place Called Heaven, locations 249–75, 297–301.
14 Black and Gire, Flight to Heaven, 105.
15 Wood, Place Called Heaven, locations 267–74.
16 Doucette, Is Heaven for Real?, 112.
17 Gaulden, Heaven, locations 697–708.
18 Springer, Intra Muros, 9–10.
19 Wood, Place Called Heaven, locations 305–16.
20 Van Lommel, Consciousness Beyond Life, 74.
21 "Ray K's NDE," NDERF.org, last accessed May 5, 2015, http:// www.nderf. org/NDERF/ NDE_Experiences/ray_k's_nde.htm.
22 Clara, Near-death.com, last accessed May 5, 2015. Clara's NDE (age 10) is cited from the book by permission on http://www.near-death.com/children. html#a02.
23 Long and Perry, Evidence of the Afterlife, 194.
24 Besteman and Craker, My Journey to Heaven, 185–86.
25 Sigmund, My Time in Heaven, locations 1133–52, 1326.
26 Kramarik and Kramarik, Akiane, 10.
27 Doucette, Is Heaven for Real?, 157.
28 Black and Gire, Flight to Heaven, 101–3.

附錄A

1 The original Arizona Daily Star article is inaccessible, but here is the data referenced: https://journals.uair.arizona.edu/index.php/radiocarbon/article/view- File/1537/1541. Last accessed May 5, 2015.
2 Tracey R. Rich, "Qorbanot: Sacrifices and Offerings," Judaism 101, http:// www.jewfaq.org/qorbanot.htm.
3 "May 15, 1948: Israel Declares Independence," The Learning Network, New York Times, http:// learning.blogs.nytimes.com/2012/05/14/may-14-1948-israel-declares-independence/?_r=0.

附錄B

1 Van Lommel, Consciousness Beyond Life, 132–33.

國家圖書館出版品預行編目資料

彼岸的真相：超過100人可信的天堂與地獄親身經歷,使你永遠改變對於來生的想像,預知天堂是什麼樣子/約翰.柏克(John Burke)著；楊詠翔譯. -- 初版. -- 臺北市：遠流出版事業股份有限公司, 2024.06
面； 公分
譯自：Imagine heaven : near-death experiences, God's promises, and the exhilarating future that awaits you
ISBN 978-626-361-705-6(平裝)

1.CST: 基督教 2.CST: 見證

244.95 113006354

彼岸的真相

超過 100 人可信的天堂與地獄親身經歷，使你永遠改變對於來生的想像，預知天堂是什麼樣子

IMAGINE HEAVEN: NEAR-DEATH EXPERIENCES, GOD'S PROMISES, AND THE EXHILARATING FUTURE THAT AWAITS YOU

作　　者　約翰・柏克 John Burke
譯　　者　楊詠翔
行銷企畫　陳羽杉
責任編輯　陳希林
封面設計　陳文德
內文構成　6 宅貓

發 行 人　王榮文
出版發行　遠流出版事業股份有限公司
地址　104005 臺北市中山區中山北路 1 段 11 號 13 樓
電話　02-2571-0297
傳真　02-2571-0197
郵撥　0189456-1
著作權顧問　蕭雄淋律師

2024 年 6 月 1 日　初版一刷
定　　價　新台幣 450 元（如有缺頁或破損，請寄回更換）

ISBN 978-626-361-705-6
EISBN 978-626-361-709-4
ylib 遠流博識網　http://www.ylib.com　E-mail: ylib@ylib.com